教育新議題叢書6

教育政策與學校經營

吳清基　主編

吳清基　　梁金盛　　舒緒緯　　顏國樑
楊慧琪　　林錫恩　　范熾文　　林立生
吳孚佑　　陳淑娟　　楊振昇　　蔡進雄
劉君毅　　謝念慈　　劉葳蕤　　陳政翊
徐柏蓉　　盧延根　　陳增娟　　陳盈宏
合著

五南圖書出版公司 印行

主編序

「行政是手段，教學才是目的」，這是從事教育工作者大家所能共同接受的一個理念。事實上，隨著社會快速變遷，校園環境師生的教與學活動多少也受到影響。但是，不管教育如何受到挑戰和面對改革的壓力，以學生為學習中心的立論，一直被大家所共同接納和肯定。

事實上，從教育發展的本質論來看，教育存在的歷程可說是教師代表社會知能的成熟者，去教導身心未臻成熟的青少年或學習者，使他們由不知變能知、由不成熟變成熟，或由好變得更好的歷程。因此，如何增進學生的認知、技能和情意三個層面的學習，一直都是教育場域大家所共同關注的要務。而達成此「認知─技能─情意」的目標，唯有靠課堂上師生的良好教與學互動。因此，我們相信教師的成功教學，才是教育成敗的關鍵角色。教育行政人員則僅是扮演教學人力物力支援的配合角色而已，教育行政人員絕對不是在為行政而運作行政，而是要為支援有效教學而做行政運作。

教育政策的抉擇與執行，事實上，也是在盱衡國家人才培育的需要，作前瞻性的規劃，考量當前社會環境發展的需求，針對校園中教育有效發展的期待，在校長領導能力的提升，和教師教學專業發展的培訓上，確應有所重視。當然，為因應社會的多元發展，和孩子因材施教需要，以及家長對孩子教育方式不同期待，另類實驗教學的教育政策也逐漸受到大家所關心。基本上，教育政策的頒訂，若能在學校行政的有效執行前提下，能落實在校園中教師與學生的課堂上的良好互動上，讓學生「認知─技能─情意」都能有所成長進步，則此教育政策才能算是一個好的政策。

《教育政策與學校經營》一書，是一群在國內大學任教的年輕

學者，基於對教育工作的熱愛，和對教育研究發展的職責，他們教學相長，每年將他們在大學學術機構服務的工作心得和研究報告定期彙整提出發表。本書應已是第六輯出版，每年均能圍繞在「教育政策」和「教育新議題」上，作有深度的探討，確實令人感佩。

　　本書分為「教育政策」和「學校經營」兩篇。第一篇「教育政策」篇共探討七個教育子題：除對「教育政策決定與執行」作探討外，也對「十二年國民基本教育政策行銷」作一分析，對目前「臺灣大學合併政策」也作一論述建議，另對「學校型態實驗教育」、「本土客家語言保存教育」、「原住民高等教育發展」等政策問題也作深入析論。特別對「工業4.0」自2011年在德國率先提出，迄今雖僅幾年間，就造成「對高教人才培訓政策」莫大衝擊，所提出的深度析論，更值得社會各界大家來關注。

　　第二篇「學校經營」篇，也探討七個教育子題：其中「教師領導」理念的提出有助教師們的自我成長，「問題導向學習」也是教師專業發展中可以應用的教學策略。至於校長「科技領導」新思維，和校長「領導實踐力」，都對校長有效辦學多所啟發。當然各級學校「校園安全和危機管理」策略，直接影響學生的身心財務安危，確實值得優先關注。此外，中小學「教師教學兼行政」對專業發展之影響，及大學「通識教育」的實施，在今日都是引發探究值得關注具有重要性的議題。

　　江山代有人才出，教育的長流，氣勢澎湃，永無止盡。年輕一代教育人的視野和用心，令人感佩。希望本書之付梓，能因他們的教育洞見，而引起社會各界更多人對教育的關心和支持。

臺灣教育大學系統

總校長　吳清基　謹誌
2017年教師節

目　次

第一篇　教育政策篇

第七章　臺灣原住民族高等教育人才培育及國外留學現況、趨勢之分析　　　　　　　　　　吳孚佑、陳淑娟

第二篇　學校經營篇

第八章　教師領導的內涵與實踐　　　　　　　　楊振昇

第一篇
教育政策篇

第一章

工業4.0對高教人才培育政策的挑戰

吳清基

壹　前言

一、工業4.0（Industry4.0）是德國在2011年漢諾威工業博覽會（HAN-NOVER MESSE）時，率先提出的工業製造生產智慧化的發展建議。又稱為第四次工業革命。

二、工業4.0係在透過大數據、物聯網、雲端運算、行動通訊決策等數位化資訊整合之數位科技，提供更智慧化、自動化及客製化的生產及供應鏈能力。藉由廣泛應用智慧機器人，將網路技術與服務業整合進入製造業。

三、依德國西門子Amberg先進實驗工廠的經驗推估，工業4.0後的生產鏈可提高其生產價值十倍以上，一般認為將是第四次工業革命之濫觴。（杜紫宸，2016.5）

貳　工業4.0緣起與發展

一、緣起

1. 工業4.0（Industry4.0）這名詞最早是於2011年在德國漢諾威工業博覽會時首先對外提出，2012年10月由德國科學院組成工作小組，向德國聯邦政府提出工業4.0的實施建議。

2. 2013年4月德國工業4.0平臺正式成立，由德國資訊電信暨新媒體（BITKOM）、機械設備製造（VDMA）、電氣工程和電子工業（ZVEI）三大產業公會出資成立，其目的在回應德國聯邦政府工業4.0決策，協調企業界的行動。

3. 2015年德國總理梅克爾正式推動工業4.0標準，同時獲得歐盟各國、日本、韓國、中國、美國、臺灣的支持，開始蔚為世界風潮。

4. 德國提出工業4.0，係作為落實2020高科技戰略的十大未來計畫之一，在整合資通訊軟硬體、結合物聯網並建置虛實化系統（cyber-physical system, CPS），以打造智慧工廠（Smart Factory）。

二、發展

1. 工業1.0

   工業1.0，又稱第一次工業革命。是指英國發明家瓦特（James Watt,1736-1819）發明蒸汽機利用蒸氣力取代人力、水力和獸力，投入工業製造生產，亦即利用機器生產取代人類手工生產。大大推動了生產技術的進步，並拉開了第一次工業革命的序幕。

2. 工業2.0

   工業2.0，又稱第二次工業革命。是指美國科學家和政治家富蘭克林（Benjamin Franklin, 1706-1790）放風箏實驗，發現雷電是電力造成，找到運用電力作為工業製造大量生產的動力和能源，亦即利用電力提供工業生產線，推動了大量生產的成品。

3. 工業3.0

   工業3.0，又稱第三次工業革命。在二十世紀，80至90年代間，人類使用電腦資訊e化的科技，亦即利用Information Technology（IT），提供工業製造的自動化，大大增進了工業產品的製造品質和數量。亦即工業3.0，是利用IT促進工業自動化生產。

4. 工業4.0

   工業4.0，又稱第四次工業革命。源自2011年德國科學院工作小組的建議，提出工業發展除要科技創新發展外，並要因應解決全球競爭下所面臨的製造危機和人口老化問題。亦即工業4.0，第一、在強調生產智能化，第二、在重視產品客製化。

三、德國工業4.0平臺組織架構

德國工業4.0平臺，由決策委員會主導，下設指導委員會、工作小組、策略小組，另有研究平臺和標準化諮詢臺。

1. 決策委員會

由經濟部長、教研部長、德國電信、工業總會、冶金公會、SAP、弗朗霍夫研究院、西門子、飛斯妥等企業領導人組成。

2. 指導委員會

成員由各企業代表組成，其功能在針對工作小組擬定的方案，提出執行的策略。

3. 工作小組

成員由產、官、學、研專家組成，其功能在擬定標準、資安、法律、研發、就業等五大領域的活動方案。

4. 策略小組

成員由政府、研究機構、產業協會、工會代表，其功能在針對工業4.0帶來的各種影響，提供政策諮詢。

5. 研究平臺

成員由全國50-60家研究機構、大學組成，其功能在提供中小企業測試平臺與基礎設施。

6. 標準化諮詢平臺

其功能在協調工業4.0相關技術標準發展。（辜樹仁，2016.7）

參　工業4.0的內涵

一、工業4.0並非只是工廠內的自動化，而是終端客戶與生產者、供應商之間，整條價值鏈沒有時差，沒有誤差能全部串聯雙向互動，可提供效率、增加彈性、降低成本，提升產業競爭力。

二、工業4.0的核心是智慧製造

1. 產品智慧化

強調產品個性化，高度靈活的生產力，可以迎合客戶對產品個性化多樣化的要求，工業4.0導入隨需商業（On-Demand Business）服務時代的到來。

2. 生產方式智慧化

透過工廠智慧化，能創造前所未有的產品，大量提高出產的效率，還能解決當前社會產生的許多問題，例如：能源消耗、廢氣排放、勞力缺乏等問題。

3. 服務智慧化

未來是一個隨需（On-Demand）的世界，在服務客戶上要能個別化滿足對方之要求，即使是小樣本產品需求，也要能快速回應客戶的訂製需求。隨需商業（On-Demand Business）是工業4.0後必然的趨勢。

4. 管理智慧化

(1) 德國提出工業4.0作為國家科技戰略，包含了資通訊科技、數位化工廠、安全與隱私保護、能源與環境、組織與人員訓練，從硬體別到軟體服務的完整產業策略。

(2) 管理智慧化，已建構了工業4.0和隨需商業（On-Demand Business）的產出效能和效率大大提升可能。

5. 裝置智慧化

製造業者在面對工業4.0轉型提升發展時，必須高度關注裝備智慧化問題：

(1) 技術面：無線通訊與電源

針對物聯網資料傳輸所需，主打低功耗長距離傳輸和低成本。

(2) 流程面：產線最佳化

智慧化製造時代，製造業在產線優化時，要做到生產的大數據分析，事後服務分析。系統能力也要做到即時決策的程度。根據訂單、供應商、庫存、物料、生產排程、機器健康度、能源環境條件……等資訊，主動對生產機臺下指令、告知這些自動化裝備，該如何配合訂單進行生產。

(3) 創新面：產業營運模式和生態系統

工業4.0是因應隨需商業（On-Demand Business）而起，除整廠自動化，高度產能，也要結合消費者需求。因此，消費者參與製造和價值鏈的協調很重要。製造業者除被動供應滿足消費者需求，也要主動去刺激與創造消費者需求。

（IBM，2016.6）

三、工業4.0的指標是智慧工廠

1. 工業4.0利用先進分析技術、即時優先產能與品質，提升工廠設備與能源效率，進行機臺設備的預測維修與動態生產排程，在數位化、效率化的前提下，打造智慧工廠，以精準回應市場對客製化商品的需求。（IBM全球電子產業總監，John Constantopoulos）

2. (1) 第一階段：工廠／企業內部優先
   運用物聯網、雲端、大數據與自動化等科技，打造智慧工廠，提升產能、良率與獲利。

   (2) 第二階段：企業間價值鏈整合
   供應鏈數位化、透明化，形成端到端的完整價值鏈，強化動態生產管理與風險應變能力。

   (3) 第三階段：點對點價值網路創造
   不同企業透過雲端互連，提供資源與能力，促成新的商業模式，打造新的服務模式，滿足消費市場需求。

肆　工業4.0在各國經濟發展政策的因應

一、各國的政策與規劃因應

(一) 德國
1. 政策：工業4.0，2011年提出。
2. 規劃
   (1) 以德國機器設備製造業為主體，以物聯網和網路服務範疇，開發並建構智慧型工廠。
   (2) 在關鍵領域布局上，以虛擬工廠設計與自動化系統整合為主。

(二) 美國
1. 政策：先進製造，AMP，2009年提出。
2. 規劃

(1) 加快工業生產物聯網軟體開發和標準制度權。

(2) 將先進製成拉回美國，利用美國優勢數位製造、奈米技術、3D列印、大數據製造系統，以及先進機器人等，作爲美國未來的生產製作模式，並落實網實整合的智慧製造趨勢。

(3) 目前正全面透過工業物聯網聯盟（IIC）等組織，建立產業標準。

(三) 中國

1. 政策：中國製造2025。

2. 規劃

(1) 著重於智能製造，以成爲製造強國爲目標，發展新一代產業技術。

(2) 由中國工程研究院主導計畫，分三階段目標，要將中國從製造業大國推上製造業強國（目前和英、法、韓、臺並列第三方陣）：

第一階段，2025中國製造業進入世界第二方陣（和日本並列），邁入製造強國行列；

第二階段，2035中國製造將位居第二方陣前列，成爲名副其實的製造強國；

第三階段，2045中國製造可望進入第一方陣（和德、美並列），成爲具有全球影響力的製造強國。

(四) 日本

1. 政策：日本工業4.1J，2014年提出。

2. 規劃

(1) 發展人工智能，著重於人機共存未來工廠。

(2) 日本製造業偏重工程上的創新，專注在「人」，以人爲核心發展工業4.0。

(3) 2014.10啓動大數據研究小組，希望能設法塡補未來十年，日本人口減少的生產力缺口。

(4) 2015.5日本安倍首相宣布成立機器人革命行動委員會，目標

在倍增機器人在製造業的應用，以降低勞動成本。

(五) 臺灣

1. 政策：生產力4.0，2015年提出。

2. 規劃

(1) 提升產業附加價值與生產力、創造整體產業下一波成長新動能。

(2) 除工業製造提升外，也並重服務業及農業的智能化提升。

(3) 期待製造業不只做到自動化，更要做到智慧化，始能結合物聯網裝置、雲端技術、大數據分析、行動通訊技術及未來社交媒體的應用等，而提升創意的國際競爭力。

二、工業4.0在各國經濟發展狀況

工業4.0的精神是連結與優化，連結製造相關元素，進行優化，以增進企業競爭力與獲利。

(一) 德國工業4.0戰略要點（楊永明，2017）

1. 工業4.0是德國經濟產業發展上的強國戰略，為了振興國內製造業，德國利用自身在技術方面的優勢，開創工業4.0新道路，並於2013年發表「工業4.0標準化路線圖」，智慧化的生產，成為新一代產業中的焦點。

2. 工業4.0的戰略要點

(1) 一個網路—信息物理系統，CPS

(2) 四大主題

① 智慧生產

② 智慧工廠

③ 智慧物流

④ 智慧服務

(3) 三項集成

① 縱向集成

② 橫向集成

　　　　③ 端到端集成
　　(4) 八項舉措
　　　　① 技術標準化和開放參考架構
　　　　② 工作的組織和設計
　　　　③ 管理複雜的系統
　　　　④ 注重培訓和持續的職業發展
　　　　⑤ 提供寬頻基礎設施
　　　　⑥ 健全規章制度
　　　　⑦ 安全保障機制
　　　　⑧ 提升資源效率

(二) 臺灣生產力4.0的推動重點

1. 臺灣在2015年6月宣布，「生產力4.0發展方案」作爲創意產業升級與轉型的大戰略，希望藉由既有在資訊科技生產上的優勢，十年內創造人均產值提升30%以上，產業附加價值提升15%，打造臺灣成爲全球出產製造供應鏈的關鍵地位，同時，以因應未來勞動人口減少的挑戰，擺脫代工宿命，推動制度成爲亞太地區高值生產力的領導者。

2. 臺灣生產力4.0，鎖定製造業、服務業、農業的(1)機械設備、(2)金屬加工、(3)運輸工具、(4)3C、(5)食品、(6)紡織；服務業的(7)物流、(8)醫療以及(9)農業，一共有九大行業。

3. 推動生產力4.0，是利用智慧機器人，鏈結物聯網，及大數據技術，推動九大行業轉型。

4. 臺灣不用工業4.0，而用生產力4.0作爲下一階段科技發展的主軸，是因其中還包括商業服務業及農業在內。

5. 臺灣產業發展進化的過程，可從生產力1.0到生產力4.0來加以說明：（黃彥棻，2015.6）
　　(1) 生產力1.0
　　　　生產力1.0是指生產製造程式化。
　　(2) 生產力2.0

生產力2.0是指生產製造整線電腦化。

(3) 生產力3.0

生產力3.0是指生產製造電子化，另包含導入企業資源規劃系統（ERP）及製造系統數位。

(4) 生產力4.0

生產力4.0則在運用資訊科技、智慧化彈性（客製化）生產系統，達到生產力數位化及機器聯網化。

6. 臺灣推動生產力4.0，不是直接把國外的模式複製到臺灣就好，必須強調的策略：

(1) 基層技術發展：如上層產出應用，必須做到平衡並具國際競爭力。

(3) 製造技術發展，和商業服務模式要能兼顧，如：台積電不單是製造業，也是製造服務業，在IC設計資訊平臺上，已隱含了台積電的商業模式在內。

(3) 製造業經驗，擴展到其他領域的應用，創造更多的附加價值，如：讓製造業納入服務業的特質，讓農業導入服務業的特質，是未來落實生產力4.0的關鍵。

(4) 例如：輪胎製造公司，將感應器放入輪胎，並進行材料蒐集和分析。輪胎壽命快到時，就會主動通知駕駛換輪胎，以防止意外事故發生。這樣案例，輪胎製造公司不再只是單純的輪胎出產製造，而是結合大數據分析，物聯網感測技術和雲端服務，為傳統的生產製造帶來智慧化的進展。

伍 工業4.0對經濟建設發展的案例舉隅

一、工業4.0的展望

1. 工業4.0由德國2011年提出，在德國80%的企業知道工業4.0，但是真正著手在做的只有25%。工業4.0不是只有大公司才玩得起的遊戲，德國採取行動的企業，八成是中小企業隱形冠軍。

2. 「尋找最能提升附加價值的小處著手」，是這些實踐工業4.0的

共識，工業4.0不再是概念，它已經是實踐；它不是未來，它已經是現在。

3. 西門子在安貝格（Amberg）的工業4.0示範廠，生產一臺控制器，58秒臺臺不一樣；BMW汽車丁格芬（Dinglfing）的工業4.0廠，單機轉換塗裝顏色58秒，輛輛不同色；奧普蒂瑪（Optima）生產一瓶香水58秒，瓶瓶不一樣，客製化和智慧化生產已成工業4.0的最大利基。

4. 單機能做到58秒製造完全不同的產品，是供應鏈、生產及客戶服務完全聯網，點對點、端對端之間，反應速度大幅加快後的成果。（賀桂芬、辜樹仁，2016.7）

二、美國工業4.0先行者——哈雷機車

1. 工業4.0的核心理念，是智慧化和客製化製造，任何產品可依客戶的不同需求期待，訂作製造和售後服務。

2. 美國哈雷機車（Halley locomotive）自2009年起，開始改造在美國威斯康辛州密爾瓦基的工廠設計，翻轉商業模式。哈雷年產25萬臺機車，可依車主夢想選擇，打造各臺皆不同設計造型顏色與個人色彩的機車。

3. 哈雷機車在SAP設計的企業資源規劃（ERP）系統上讓車主在1,300多種選項中，自行選擇決定車型及設計細節。一旦選擇決定所有細節後，哈雷便依據訂單，在利用資訊科技，整合研發部門，與現場生產，經銷與客戶服務的產銷系統，迅速一個步驟接一個步驟地進行設計，製造和客戶服務。

4. 透過虛擬實境，車主可直接穿越時空，目睹自己愛車被打造的過程，過去從下訂到交貨要21天，現在只要6小時接單，車主便可騎上一臺「高度自我」的機車去追風逐夢了。（賀桂芬，2016.7）

三、英國工業4.0先驅——勞斯萊斯

1. 英國勞斯萊斯（Rolls-Royce）公司率先利用大數據、物聯網，

實時監控全球客機4600具引擎的效能，僅以4%成本，避免引擎故障引起的飛安疑慮，從此改寫產業遊戲規則。

2. 英國勞斯萊斯公司是全球第二大設計製造飛機、船艦引擎與發電機的動力系統製造商。勞斯萊斯公司民用航太事業部卻在1990年代晚期即開創業界服務之先，發明創新服務商業模式，不只賣飛機引擎，也要「飛行時數與維護服務」，讓勞斯萊斯成為工業4.0的最早實踐者之一。

3. 英國中部工業小城德比（Derby），是勞斯萊斯民用航太事業部雙走道大型客機噴射引擎的最大生產基地，設計製造空中巴士A380、A350，以及波音787等大型客機使用的噴射引擎。全球市占率第一，達45%。

4. 勞斯萊斯的引擎健康管理部門（Engine Health Management），隨時有二十幾名工程師，一天24小時、一年365天，全天候在「監控中心」盯著各螢幕數字，監控安裝在全球近100家航空公司客機上的4600具勞斯萊斯引擎。

5. 這些引擎，每具都安裝20到30個感測器，隨時收集轉速、溫度、震動、油壓等各種運轉數據，並透過衛星回傳在德比（Derby）的監控中心，進行即時分析，和幾千筆資料做比對，檢視引擎是否正常運轉。

6. 若發現任何數據異常，客服人員就會馬上通知飛行員及航空公司，派遣勞斯萊斯維修人員提早檢修，避免引擎發生無預警故障，能維持在最有效率、最佳的運作狀態。

7. 勞斯萊斯率業界之先，將銷售引擎的商業模式，轉變成銷售「附帶引擎的飛行時數和維護服務」。透過大數據分析，除提升引擎燃油使用效率，減少燃油成本，解決各航空減輕財務員負擔外，也依大數據分析，幫助該公司工程師了解更多引擎運作細節、設計出更好、更安全的噴射引擎。保障乘客飛行安全，創造三贏局面。（辜樹仁，2016.7）

四、德國工業4.0示範廠──西門子

1. 德國是工業4.0的全球領航者，西門子公司（Siemans）則是工業4.0工廠的工廠。西門子在德國安貝格廠（Amberg），及在中國成都高新區的西門子廠，兩座廠完全客製化生產。從研發、生產、訂單管理、供應商管理到物流，整條價值鏈都虛實整合、連成一氣。

2. 兩座廠都在接單24小時後，就能交貨。平均58秒，就能生產出一件工業4.0的關鍵套件。每年總計3億個元件，都有自己的身分證，可供送料及加工的機器設備辨識以利自動化生產需要。每天產出並儲存之資訊於5,000萬條。

3. 產品到客戶端後，西門子會為客戶整合軟硬體、打造一體化工程。利用生產執行系統（MES）、產品生命週期管理（PLM）和完全集成自動化（TIA）等資訊科技（IT）套裝產品，扮演「工業4.0工廠的工廠」。將客戶從工程、營運到服務，集成串聯起來。

4. 西門子安貝格廠和成都廠，是西門子向「工業4.0工廠的工廠」轉型的兩座示範廠。兩座廠一樣悄然無聲，只見一排排灰藍色櫃子、一臺臺平板電腦螢幕上，上萬筆閃爍著紅色和綠色的數字快速刷過。雖看似流水線，其實用一段工作檯，這一秒跟下一秒工序完全不一樣、完全客製化的產線、自動化、智慧化地運作。（賀桂芬，2016.7）

五、臺灣工業4.0領先者──明基友達

1. 臺灣雖在2015年提出生產力4.0，但是仍以工業4.0為科技發展主軸，在外加商業服務業及農業。期待利用資通訊科技，能智慧化客製化生產。

2. 臺灣明基友達集團，也要像德國西門子公司一樣，要做臺灣「工業4.0工廠的工廠」。明基友達利用過去長時間累積的工廠數位化管理經驗，整合集團內各軟硬體公司解決方案，在旗下

佳世達科技的桃園龜山廠，打造了一座能夠做到「少量多樣生產」與「預防性維護」的工業4.0示範工廠。

3. 廠區內的顯示器生產線上，所有機臺設備都已裝置大量感測器，並以網路串聯，讓機器間可以彼此對話。各「智慧搬運車」載運原料和產品，靠著感測器、定位與連網裝置，在各走道間穿梭，和各機臺對話，會自動把貨品送到指定位置，也會自己「呼叫」電梯搭乘。

4. 這些感測與連網裝置，也隨時監控產線、收集生產數據，上傳雲端平臺進行大數據分析，可預先察覺產線上任何可能發生的瑕疵，做到工業4.0中的「預防性維護」，避免產線意外停工。

5. 工作人員在掛滿顯示器的雲端戰情室中，就可以隨時掌握生產狀況。智慧化運作後，公司生產效率提升30%，公司本身網路化，同時也和大部份供應商連網和下游客戶連網，大減庫存管理困擾及大降資金和管理空間成本。

6. 少量多樣性生產，是臺灣面對中國紅色供應鏈全面崛起的唯一出路。明基友達除自己智慧化生產製造外，也將此套know-how銷售出去，助臺灣製造業向工業4.0轉型，佳世達龜山廠就是個展示櫥窗。（辜樹仁，2016.7）

陸　工業4.0對經濟建設發展的影響

一、德國機械設備製造業聯合會（VDMA）委託

1. 德國機械設備製造業聯合公會（VDMA）委託霍恩海姆大學針對工業4.0對經濟建設發展影響進行調查，發現原先預估機器將取代人類的工作，並沒有明顯出現，但企業要求員工擁有雙學位、雙領域、雙證照的趨勢，則相當明顯。

2. 該調查也發現，工業4.0至少已經正在影響德國23種產業、至少40種工種。而工業之母的機械業，是受衝擊速度最快和程度最大的產業，幾乎所有業者都已開始接受極少量且客製化、必須提供高密度技術服務的訂單。

3. 另發現有高達80%的機械業者，已改變對員工工作職掌、教育
   訓練內容方法的要求。有62%的業者確定，工業4.0在員工職
   能調整和教育訓練的安排上，確具重要性。有許多企業，都和
   技職學校或其他職訓機構展開客製化訓練課程的合作。（賀桂
   芬，2016.12）

二、大體上而言

　　工業4.0對經濟建設及社會發展的影響，確屬明顯可見。可分正面
影響和負面影響，來加以析述之：

(一) 正面影響

1. **工業4.0可提高企業生產力**

   工業4.0促進企業智慧化生產，在製造過程中，透過遠距監測、
   「擴增實境」協助人工作業、人機協作，大數據分析，預知維
   護保養等方式，可達到優化生產的極大化。

2. **工業4.0可提升企業產品品質**

   工業4.0在製程控制上，可經由大數據統計分析、感測器監測，
   即時線上修正，或回饋到工程設計修正，以減少產品不良率發
   生，可提升產品品質。

3. **工業4.0可增加企業營運利潤**

   工業4.0在資源上強調工廠智慧節能，重視「零停機、零待
   料」，降低庫存成本，可在相同成本下追求最大利潤的獲得，
   更可優化供需匹配，獲致更高客戶的信賴，賺取更多的利潤。

4. **工業4.0可降低企業生產成本**

   工業4.0利用智慧化生產，嚴密製程監測管控，可減少產品損
   失，延長機器零件壽命，可降低企業生產成本。

5. **工業4.0可提升企業競爭力**

   工業4.0可連結顧客及伙伴，以協同創作同步工程，快速試製與
   3D模擬等方式，縮短出貨時間，虛擬引導自助式服務等方式，
   提高客戶滿意度，以提升企業競爭力。

(二) 負面影響

1. 機器人力取代勞工人力，造成勞工失業

智能化生產所產生的負面衝擊，可能含導致未來大量的機器人進入生產過程，導致勞工失業現象將可能發生。英國央行首席經濟學家Andy Haldane大膽預測在未來20年，美國將有8,000萬人，英國將有1,500萬人，可能會被機器人取代，分別占這兩個國家就業人口的50%左右。

2. 工業4.0智慧化生產方式改變，造成勞工生產技能再教育的學習壓力

工業4.0智慧化過程，強調連結軟體及生產執行系統全面週期性監控管控，在職進修終身學習跨領域智能乃成為必要的職場工作新壓力，不進修將失業的壓力，隱然存在勞工心中。

3. 新型態工作將出現，有些工作將會消失或被取代

工業4.0大量運用智慧機器人，感測器、物聯網、供應鏈互聯網，銷售及生產大數據分析，強調人機協作方式生產，這種新型態製程改變，導致新型態工作出現，工人可隨處上班工作，原先固定工作地點型式消失或被取代。

4. 工業4.0造成失業危機，衝擊社會經濟教育發展

工業4.0固然對企業主追求更大生產利潤有助益，但因人機協作，智慧化生產，大量人力將失業。這些失業人力，若沒有再進修取得新技能，找到新工作而賦閒在家，將增加社會福利的負擔，對總體經濟建設發展和技能，終身學習及職訓體系的建立，均是一大挑戰。

柒　工業4.0對高教人才培育政策的挑戰

工業4.0近年來，在各新進工業國家如排山倒海趨勢而來，不僅製造工業皆倍感壓力，教育界亦是備受挑戰，因應之道可從二方面先著手：

一、在人才培育策略面

1. 加強產學合作儲訓智慧化產業人才

依德國機械設備製造業聯合工會（VDMA）委託霍恩海姆大學調查發現，62%製造業者確定工業4.0在員工職能調整和教育訓練方法內容上，具有舉足輕重的重要性。因此，許多企業都以尋求和技職學校或其他技職訓練機構，加強客製化訓練課程的合作。當然，高教技職校院也同步在強化產學合作，加強創新養成人才之培訓。

2. 辦理第二專長在職培訓專班

依據德國調查發現，工業4.0雖然並沒有讓機器人完全取代人類的工作，但是企業界要求員工擁有雙學位、雙領域、雙證照的趨勢相當明顯。因此各高教技職校院，應積極開設第二專長的在職人員技術培訓班，以利企業用人單位的人才配置需要。

3. 強化大學通識教育課程實施

由於工業4.0重視數位化整合製造，因此跨領域人才培訓，對大學強化通識教育課程的實施，尤其迫需。在工業4.0發展趨勢下，90%的企業認為到2025年，第二職能訓練將變得非常重要。42%企業認為未來會愈不需要員工在單一學門一直深入鑽研。跨界人才，才是工業4.0最搶手的人才。因此，大學加強通識教育課程，將有助跨界人才之培訓及提供企業之需用。

4. 加強人文啟發式教育陶冶

(1) 德國VDMA副會長榮恩（Hartmut Rauen）指出：「工業4.0的核心還是人不是機器」，因此企業員工的人文素質只會變得更重要。

(2) 日本製造業偏重工程上的創新，專注於「人」，以人為核心發展工業4.0。

(3) 由於工業4.0強調智慧化生產及客製化彈性供需匹配，對客戶大量訂單及單一少量訂單，均大小不拒。因此程式化的製造服務流程固會重視，非程式化、個別化，偶發新穎之產品

製造供需服務，則將有賴員工人文化思維及啓發式創意應變能力之回應。因此，大學加強人文精神及啓發式教育乃有其必要。

5. 重視數位化科技整合教育

工業4.0主要精神是讓製造從自動化走向智慧化，透過智慧化控制工廠生產設備與流程，達到客製化高效率優化的生產目的。因此，大學科技人才之培育，不宜分科太細化。窄化專門學科下，無法培育工業4.0所需跨域跨界的人才，大學應加強數位科技整合型課程之實施，培育具有整合科技能力之人才，才是工業4.0所急切需用的。

6. 重視技職校院教育之人才培育功能

依據德國發展工業4.0後之調查發現，技職體系出身的機械業員工，比大學體系出身的員工，更能適應工業4.0帶來的各種改變。因此，政府教育決策單位，除一方面需要重視並肯定技職校院所存在人才培育的價值和尊嚴外；另一方面，也需強化一般大學校院面對工業4.0的人才培育，在課程設計或教學施爲上，或有再加強的空間。

二、在人才培育技術面

1. 培育企業／工廠內部優化高科技人才

工業4.0強調再打造智慧化工廠，提升企業產能、良率與獲利。因此，培育專用物聯網、雲端服務、大數據分析、行動資訊決策與自動化生產等高科技人才，乃是高教技職人才之實施，在課程設計及教學運作上，要隨著工業4.0發展之需要去優先加以重視的要務。

2. 培育動態生產管理與風險應變能力人才

面對工業4.0發展，企業供應鏈走向數位化和透明化，形成端到端的完整價值鏈，因此，培育企業間價值鏈整合人才，乃成爲當前高教技職人才培育的重點所在。

3. 培育新商業服務模式所需人才

工業4.0強調不同企業間，要透過雲端互相連結，提供資源與能力，促成新的客製化商業模式。因此，為滿足企業消費市場客製化需求，培育打造新商業服務模式所需的人才（能精準電腦預測調查市場需求，監測優化生產、調度現有資源、減少多餘成本浪費……），乃為高教技職人才培育所要關注的課題。

4. 培育數位化整合製造管理專業人才

工業4.0需運用雲端運算、智慧分析、行動決策、社群協助、安全管理等最新技術。因此，持續研發工程與軟體開發，生產過程資料交換與整合，大數據分析與決策建議，供應鏈透明化管理、安全與隱私保護，節能與環境監控，及產品與服務創新等，數位化整合製造管理專業人才之培育，乃為當前高教技職人才培育之要務。

5. 培育兼具科技人文素養終身學習人才

為適應工業4.0所帶來各種改變的衝擊，終身學習變成是一種必要的課題，每一企業主都會要求其員工創新研發，提升該企業的競爭力。同時，更會期待其員工，必須終身學習，在職進修，習得第二職能專長，滿足工業4.0對跨界人才之急切需求。因此，高教技職校院學程安排，應重視通識教育課程，提供兼具科技人文素養的人才培育，並鼓勵學生終身學習，以適應工業4.0發展之需要。

捌　結語

一、工業4.0的發展構念，自2011年在德國首先提出後，如今確已點燃第四次工業革命的火苗。德、美、英、日、中、臺各工業製造先進國家地區，莫不傾全力提出對策因應，以提升其本身企業競爭力。

二、工業4.0預測將因大量機器人力取代勞工人力，而造成大量勞工失業，形成未來嚴重社會經濟政治教育問題。但是，德國初步調查，原先想像中會有大量工作被取代之情事，並尚未大量發生。

三、因應工業4.0智慧化生產，培養具第二職能之跨界人才，成為企業

主的最愛。加強產學合作，重視通識教育，辦理第二專長在職培訓專班，強調人文啓發式教育陶冶，重視數位化科技整合教育實施，將是當前高教技職人才培育的重要課題。

四、工業4.0的核心是人不是機器；提高企業員工的素質，仍是企業主最大的期盼。任何勞工兼具科技人文素養，並能終身學習發展，且具有第二職能專長，將會是未來工業4.0發展下的最大贏家。

參考文獻

工業局（2015.9.16）。發展生產力4.0全球就是臺灣的內需市場，臺北：工業局廣告企劃製作。

杜紫宸（2016.5.24）。十分鐘了解什麼是工業4.0，高雄：經濟部南部產業發展推動辦公室。

曾音綺（2015.5）。工業4.0時代：自動化、智慧化、系統虛實化，就是要智慧製造，資通電子報：http://edm.ares.com.tw/dm/newsletter-2015-05-Industry4.0/focus.html。

黃彥棻（2015.6.4）。張善政：超越工業4.0的生產力4.0，是臺灣科技政策下一步，iThome新聞：http://www.ithome.com.tw/news/96429。

賀桂芬（2015.6.7）。九大產業10年大計臺灣宣布追趕工業4.0，天下雜誌網站：http://www.cw.com.tw/article/article.action?id=5068177。

辜樹仁（2016.7.6）。58秒的競爭：英國現場，勞斯萊斯不賣飛機引擎改賣「飛行時數」，天下雜誌，601期。

賀桂芬（2016.7.6）。58秒的競爭：美國現場，哈雷哥騎的不是機車是追求自我的自由，天下雜誌，601期。

辜樹仁（2016.7.6）。58秒的競爭：臺灣現場1，宏遠興業生產線自我進化30年紡織老廠換腦，天下雜誌，601期。

辜樹仁（2016.7.6）。58秒的競爭：臺灣現場2，明基友達企業聯盟抗敵打造臺版西門子，天下雜誌，601期。

賀桂芬（2016.7.6）。58秒的競爭：德國現場2，凱馳百年企業三年「換心」秤斤論兩賣空氣，天下雜誌，601期。

賀桂芬（2016.12.21）。工業4.0是誰取代誰？，天下雜誌，613期。

維基百科，工業4.0，https://zh.wikipedia.org/wiki/%E5%B7%A5%E6%A5%AD4.0。

楊永明（2017.2.8）。補上一堂國際關係課，臺北：捷徑文化，168-175頁。

IBM廣告企劃製作（2015.6.8）。工業4.0製造業創新經營模式，天下雜誌網站：http://www.cw.com.tw/article/article.action?id=5068197。

IBM廣告企劃製作（2015.6.25）。推動工業4.0技術長是關鍵角色，天下雜誌網站：http://www.cw.com.tw/article/article.action?id=5068697。

IBM廣告企劃製作（2015.7.22）。借鏡日本製造專訪IBM全球電子產業技術長山本弘，天下雜誌網站：http://www.cw.com.tw/article/article.action?id=5069422。

IBM廣告企劃製作（2015.7.22）。升級工業4.0第一步就走對，天下雜誌網站：https://www-07.ibm.com/tw/dp/industry4/index。

第二章

教育政策決定與執行的省思

梁金盛

曰：「不爲者與不能者之形，何以異？」孟子曰：「挾太山以
超北海，語人曰：『我不能。』是誠不能也，爲長者折枝，語
人曰：『我不能。』是不爲也，非不能也。

〜孟子・梁惠王上第七章

　　究竟什麼是「公共政策」這個問題，有不少的學者專家都會給予許
多不同面向的解讀，有的會從公共政策本身的意義來思考；有些則會
從公共政策形成的過程進行解讀；或是從公共政策決定的過程加以探
討；抑或由公共政策執行的結果來理解。不容否認的是，公共政策是執
行公職的人們，日常執行其職務的重要指引，因其涉及社會大眾，其影
響層面甚廣，也會受到多數研究者的重視。

　　教育政策爲公共政策的一環，就中華民國的現狀而言，以2014
年的資料看來，我國大專學生粗在學率已達83.8%，僅次於南韓
（95.3%）、澳大利亞（90.3%）、西班牙（89.1%）等國（聯合國教
科文組織（UNESCO, 2016）。高級中等以下學齡者粗在學率高達99%
以上，可知教育政策的決定與執行將直接或間接影響到廣大的民眾，值
得加以關注。以下即就教育政策的性質、教育政策決定的形成與執行的
理念探討、影響教育政策執行的因素、教育政策執行案例舉偶、教育政
策決定與執行的省思等層面加以探究。

壹　教育政策的性質

　　教育政策主要的服務或處理對象是活生生的人──教育人員或學
生，由這些人員所組成的教育組織，又可分爲官僚體系、專業團體與民
間團體等組織，這三種不同類別的團體間都會影響教育政策的決定或執
行的程度，也影響到教育政策的特殊性質。張芳全（1999）指出教育
政策具有服務性、人爲性、公共性、複雜性、導向性、時間性、及成本
效益性等，以下即就這些特性來檢視教育政策的性質情形：

一、服務性

　　教育是一項成就他人的產業，不但希望能夠保有現有的優良的知

能與文化，也期望能夠追求創新與突破，況且，教育是百年樹人的基業，很難立竿見影，更需要有充分的服務精神才能致之。如國民教育階段，強調免費、強迫、及義務的性質，以作爲國家服務國民的責任。其次，也戮力於提高選擇性教育的就學機會，我國高中職就學率已接近100%。高等教育部分，則2014年的粗在學率已達83%。另外，提供非正規教育，如成人教育、進修教育等。故教育政策具服務性質，而有別於一般企業團體以營利爲目的之組織。

二、人爲性

教育政策的規劃、評估和執行與檢討，無不以人爲中心，包括以學生、教師、校務行政、家長團體、社會大衆等爲中心。如幼兒教育政策中如幼兒教育階段應否進行寫字與雙語教育？國小要讀六年？是否實施混齡教學？學生何時適合進入分流教育？中等教育是否實施常態編班？高中職比例多少才恰當？學校教育是否開放市場化？凡此等等，都與學生、教師及社會大衆關係密切。

三、公共性

不管是國家經營或民間經營的教育產業，教育問題所影響者可能是全體的受教主體及其利害關係人，因此教育問題有其公共性。如學生的升學制度的改變，可能會帶來家長、教師、及學生的不同的因應方式，也可能因而造成學校行政人員、教師及民衆的價值觀扭曲的現象。

四、複雜性

教育政策所涉及的層面相當的複雜。在政策規劃與執行時，其所面對的情境相當多元，有可能是意識型態的爭議、也可能是社會發展的論辯、亦可能是經濟發展的思考、抑可能是大多數民衆（或是菁英分子）的意見反應。政策規劃者應掌握教育問題多元且複雜的成因。教育政策的問題可能是個人或團體的權益受損或被剝奪，也可能只是需求的缺乏，抑或是從業人員執行能力不足或失於思慮，亦可能是受到標的團

體或利益團體的反對與衝突等所致。如因應83年教改團體「廣設高中大學」的訴求，除了部分職業學校增設綜合高中科、國中改設完全中學外，尚成立部分新設高中、高教部分快速擴充（含改設、升格、新設及增加招生名額等），但是目前卻因少子女化現象，許多高中大學將面臨學校招生不足，而必須面臨裁班併校的窘境。

五、導向性

有道是學如「逆水行舟，不進則退」。是以在教育願景的擘畫上，即不可能守成不變。教育政策有其政策的目標、目的、或所預期的結果。教育政策目標的建立及宣示，就是對於教育發展導向及前瞻的說明。如為提升中小學教師專業能力，即推出教師專業發展評鑑計畫；為提升大學校院的經營品質，而有深耕大學計畫的高教政策。

六、時間性

教育政策會隨時間的不同而有不同的樣貌，如民國57年全面實施九年義務教育，大量國民小學畢業生直升國民中學，造成國中師資嚴重不足，不得不晉用二專、三專及五專學歷的教師，後因師資提供已足敷需要，轉而只有接受師資培育課程者才有合格的任教資格。

七、成本效益性

任何教育問題都會造成二種成本，一是增加社會成本；另一是增加教育情境中的人力資源成本。如升學壓力產生後，使得社會大眾產生恐懼不安，即會增加社會成本；而為解此問題，必須投入大量人員的心力與人力，也增加了教育的人力資源。然而，我們也不可以因為教育的複雜性，而不注重投入的成本效益，終究人生無法重來，經費的投入也必須用在正確的決策上面，才能發揮應有的經濟效益。如每項計畫的經費需求都必須要有其目標及效益評估。

正因為教育政策具有上述七項特性，是以在進行教育政策的決定與執行過程中，因其具備服務性與導向性，是以必須關注教育政策的理念，藉以匡正其教育政策的倫理價值。也因其具備公共性、人為性、與

複雜性等特性，是以就其影響教育政策決定與執行的因素值得加以探究。而從時間性與成本效益性來看，應該進行對教育政策決定與執行的省思。

貳　教育政策決定與執行的理念探討

教育事務主要可分為教育行政與學校行政二大類別，教育行政事務又可分為中央與地方主管的相關教育事項，一般而言，中央主管教育機關在決定政策方面負有較多的權限與責任，至於執行方面，則主要在於支持與事後的評估較多。地方主管之教育事務，則制定政策者較少或涉及層面較小，然而，任何政策都有其理念作為引導，並依此理念化為最後的實際行動。根據研究者的經驗，一個完整政策的形成過程可如圖1所示：

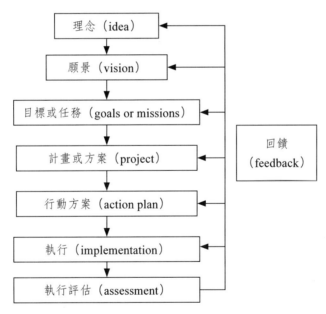

圖1　政策形成過程

資料來源：研究者自行整理。

　　從圖中可以得知，政策形成的最頂端即為理念（idea），有了理念之後跟,隨的是願景、目標或任務、計畫或或方案、行動方案、執行、評估等程序。就教育政策的理念而言，不同的教育政策理念對於教育政策發展與結果即會有相異的教育政策內涵，即以精英主義或是平等主義之別而言，陳伯璋（1999）指出英國以提供博雅教育、菁英教育的高等育，導引社會價值為宗旨，美國則採取普及教育的原則，儘量提供高等教育的機會。從聯合國教科文組織（UNESCO, 2016）的資料中顯示，英國大專學生粗在學率為56.5%，美國則為86.3%，不同的理念，在大專院校的發展即有不同的結果呈現。

　　願景則是預期要達到理想境界，如教育機會均等為我國實施國民教育的主要願景，因之，在國民教育階段，除了提供每個學齡兒童都有就學的機會之外，另訂有強迫入學條例，規定兒童的父母或監護人要送子女入學。因為每個人的資質不同，所以因材施教也很重要，是以訂定特殊教育法補其不足，另因學習能力、居住地區、族群差異等，而有教育優先區等教育政策，使教育機會均等的境界更加完備。

　　目標和任務部分，則依循教育政策的理念與願景，開展更多的各項計畫，從各種不同面向促使教育事務能夠完成較具體層面的目標或任務，例如1994年4月10日的民間教育改革行動，促發我國教育改革的行動，而在1994年行政院成立了「行政院教育改革審議委員會」，並於1996年完成「教育改革總諮議報告書」，提出教育鬆綁、帶好每個學生、暢通升學管道、提升教育品質、建立終身學習社會作為教育改革的基本方針。這些基本方針即可指明後續教育政策發展的目標或任務。

　　有了明確的目標與任務之後，教育行政單位即需著手更為具體的執行計畫方案或行動方案。例如教育部為因應410教育改革的呼籲及行政院教育改革審議委員會的建議，於1998年規劃完成的「教育改革行動方案」，預計以五年期程（1998-2003），編列經費新臺幣1,570餘億元，實施12項工作計畫，包含：健全國民教育、普及幼稚教育、健全師資培育與教師進修制度、促進技職教育多元化與精緻化、追求高等教育卓越發展、推動終身教育及資訊網路教育、推展家庭教育、加強身心障礙學生教育、強化原住民學生教育、暢通升學管道、建立學生輔導新

體制、充實教育經費與加強教育研究等，都是為要完成這一波教育改革的目標所擬定之各項計畫方案及行動方案。

有了行動方案之後，最為重要的是後面的執行了，因為執行的結果可能會時達成計畫的預定目標，也可能未能完全達成計畫的預定目標，或可能未達成計畫預定目標，甚至不但未達成預定目標解決問題，還衍生其他問題。這部分可從執行計畫一段時期後進行檢視之。

價值觀與理念可說相近的概念，我們的行事作為常會受到價值觀的引導，顏國樑、宋美瑤（2013）研究指出我國教育政策制定應有人本、公平、效能、品質、自由及永續等價值觀，可作為在制定或檢視教育政策理念的重要規準。以下即就此六大價值規準析述之：

一、人本

教育的對象就是人，所以教育政策制定過程中，不應忽視以人為本的核心理念，更不應該因教育政策的實施而扭曲人性，而且，要以正向的、向善的價值，培養每一個國民成為能尊重自己，也尊重他人的身心健全的公民。

二、公平

每個人的價值都是相等的，應該給予最大可能的尊重，也要有公平的受教機會，因此在國民教育階段，社會大眾都要有相同的機會接受適性的教育。在選擇性教育方面，則應提供普通的及職業的多元受教育機會之外，也應對經濟弱勢者提供支援的機會，讓其潛能得以發展。

三、效能

效能不但要用最少的投入完成任務，而且要品質優良。教育政策雖有其短期目標，也應顧及中長期的效應，就如師資培育多元化的教育政策，使得師資來源更加充裕，但也因未能顧及少子女化效應的衝擊，使得高級中等以下學校的教師的新陳代謝產生阻滯，進而影響師資素質的維持。

四、品質

對教育環境而言，即希望教育的投入有足夠的水準，教育實施的過程能夠精確而且符合社會的期望，教育的結果就能夠達到滿意成果。如以1994年以來，教改回應之廣設高中大學訴求之政策，在投入面部分，並未因擴充高等教育入學機會，而增加政府機構的高等教育經費，尤其是以經費使用績效著眼的校務基金制度，自2000年起，政府對公立高等教育機構的補助即維持當年的水準，使得公立大學校院也一再表達提高學費之議。至於教育結果部分，入學管道之指定考科錄取率達95%以上，且入學成績低到十二分也可以入大學的境地。

五、自由

自由的主要意義是能夠依從自我的理念或價值，進行接受、認同、或拒絕等行為，就如《教育基本法》第8條言明：學生之學習權、受教育權、身體自主權及人格發展權，國家應予保障；國民教育階段內，家長負有輔導子女之責任，並得為其子女之最佳福祉，依法律選擇受教育之方式、內容及參與學校教育事務之權利。即表示在國民教育階段長及學生有自由選擇接受何種教育的權利，除了接受體制內的國民教育之外，也可以選擇在家自行教育或實驗教育三法所設置的學校學習與成長。

六、永續

永續的精髓在於能夠持續發展，或許某一項教育政策有其階段性任務，然其對整體教育仍有其價值與功能存在，意即該教育政策也可能因而影響到後續相關教育的發展，因之，教育政策的推動應該更加謹慎以對。就以為了因應少子女化對國民中小學師資超額的衝擊，教育部即修正了《國民小學及國民中學班級編制及教職員員額編制準則》，在其第3條中訂明得視需要，在不超過全校教師員額編制數8%範圍內，將專任員額控留，改聘代理教師、兼任、代課教師等，而教師員額在12人以下者得控留1名。但在部分偏遠縣市的處理上卻出了大問題，如花蓮

縣南區有一學校在104學年度的暑期竟形成全校除了職員工以外，都是代理的窘境，該校的狀況是總教師數應是10人（含校長），實際情形是只有2位正式合格教師，該年度2人同時考上國民小學儲備校長，1人調縣教育處實習，另1人則留校代理校長及實習，其餘均為代理代課教師。類此情形，對教育的永續發展即可能發生不良的後果。

綜而言之，教育政策的決定與執行過程中，最為重要的焦點應是此政策依循的是何種理念，因為理念確定了，即可依此理念發展後續的政策計畫內容及行動方案與執行行動，而在理念層次方面，也需要價值與倫理的基礎，才能同時兼顧是否已注意到成就他人的本質、公平的維持、效能的提升、品質的促進、選擇的多元、及永續的發展等，以期能夠持續的推動教育的變革與發展。

參　影響教育政策執行的因素

教育政策的決定是教育政策執行的序曲，因之，我們可以說，教育政策的決定應該是「做對的教育政策決定」，而教育政策的執行則是「把教育政策做對」。教育政策的決定當然是非常重要的，所以高希均教授曾在1983年提及：錯誤的決策比貪污更可怕。就如我們決定要蓋一棟大樓，如果地點選擇錯誤，或空間使用的用途決定有偏差，為要修正此誤失，將耗費更多的人力物力。尤其是教育政策的實施對象是人，對於人才的培育與發展，如果做了錯的決策，其影響所及更是難以估計，此即為前一部分提及理念及倫理價值的重要所在。

教育政策的執行當然也很重要了，如果沒有教育政策的執行，那教育政策只不過是紙上談兵而已。影響教育政策執行的因素相當多，舉其犖犖者則為教育政策執行者對政策目標的認同程度、教育政策的特質、教育政策的合理性、教育政策執行機關的特性、教育政策執行的環境、教育政策穩定性與執行一致性等，分別說明如下：

一、教育政策執行者對政策目標的認同程度

任何事務都必須由人來執行才會變得具體。當然，教育政策也不例外，如果教育政策不能透過政策執行者加以處理，那麼教育政策也不

只要是一紙文件而已。公務人員每天面臨相當多的公務事項，如果他對某項政策認同，才會認真的去著手辦理，否則可能只是以「存查」了事。猶記得研究者在初任公務人員（32年前）時，有一天接到教育部的一紙來文，指明可以提計畫辦理縣市層級的科學教育活動計畫，最高補助金額是新臺幣貳拾萬元，我就請教將此業務交給我的前輩如何處理，他說，這是教育部每年的例行公文，可以不用辦理，只要存查就好，但我認為這是很難得的推展科學教育活動的機會，那該怎麼辦？他說那就自己提出計畫的具體內容，如果課長及局長都同意了，就可以呈報給教育部，也就有可能獲得補助，結果我在那個位置接近2年。所以，就只申請這兩年的補助，並獲得該項補助，辦理了全縣的國民中小學科學教育相關研習活動。或許是我和當時的長官們之認同程度較深吧！記得該活動結束後不但要報成果，而且有訪視活動，教育部的官員在現場查閱資料時，說我們辦得很確實，因為這貳拾萬元總共辦了國小七個場次、國中三個場次的科學教育研習，每場次參加學生達40人，但北區某單位也是同樣的補助額度，他們只辦一場40人的科學教育研習就已了結，真是差別不小啊！

二、教育政策的特質

教育政策的特質包含政策的強制性、政策內容的具體化、標的人口的適應性等。一般而言，政策的強制性高，則被執行的可能性也高，而強制性的強度也關乎執行端的決策者接受的程度、誘因強度（如獎懲制度、補助經費額度、未來發展性）等。又政策內容越是具體則越容易執行，落實的可能性也因而增加。所謂事在人為，因之，標的人口對政策的接受程度高，也能使政策執行阻力減少，並順利推動相關的行動方案或活動。

三、教育政策的合理性

教育政策的合理性主要是此政策是否已完成合法化的過程，在制定的過程中也能夠充分考慮到受影響對象的立場與感受，而且在執行之前是否能夠做好更為順暢的溝通、標的人口對政策有更多的認識與了

解，則能獲得利害關係人的認同與支持等。

四、教育政策執行機關的特性

　　教育政策的執行與其機關的特性也是關係密切，就教育政策的主管機關而言，其執行的貫徹程度而言是較高的，至於學校單位則會視該政策對本機關的發展需要而定。再者，執行政策機關的權力集中情形，及機關的決策模式等均會影響政策是否被執行。

五、教育政策執行的環境

　　教育政策的執行與政治環境、經濟狀況、社會認同度、及文化水準等均有關聯。如政治環境穩定，有足夠的經費支援、社會各界對政策的支持，以及具有符合政策推動的文化基礎，尤其是執行人員的知識與能力的配合，則教育政策的執行是相對有利的。

六、教育政策穩定性與執行一致性

　　雖然對於不當的政策要能及時更正才是正確的作為，但是教育政策如果常常變更，也會讓政策執行者因而採取觀望的態度，否則過於投入會變得一場空，有時不但白費力氣，還會被評以躁進，這是政策制定者必須慎思之處。至於政策執行者端對於政策執行的態度，遵守信用及前後一致的標準與規準則更為重要，只要理念符合、符合價值性的政策，雖在推行過程中遇到一些挫折，也應以誠信、守恆、穩健的方式持續推動，以利達到既定的目標。

　　事實上，影響教育政策執行的因素中最主要的應該是以「人」的問題為核心，因為政策的落實執行必須依賴人力來推動，此人有可能是主政的機關首長、主管、或承辦人員，有首長或主管的明確方向或強力推動，固然是政策推展的動力，如果是由承辦人員對政策有足夠的認知、能力與主動投入，加上首長及主管的支持與引導，同時能營造合宜的執行環境、重視教育政策的合理性、強化執行者的認同感與支持度，並能信守原則、持之以恆，會促使教育政策的執行與落實產生相乘的效果。

肆　教育政策執行案例舉偶

　　研究者自1978年起即進入職場，細數至今已有將近40個年頭，在此期間的確遇到了不少的面對的教育政策，我的教育理念只是認為，教育行政工作就是要做公平正義的事，因為我出身佃農家庭，且成長的環境向來艱困，因此，能夠有機會在政府機關任職，總覺得是件很幸運的事，尤其是想到自己的家世情形，如果不是因為有許多人不循私，我那有這個機會靠著各種考試（包含升學、就業、轉職等）而能有今天的職務，加上自小生活條件並不寬裕，的確也會看錢較重，所以出手總是較為小氣，甚或造成不足，不過一路走來，真的很感謝很多貴人的幫助，讓不足得以彌補，使得任務雖可能未盡完善，但終能完成任務，以下即提幾個個己的案例供參：

一、中輟生的追蹤與處理

　　1985年間，因剛考取公務人員不久，分派到花蓮縣政府教育局學務管理課服務，到1985年底換了一位縣長，他提到希望大家能夠提出一年只要花10萬元以內的經費，但是全國首創的業務，因我的業務之一是學校的學籍管理，是時，我發現竟然花蓮縣還有不下300人左右的學齡兒童未就學，因此，即向課長提到可以依照強迫入學條例規定，強迫其父母送其子女入學，結果被採用了，記得那時推得最為積極就屬秀林國中的李校長了，他幾乎每晚帶著學校老師到失學學童的家中，要求將孩子送回學校，結果發現當地的孩子相當可憐，不少小女生被賣去當雛妓，小男生則賣去當遠洋漁船的船員，最後即使出強迫入學一招，結果發現因為如果父母不配合，必須移送法院強制執行，法院表示要強制費，是時縣長也很支持，動用其預備金支援這項政策。這件事情也被當時的臺灣省政府教育廳注意到了，還變成其中的一項工作重點，也是後續多年中輟生追蹤與調查的啟始。甚至於因雛妓回校後產生的一些問題，而有今日中途學校的應運而生。

　　由此案例來看，雖然政策執行者對政策有認同度，但如果不是當初的陳縣長的大力支持，教育局長官認為可行提出建議，以及不少國中小

校長的積極執行，不因遇到阻礙而退縮，進而被臺灣省政府教育廳的重視，以至於全國上下的教育行政機關的關注，也不會使1944年即已制定，更於1982年修正時將國民中學階段納入的法律付諸實施，讓不幸的學齡兒童獲得重視，及受到應有的義務教育。

二、花蓮設立國立大學校地經費編列與徵收

　　1989年間，時任國民教育課課長的研究者，面臨需要編列下年度的年度概算，我查看過去的預算內亦有一筆是國立大學徵收校地經費為5千萬元，而且在我記憶中前二任的縣長競選時的第一條政見，都是爭取在花蓮設立國立大學，所以就照列，但送到局長手上後不久，她便要研究者過去辦公室，指出為什麼要編這筆經費，當時，全花蓮縣的總預算只有40億元，這筆經費已占了80分之1，最主要的是占了縣教育經費很大的比率，要我將之刪除，研究者即表示這也是新任縣長的第一項政見，而且時任的立法委員、臺灣省議員、花蓮縣議會的議長等政見都將之列為第一項政見，所以不宜刪除，她還是認為要刪除，因為過去多年都編列該項經費，但執行率是0，也會影響教育局的執行率，研究者回以如果真要刪除，至少也要保留編列1元，以利未來必須追加預算時有個科目，但最好的是去請教剛上任不到一年的縣長才做決定。

　　沒想到她回來後找我說，新任的吳縣長知道這件事後表示，為什麼這麼小氣，應該要編到1億5千元才對，如此才能表達花蓮縣政府爭取的決心，因此就這樣定了，一直到花蓮縣議會，這筆經費都維持這個數額，表示府會的意見都相當一致。真的沒想到就在要執行該預算的1990年時，行政院長李煥先生在立法院公開答復在花蓮設一所國立大學，但設校校地要由花蓮縣政府無償提供，而國立大學預定校地也要由花蓮縣政府提出，因曾聽前一任的縣長提到他到美國的經驗指出，大學的校地至少要100公頃以上，所以，我在預定校地的計畫書中雖提供八個地點，但每個地點均至少100公頃以上，經過教育部之預定校地的視察評估之後，終於選定目前國立東華大學的校地現址。而是時的吳縣長也有遠大的眼光，所以決定校地為251公頃，總計花費了約4億500萬元的購地及地上物補償費，並積極辦理地上物補償及都市計畫變

更等事項，只花了半年的時間完成是項業務，將土地地籍資料等送到教育部，以利成立設校籌備處，這也是目前國立東華大學設校之前的一幕。

從上述的案例來看，雖說民選首長及民意代表均有此教育政策的表示，但其政策的落實執行，可說是此教育政策執行者認同此教育政策目標，如果沒有合適的教育政策環境及政策合理性等因素配合，亦很難達成。

三、花蓮縣立體育場用地的保留

1991間接任花蓮縣政府體育保健課課長職務，在辦理職務交接的過程中，主計室吳主任說你行嗎？研究者回說什麼事情？他說有關花蓮縣立體育場土地遭不明人士堆置廢棄物，引起縣議會的重視與質詢，縣長要我到任後一個月內處理完畢，而且不能動用任何一毛錢，然而，前任的課長花了一年多都無法解決，有一天他拿了一份概算去找吳主任溝通，金額是一百多萬元，就是要解決縣立體育場遭傾倒廢棄物的所需經費，吳主任問他，如果經費給你了，你能確定把這件事處理好嗎？他不敢回答，只是搖搖頭苦笑而已。當時我心想，只不過是廢棄物處理而已，有何困難啊！

我回到辦公室後，因剛上任此職位，也不好交待同仁辦理此事，也沒有想到需要先去確認真有此事嗎？只知道當時的主計主任的確是縣長相當信任與倚重的一級單位主管而已，所以就認為要搶辦理的時間，於是拿起話筒打給一位在衛生局的同仁（那時縣市政府尚無環保單位，垃圾及環境污染業務尚在衛生局）涂技士，請其協助將縣立運動場的廢棄物處理掉，他回說那些廢棄物是誰堆置的，我便回以不清楚，是以問他該怎麼辦？他很熱心的告訴我，垃圾處理的權責的在鄉鎮市公所的清潔隊，地點是在花蓮市，清潔隊長他也熟悉，會找他幫忙，但仍需付清運費，但我說縣長交下的任務是不准花任何一毛錢啊！那如何處理？他回答：第一是先找到這些廢棄物是誰所堆置；第二是要清潔隊在這堆廢棄物處貼上告發單，要求限期運離，否則用廢棄物處理辦法中的罰責處理，一次可罰3,500元，且一天可以處罰二次，並得連續處罰至改善完

成為止。

　　所以，接下來就請教原任課長，想了解這些廢棄物到底是誰所棄置，然他也不清楚，只說他也還找不出解的辦法。因此，我便利用下班時間到現場，發現在附件有幾間住家，便登門請教他們這個問題，到了第三家時，他告訴我說，那堆不是廢棄物喔!是一家資源回收商的廢鐵材，是要轉賣的，但他們也不知是哪一家，只是幾乎每天都會載些廢鐵來此放置，一段時間就會運走一批。因此我表明身分後，請其能夠幫我問一下這家回收商的店名，他也爽快的應允了，到了第三天傍晚終於有了答案，那天晚上，便從電話號碼簿中找到了這家回收商的電話，便直接打電話過去確認，他也承認這些廢鐵材是他所有，我便告知他身分與縣長的指示，及必須在二週內完全搬離，而且第二天上午如果沒有開始搬離的動作，下午便會接到告發單（置於堆置處），每張罰款3,500元，他說他有困難，因為那些鐵材至少有4噸、人手不足等等，我一概無法同意其寬延的請求，因為他已侵占公有地，沒有處罰已是最好的對待。結果第二天上午約十一時左右我到現場沒有看到任何人，便再次以電話告知，下午就會有第一張告發單；第三天上班前我到現場只有三個人在處理，第四天也是只有三人在工作，而且進度緩慢，所以，當晚再次電話告知，如不增加到十人左右，便會在上午收到第二張告發單，下午也可能收到第三張告發單，且將連續告發，結果某天上午縣長室來電找我到縣長辦公室，入門後我看到縣長辦公室內有縣長、花蓮縣議會副議長、及一位我不認識的人共三人，縣長要我坐下後，說到，這位先生請副議長幫忙退掉三張的告發單，他說這是教育局一個自稱梁課長的公務人員處理的，到底是怎麼一回事，我便回以那不是縣長的命令嗎？要一個月內處理縣立運動場預定地中被堆置物品的必要手段啊！而且今早因他們人手不足已再發出一張告發單了，如果下午再不增加人手，就會發出第五張告發單。縣長說但是副議長在求情啊！我回答說，如果縣長認為那件事可以不處理，體健課當即配合（我了解副議長和縣長雖是同黨但關係並不融洽），這時縣長轉過頭向他們說，這件事是他命令我這麼做的，沒有商量餘地，而且還會連續發出告發單，如不繳罰款還會移送法院強制執行。那天下午我再到現場察看時，工人已超過十人以

上，心理安定多了。但我又發現旁邊還有一堆好像垃圾的物品。便問現場的人說，那是不是有是你們的垃圾，也請一併清理，其中有一位工人回以那些不是垃圾，是線香的材料——樟樹皮，他們的工廠就在附近的公墓中央，問明路線後，便騎著機車到公墓中尋找，約莫20分鐘便找到了該工廠，裡面有幾位工人，便驅前問說這裡是不是做線香的嗎？確定後，再問在縣立運動場預定地上的那堆樹皮是不是他們工廠的，他們也承認，這時我便表明身分，而且要求他們轉告老闆，必須用最迅速的方式搬離，如果第二天沒有開始處理，便會收到告發單，實際情形可以去請教那家資源回收商。就如此，真正完成處理的時間是28天，的確未動用到任何預算（電話費等除外）。

這件事至今想來，當時確實有很多的貴人，如衛生局的涂技士、縣立運動場附近的住戶、縣長的臨門一腳、資源回收商找錯說情的對象、資源回收商及線香工廠老闆等均是善良，加上積極追蹤（那段期間我每天上班、中午休息時間、下班時間都會到現場附近了解進展狀況，如非必要未和他們打照面，他們也不知是哪時會去，但每天我會給他們知道當天有多少人在現場的情形），並落實依法行事，算是圓滿的落幕。

四、縣立完全中學法制化

1994年初，在臺灣省政府教育廳服務的筆者因接任新的職務，結果有一件已延宕多年的事交由我來辦理，那是當初臺北縣政府一再提出申請將其部分的縣立國民中學增設高級中學部，變成同時具有高級中學及國民中學兩個學制的學校，並表示其所需經費，均由該縣自行負擔，但是前任的承辦人員一直未能給予同意。對我而言，我卻認為那是可行的，尤其是當時的狀況是臺北市公立高中多，臺北縣（今新北市）則公立高職多，同樣的情形也發生在臺中、臺南、高雄等地，所以，如果縣能夠辦理高中事項，能讓高級中學的分布更加平均，從就學機會而言，應是有利於教育機會均等的實現。所以，我接受該項任務後，便仔細的看了《高級中學法》、《職業學校法》、《國民教育法》等等法令，在法令中，並沒有明文禁止縣不能辦理高中，因之，便

擬具完全中學試辦辦法，經過廳務會議討論通過後，便著手處理這作案子，使得臺北縣過去申請未通過的七所完全中學能夠進行試辦，很特別的是後來臺灣省政府教育廳還每年編列10億元的經費，用以補助縣市政府，作為鼓勵開辦縣立完全中學之用。但是高級中學法中也未載明縣可以辦理高級中學的規定，所以也趁職務之便，在高級中學法修法的調查及相關會議中，均提出這項的修改意見，也獲得教育部中教司的認可，因此，不到二年的期間，果然將該項意見納入高級中學法，並經立法院審議通過公布施行。

上述政策的推動，我發現擁有最後決定權者雖為是時的首長──教育廳長，但是原來的承辦人員並不認同此項政策，所以每遇此案件，大都以找尋一些理由予以回絕，而新接任的執行者因認同此教育理念，加上1994年間教育改革運動的訴求，也就是政策環境的配合，使得此項政策順利上路。

五、新國立東華大學主要教學業務合為單一校區

2008年原國立東華大學與國立花蓮教育大學正式合校成為所謂的「新國立東華大學」，使得國立東華大學的歷史，至今到底是70年、或僅只是23年、抑或是只有9年？此問題只有留待後人再去思考與釐清。然此一東華大學的重要轉折時刻，研究者有機會再次參與盛會，所以從2008年8月1起接任新東華大學的副總務長，負責原花蓮教育大學相關的總務事項，然原總務長張教授獲得花蓮縣政府謝縣長的器重，向東華大學借調到縣政府擔任副縣長的職務。因而接下了總務長的職務，得承認的一點是，研究者是贊同兩校合校，且也認為對學校長遠的發展觀之，將主要教學業務全部轉移到壽豐鄉的原東華大學校區是對的決策。

是以，當任的黃校長表示，預計3年後將兩校區之教學業務合為單一校區，此確實是一個龐大的工程，因為對總務處而言，有二個校區的法規整合、日常業務的繼續推動、每年超過一萬件以上的維修業務、現有仍在發包中之行政大樓耐震補強工程（已發包12次）、活動中心二期工程、與執行進度落後的體育館工程和室外游泳池漏水改善工程、及

新增的兩校區交通車等等事項，而要整合兩校區的工程有高達新臺幣約42億元的硬體工程——六期學生宿舍、管理學院大樓、教育學院大樓、藝術學院大樓、環境學院大樓、理工學院三館、人文社會學院二館（現為人文三館）、第二期公共設施等等工程，這些只知道其中25億元由教育部專款補助（學校則有約1億元的配合款）、16億元的六期學生宿舍則是由學校自籌，貸款利息則由教育部補助，所以，從規劃、設計、發包、訂約、施作、完工、驗收等要在三年完成，的確是項艱鉅的任務，雖最後尚有二棟大樓未完工（藝術及人文二館），然能在此期間完成這些工程及將原花蓮教育大學約3千個師生搬遷到東華大學來也非易事。

此重大工程施作期間，研究者的確花費相當多的時間在工地及工程相關會議中，擔任這項任務計3年半，離開時專案管理單位的經理告訴我，這期間我總共主持了相關的工程會接近400場，但要特別申明的是，這一路走來，如果沒有黃校的明確方向，遇到重大困難時都能積極指導與信任，還有教育部長官的全力協助支持、及總務處內部同仁們的任勞任怨，和東華大學其他相關的行政與學術單位的主管、同仁們的幫忙與體諒，是不可能完成的。

伍 教育政策決定與執行的省思

不管是教育政策的決定或執行，其影響的層面都是難以估計的。因為，一項教育政策的制定可能會影響相當的久遠。當然政策制定了，如果沒有確實去執行，也可能只是一些條文罷了，然而教育政策制定者與決定者，最為重要的是他的初始理念或價值觀，如果，此政策的創始是善的，也符合社會規範的良性發展，只要有機會落實執行，便能夠有益社會的發展。

其次，教育政策影響的是社會大眾，教育的對象是人，而且其影響力有可能無窮無盡，教育的實施除了直接影響到受教者，也可能因受教者受到教育政策實施的結果，展現於日常生活之中，並因而影響其家人，及週遭的親友甚或目擊者。是以，應該儘可能的以向善向義的方向，思考教育政策的決定與執行的問題。

有道是「徒法不足以自行」，再好的教育政策，沒有有權執行的人員以行動加以落實，該法令是不可能發揮效果的，就以前述的案例中，假定強迫學齡兒童要接受國民基本教育是對的事，那麼無論是進入公立、私立、公辦民營、實驗教育、或是在家自行教育等等，就是不能夠不接受教育，那麼強迫入學條例就該徹底執行，但從我國的教育法令歷史觀之，從1944年立法開始，到1986年才開始執行，可說是延宕了42年之久，從教育部（2017）的統計資料中可以得知，104學年度（2015）的國中中輟生尚有3,500人，可知，在此之前的情況必定更難以想像。

Gazda、Todd（2015）研究指出，最讓學校行政人員頭痛的是法令繁多，造成基層的行政人員們無法適從，也道盡了實際現場的困境。所以，法令的穩定性與一致性，也是在教育政策決定與執行中必需思索的課題，不僅只是做對的事，也需要政策的平民化、簡要化，更不宜朝令夕改，讓基層人員茫!忙!盲的應付上級的應景式的、為創新而創新的政策更易。

當然，最為重要的是，教育政策的決定需要有良善的倫理正義理念，要落實這些正義理念，也需要執行者的毅力與鍥而不捨的行動，才能讓政策能夠見到執行的結果。

參考文獻

(一) 中文部分

行政院（1996）。教育改革總諮議報告書。行政院。

陳伯璋（1999）。新世紀我國大學教育目標與課程的改革方向。載於「大學教育改革研討會」資料冊。15-27。

教育部（1998）。教育改革行動方案。教育部。

教育部（2017）。教育統計。網址：主要教育統計圖表，重要教育統計資訊。

聯合國教科文組織（UNESCO, 2016）。網址：http://data.uis.unesco.org/Index.aspx。106年3月20日。

顏國樑、宋美瑤（2013）。**教育政策制定的價值分析**。教育行政研究（113-143）。201312（3:2期），中華民國教育行政學會。

(二) 英文部分

Gazda, Todd (2015). *Massachusetts Public School Administrators' Perceptions of the Development and Implementation of Educational Policy*. University of Hartford, ProQuest Dissertations Publishing, 2015. 3702750.

問題與討論

一、教育政策決定的過程中，為何作為一位決策者需要有明確的理念或價值觀？

二、影響教育政策執行的因素有哪些？這些因素相互之間是相輔相成？抑或為獨立的命題？

三、請選擇教育政策執行案例舉偶中的其中一個案例，並探究影響教育政策執行結果的相關因素為何？

第三章

政策行銷之研究——以十二年國民基本教育為例

舒緒緯

塵勞迥脫事非常，緊把繩頭做一場；未經一番寒澈骨，焉得梅花撲鼻香。

～唐　黃檗禪師《上堂開示頌》

 壹　前言

　　政府存在的目的在於為人民提供更好的服務，以創造更多的公共價值，因此公共政策的制訂必須符合民眾的需求，才是民主政治的真諦（蔡進雄，2005）。隨著人民權利意識的高漲，對於政策品質的要求日高之際，政策行銷觀念的建立，以回應民眾的需求有其正面的意義（吳定，2003）。政策行銷的概念源自於企業行銷，管理學大師Drucker曾說：「行銷的目的要充分認識和了解顧客，俾使產品或服務能適合顧客，並自行銷售它自己。」（引自賴佑誠，2009）。但一般人提到行銷，總是會聯想到無孔不入的廣告和促銷活動，因而留下負面的印象，也因此行銷是政府部門常常忽略的領域之一（郭思妤譯，2007）。

　　政府握有公權力，對於不能或無法配合的個人或團體，以往習慣採用合法性權威及強制性權威來制訂及執行政策。但在民主多元的現代社會，政策倡導單位與利害關係人或團體的互動關係，會影響其對公共政策的影響力（引自魯炳炎，2007a）。只用合法性與強制性權威來推動政策，政府勢必要付出很大的監督成本，甚至有時被視為政府暴力（蘇偉業，2007），引起更多社會成本與政治成本的支出。因此若能以說服等軟性權力的方式來推動政策，政府與人民間的對立將會大大減少。所以政策行銷的目的就是要使用企業行銷的觀念與方法來推動政策，化解政府與人民間的對立與衝突，以減少政府的監督或執行成本（蘇偉業，2007）。因此公共管理者必須具備探知與引導民意的專業能力，甚至有學者認為政策行銷管理乃當代公共管理者必備的核心能力之一（陳敦源、魯炳炎，2008）。

　　近年來，由於多數國家均面臨財政不足的窘境，所以加稅便成為籌措財源的主要方法，也因此使用者付費的原則，便成為公共服務的常

態。但是納稅人不想成為政府的提款機，因此對於公共事務的滿意度與參與度日漸低落（Lamb, Jr., 1987），凡此皆不利政府與人民夥伴關係的建立。所以學者指出政府的行銷活動，可以為政策提出辯護，並提供改進的程序（引自汪子錫，2014）。也就是說，政策行銷不僅是單純的利益交換，更應該是一種公民的參與實踐（余致力、毛壽龍、陳敦源、郭昱瑩，2008）。因此使民眾積極參與各種公共事務，並由參與過程當中，監督政府施政與善盡公民義務，以營造優質的民主環境。

　　政府自遷臺以來，對於教育的投資不遺餘力，但在「萬般皆下品、唯有讀書高」的傳統士大夫觀念影響下，學生的升學壓力未曾或減，也因此延長國民教育年限便被部分人士視為解決升學主義的良方。從1980年代起，即有此呼聲，但皆因主客觀環境未臻成熟，始終停留在政策宣示階段。直至馬英九擔任統總後，積極推動十二年國民基本教育（以下簡稱十二年國教），也因為時機成熟，故馬英九於2011年的「元旦祝詞」即宣示政府將於2014年全面實施十二年國教。

　　十二年國教可說是政府繼1990年實施的「國中生自願就學輔導方案」（以下簡稱自學方案），另一個改革國中教育的教育政策。有關單位記取「自學方案」行銷不力的前車之鑑（舒緒緯，2016），為免重蹈覆轍，所以在方案推動之初，即展開各式各樣的行銷活動，希望獲得民眾的認同與支持，但其成效並不如預期。探究其因，乃在於有關單位仍然將政策行銷定位在訊息的告知與意見的蒐集，而非從利害關係的人角度出發，以致成效不彰。政策行銷屬於社會行銷的一環，所以必須重視顧客的需求，並透過利益的交換各取所需（魯炳炎，2007b）。亦即顧客不僅是消費者也是參與者，在政策制訂過程中，缺乏顧客（即利害關係人）的參與，將使政策淪為一言堂，並降低其接受性與可行性。

貳　政策行銷之探討

　　行銷觀念對於企業的重要性，奠基於Levitt，而自Kotler與Levy提倡行銷概念擴大化後，行銷即不再限於營利組織，而擴及到非營利組織及公部門，故學者主張若行銷觀念導入到政策規劃與執行的過程中，將有助於政策的執行（翁興利，2004）。也因此在這個行銷的年代，政

府部門必須對行銷有一定的認知，才能有效且順利的推動政策。以下就政策行銷的意義、特性、功能分別予以說明。

一、政策行銷的意義

政策行銷的概念從一般行銷而來，而其概念可分為兩大類：營利行銷與非營利行銷。非營利行銷包括：非營利組織行銷、社會行銷、政府行銷（包括政策行銷）。而社會行銷及政府行銷基本上是基於社會公益，因此本研究將社會行銷及政府行銷的定義視為同類，茲將學者的定義說明如下：

1. 黃榮護（1999）認為政府公關與行銷係指政府為因應日益變動環境的挑戰，以顧客導向為中心思想，應用各種傳播技術，協助組織生產公共價值，塑造良好形象，以爭取大眾支持。

2. 政策行銷係指：「使用行銷技巧以促進公共政策與社會需求的相互配合，並以最少的強制方式與最受民眾喜歡的手段，推展及執行政策，以辨識、預測及滿足社會及公共需求。」（蘇偉業，2007）

3. 魯炳炎（2007b）認為政策行銷係政府部門經由行銷工具組合，與人民完成價值交換，以實現政治目標，並促成特定社會行為的政策過程。

4. 余致力等人（2008）認為，政策行銷就是政府為爭取民眾的支持，應用資訊蒐集、資源整合、推銷、宣傳與評估等技巧，將政策意義化、加值化、符號化與便捷化的過程。

5. 黃俊英（2010）認為政府行銷就是採用私人企業或非營利組織的行銷理念與技巧，推動施政，提高政府效能並滿足人民的需求，達成施政目標。

6. Andreasen（1994）認為社會行銷係應用商業行銷的技術，影響標的團結自願改變其行為，以增進個人及整體社會的福祉。

7. Buurma（2001）認為政策行銷係指政府採用行銷交易作為與社會行動者一起共同達成目標，並發展與提供可接受的政策工具，要求社會行動者（social actors）接受特定社會行為及回應

的計畫與執行過程。

8. Kotler認爲社會行銷係指「應用行銷的原則與技術，使標的團體或對象受其影響，自願接受、拒絕、修正或放棄某項行爲，進而促進個人、團體或社會之福祉。」（兪玫妏譯，2005）

綜上所述，所謂政策行銷係指政府部門採用行銷工具組合，塑造良好形象，並經由利易交換的方式，動員社會的支持，以完成特定行爲，並創造公共價值。具體言之，所謂政策行銷的涵義如下：

1. 其目的在完成特定行爲，以創造公共價值。
2. 其方式則採用各種行銷組合進行行銷，以動員及獲致社會的支持。
3. 其基本精神則是經由利益交換以各取所需。
4. 其具體策略則是政策工具的發展與提供，並以完整配套措施予以落實（魯炳炎，2007a）。

二、政策行銷的特性（丘昌泰，2001；翁興利，2004；魯炳炎，2007b）

1. 消費者的不確定性

因爲公共政策所涵蓋的對象眾多且不易指認，甚至包括潛在的客戶，因此有時很難針對明確的標的團體進行行銷。

2. 標的團體的態度傾向不明確

在一般的營利行銷，企業可由顧客的反應或是銷售的情形了解消費者對產品的態度，並根據消費者的反應做出適當的調整。但是公共政策的推動，其利弊得失往往需假以時日才能顯現，故有關單位無法確切得知標的團體的態度，有時很難做出適當的調整與反應。

3. 生產者的不確定性

政府部門是一個整體，彼此關係密切，雖然不同部門各有其明確的職掌，但政策的推動有時是共通合作的結果，所以往往很難指出誰是眞正的生產者。也因爲這樣，有時也會予人權責不清、功能重疊之感。

4. 行銷策略與行銷目標的因果關係不明顯

企業所行銷的大多是有形的產品，行銷策略與行銷目標或結果的關係比較能清楚掌握，但是政策行銷往往涉及人民的價值觀或態度等抽象

議題，而價值觀或態度改變的影響因素極為複雜，很難有一明確的因果關係，因此也使得行銷組合愈形複雜。

5. 必須注意社會的可接受性與利益的共享性

政府係受人民委託的政體，因此「民之所欲，長在我心」乃執政者必須念茲在茲，不可須臾背離的基本信念。所以任何政策的推動必須注意社會的可接受性，否則硬推不為社會所接受的政策，不僅註定失敗，甚至引發政治危機。

6. 多為服務性或社會行為而非有形產品

政府所提供的服務，基本上以涉及國計民生、國家安全，或一般企業無法或不宜提供的服務為主。在此原則下，政策行銷的產品大都是抽象的服務或價值觀念，也因此其成效也很難在短期內顯現。也由於其多為無形的產品，因此要評估行銷價值常常是曠日費時（蔡祈賢，2007）。

7. 政府及標的團體的選擇性有限

Calson依組織是否有權選擇顧客，以及顧客是否有權決定參加與否的規準，對組織進行分類，將組織分成四種類型，其中類型四（組織無權選擇顧客，顧客也無權決定參加與否）與許多公共服務的特質相符（引自吳清山，2014）。所以Snavely（1991）指出政府機關對政策目標及標的團體的選擇權有限，相對地，政府機關有權力強迫人民成為政策客戶和服務接受者，而人民並無法拒絕。

三、政策行銷的功能（丘昌泰，2001；翁興利，2004）

1. 提升競爭力

行銷就是展現優點，創造價值。在市民主義引導下，民眾成為政策的消費者、評估者與參與者，因此政府必須注意民眾對施政品質的反應，以作為公共價值探索與再造的依據（黃榮護，1999）。在行銷過程當中，公部門可以了解自己的優缺點，也可以得知民眾的意向與態度，經由雙向的溝通，改變民眾的觀感，提供高品質的服務，實踐政府的職能，也可以自我改進，以提升競爭力及生產力（孫本初、傅岳邦，2009）。

2. 建立良好公共形象

政府施政總難免有疏失之處，除了消極的轉移失敗焦點，也可積極的經由行銷以形塑組織正面形象，強調政府施政的品質，表現出勇於負責的企業精神，並透過各種管道傳達出值得信賴的形象，凡此有助於業務的推展與民眾的支持（黃榮護，1999）。

3. 促使公共服務商品化

政府的設立即在為民服務，因此免費服務的提供乃其職責之一。但是為避免不必要的浪費，以及將有限資源做充分的利用，將政府所提供的服務，經過行銷之後予以商品化，並導入使用者付費的觀念。如此一來，不僅可以改變民眾的消費行為，減少不必要的浪費；也可以創造收入，增加財源，使政府可以提供更多的服務。

4. 創造民眾需求

當公共服務商品化後，公部門的行銷不僅是滿足人民的需求而已，而且更能進一步引導需求、創造需求。一方面增加政府財源的收入，使其有能力從事更多的建設與服務；另一方面則建立政府的新形象，爭取更多的認同。

5. 強化跨部門的協調

政策行銷是以政策為本位，以議題為中心，可能涉及到不同的組織或部門（魯炳炎，2007b），因此跨組織或跨部門的溝通、協調更形重要。而當跨部門的協調成為常態與必要之後，本位主義，或是爭功諉過的情形將不復再見，對於資源的整合與政府效能的提升，亦有莫大的助益。

參　十二年國教沿革

我國自1968年起實施九年國民義務教育，不僅提昇國民素質，也為其後的經濟起飛打下良好的基礎。隨著臺灣社會與經濟的發展，自1980年代起即有延長國民教育的呼聲，因此時任教育部長的朱匯森於1983年提出「延長以職業教育為主的國民教育」，規劃以職業教育為主的國民教育延長計畫，提供國中畢業未滿18歲之就業者，以部分時間進行職業補習進修教育。1989年，李煥擔任行政院長，指示教育部

研議延長國民教育年限為12年之可行性。時任教育部長的毛高文乃積極規劃，提出方案，行政院則於1990年核定頒布「延長國民教育初期計畫－國民中學畢業生自願就學高級中等學校方案」。1993年教育部改由郭為藩掌舵，提出「發展與改進國中技藝教育方案－邁向十年國教目標」的政策，並試辦完全中學與綜合高中。其後，繼任的吳京，擴大推動第十年技藝教育，並規劃高職免試多元入學方案、高級中學多元入學方案。林清江接掌教育部後，除繼續推動高職免試多元入學方案、高級中學多元入學方案外，並繼續擴大辦理綜合高中。楊朝祥繼任後，組成「延長國民基本教育年限政策諮詢小組」、「延長國民基本教育年限規劃委員會」、「工作小組」及「研究小組」，積極規劃3年內實施十二年國教。曾志朗是民進黨取得執政權的第一位教育部長，他將高中多元入學方案及高職多元入學方案整合為「高中及高職多元入方案」，並委託學者進行「延伸國民基本受教年限規劃研究」。黃榮村接任教育部長後，委託學者完成「實施十二年國民教育理論基礎比較研究」、「推動十二年國民教育辦理模式之研究」、「十二年國民教育之教學資源及課程研究」、「十二年國民教育經費需求推估之研究」等四項計畫。同時於2003年9月召開全國教育發展會議，達成階段性推動十二年國民教育之結論與共識。杜正勝是民進黨政府最後一任的教育部長，他成立十二年國教規劃工作小組及專案辦公室，完成十二年國教規劃方案（楊思偉，2005；楊朝祥，2013）。

　　2008年的總統大選，馬英九成為中華民國第十二任總統。時任教育部長的鄭瑞城成將「十二年國民基本教育計畫」的名稱修正為「十二年國民基本教育先導計畫」，並持續推動、修正及研擬各方案。吳清基接掌教育部後，完成「十二年國民基本教育計畫」之規劃。2012年，馬英九在總統大選中獲得勝利，連任第十三任總統。為因應新的政局，內閣進行改組，教育部長一職由蔣偉寧接任，由於馬英九已宣布自103學年起實施十二年國教，故他積極推動「十二年國教」，成立「十二年國民基本教育諮詢會」，並改組「十二年國民基本教育專案辦公室」。2013年，總統公布《高級中等教育法》，為十二年國教取得法源。其後教育部陸續公布相關子法，使十二年國教之法

令更加完備。2014年8月，十二年國教正式實施，爲我國教育開啓新頁
（教育部，2015；教育部，2016）。

肆　政策行銷過程模式

政策執行結果是由利害關係人共同承擔，Altman與Petkus,Jr.
（1994）認爲傳統的政策制訂過程，忽略利害關係人所扮演的角色
與功能，因此他們特別從從利害關係人的角度，提出政策制訂的過程
（見圖1）。茲說明如下（翁興利，2004；Altman & Petkus, Jr.,1994）

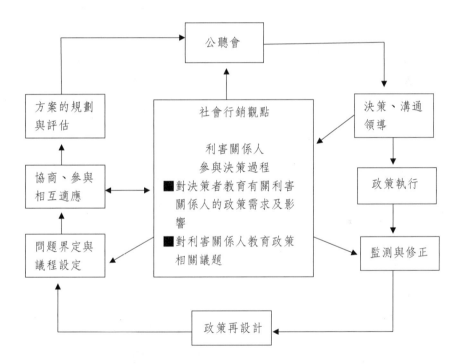

圖1　以利害關係人為基礎的政策過程

資料來源：翁興利（2004）。政策規劃與行銷。臺北市：華泰，p.241。
　　　　　Altman, J.A. & Petkus,E.Jr.（1994）.Toward a stakeholder-based policy
　　　　　process:An application of the social marketing perspective to environmental
　　　　　policy development. Policy Science, 27(1), p.39.

(一) 問題界定與議程設定（problem definition and agenda setting）

政策決定過程的第一個步驟就是問題的認定，知道問題所在才能對症下藥，故本階段的任務就是確定及辨認不同利害關係人的需求。

(二) 協商、參與、相互適應（consult, involve, accommodate）

決策者在政策發展過程當中，應主動與利害關係人協商，使其扮演積極主動的參與角色。而決策者可透過訪問、民意調查、座談會、說明會……等方式，彙整及分析相關意見，發展出迎合利害關係人需求的政策，降低政策發展的不確定性。

(三) 方案規劃與評估（formulate and evaluate alternatives）

本階段主要目的在於形成政策草案，經由前一階段的協商、參與後，決策者對於利害關係人的態度與想法能夠有效掌握，而其所提出的政策草案應較能符合利害關係人的需求。

(四) 公聽會（public hearing）

由於民意冷漠的特性，利害關係人未必在前面三個階段表達其意見，因此可舉辦公聽會，針對爭議性較大或涉及人民權利義務事宜進行雙向的通。從行銷的觀點而言，公聽會可視為對政策草案的試探或是預先造勢（pre-launch publicity），決策者可從公聽會中獲得有價值的回饋意見，而利害關係人亦可藉由公聽會表達意見，縮短彼此的落差。

(五) 決策、溝通、領導（decide, communicate, lead）

政策一經決定之後，利害關係人的接受與否，是政策執行成敗的關鍵；而利害關係人對政策的支持度，有時又會影響立法部門的態度。因此如何透過教育宣導，化解利害關係人的阻力，便成為一個重要的課題。而利害關係人亦可利用此一管道，了解評估標的政策能否解決政策問題。

(六) 政策執行（policy implementation）

經過合法化的程序之後，政策已經決定且將公告執行。從行銷的觀點來看，在政策全面實施之前，可進行小規模的政策試辦，以了解大眾

的反應及接受度。同時可經由試辦，發現執行上的困境及問題，並加以調整或做修正。此外，教育宣導活動仍應積極的持續進行，以增加政策的能見度與支持度，並促使必要的行為改變。

(七) 監測與修正（monitor and adjust）

政策的執行成效有時未如預期，因此在政策執行中及執行後，必須對顧客滿意度進行評估或調查。經由監測的結果，了解問題所在，對政策做適當的修正。就圖1而言，當執行發生問題時，就應返回「決策、溝通、領導」階段，如果發現問題並非在此，就應再往前追溯，一直找到問題源頭為止。

(八) 政策再設計（policy redesign）

政策執行與評估是一個動態的歷程，因此在政策執行與評估的過程當中，經常有舊問題尚未完全解決，而新問題卻又產生的情況，以致新的利害關係人又進入政策領域中，增加問題的複雜性與解決問題的難度。為了適應新的政策情境，政策一定要進行調整，因此政策再設計勢在必行。

伍　本研究所採用之行銷模式

教育事務與千萬個家庭有關，所以重視學生家長或其他利害關係人的參與，對於教育事務之推動具有關鍵性的影響（湯堯，2010）。故本研究擬以Altman與Petkus（1994）的政策過程模式為主，再參酌蘇偉業（2007）政策行銷市場模式的內涵，將利害關係人的特性納為分析的內涵。圖2即為本研究的政策行銷模式，茲將其內涵說明如下：

1. 政策問題之界定

本研究所稱之政策問題界定，係指確定及辨認不同利害關係人的需求。至於利害關係人則包括：(1)政策受眾市場：指學生、家長、國中教育人員。(2)政策意見市場：指壓力團體、專業團體、大眾傳播媒體等。(3)合法化市場：民意代表機關及各級教育行政機關。

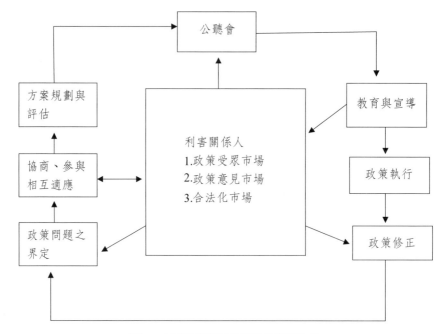

圖2　本研究教育政策行銷模式

2. 協商、參與、相互適應

就本研究而言，係指教育行政機關在政策發展過程當中，透過訪問、民意調查、座談會、說明會……等方式，彙整及分析相關意見，吸納正反雙方的意見及訴求，以作為制訂政策時的參考。

3. 方案規劃與評估

所謂方案規劃與評估，係指教育行政機關經由前上一階段民意徵詢，訂定出政策草案。

4. 公聽會

本研究所指稱之公聽會，係指教育行政單位邀請利害關係人參加公聽會，溝通意見並縮短政策落差。

5. 教育與宣導

本研究所指稱之教育宣導，係指教育行政單位將擬訂之政策，善用各種溝通管道向利害關係人宣導，積極引導利害關係人明瞭政策真相。

6. 政策執行

本研究所指稱之政策執行係指教育行政單位在組織、資源、法令的配合情形，以及其採取何種政策工具以爭取標的團體的配合。

7. 政策修正

本研究所稱之政策修正，係指教育行政單位依據利害關係人的意見反應，以及執行單位在政策執行過程所發現的問題，對政策進行修正與調整，以適應新政策情境之需，並對政策問題再確定。

陸　研究結果與討論

研究者探討相關文獻後，茲依本研究之分析架構，說明如下：

一、政策問題之界定

政府自播遷來臺後，深知教育為興國之本，因此對於教育的推動不遺餘力。但在「萬般皆下品、唯有讀書高」的意識形態下，學生的升學壓力未曾或減。也因此如何改進升學制度，使學生得以適性發展便成為政府與社會大眾關切的目標。儘管聯考制度造成斤斤計較的分數主義，以及考試領導教學的弊端，但因聯考制度的公平性深植人心，所以各種入學制度的改革，仍然無法完全廢除考試選才的方式。也因此補習橫行、教學未能正常化、考試領導教學等問題仍然無法獲得解決。故從朱匯森開始，歷任教育部長對於改革國民教育，以提昇教育品質，皆有不同的作法與重點，而延長國民教育年限就成為常見的議題（楊思偉，2005；楊朝祥，2013）。

雖然民間有不同的聲音，但基本上延長國教仍然受到社會大眾的期待，所以楊朝祥於1999年8月5日表示，十二年國教最快在2004年實施，而教育部將組成「十二年國教專案委員會」，研商相關事宜（楊蕙菁，1999年8月6日）。其後，時任副總統的連戰更公開宣布，國民教育將於3年內延長為十二年（張志清，2000年1月11日）。雖然大眾對十二年國教的看法不一，但是根據民意調查的結果，發現有六成九的民眾支持十二年國教的實施（聯合報系民意調查中心，2000年1月16日）。

　　陳水扁於2000年的總統大選勝出，其競選政見亦包括實施十二年國教。所以時任教育部長的黃榮村於2003年1月3日指出，如果能實施十二年國教，許多教育問題將可解決大半，因此9月舉行的全國教育會議，將把十二年國教列為議題之一（江昭青，2003年1月4日）。8月30日，教育部「十二年國教規劃草案」定稿。依教育部的規劃，十二年國教係採非免試、非免費、非強迫的方式實施（孟祥傑，2003年6月19日）。草案一提出後，不少教改團體、學者都跳出來反對，批評教育部未找出問題癥結，只是亂開政治支票而已（黃筱珮、林志成、陳洛薇、江昭青，2003年8月31日）。雖然有不少團體反對十二年國教，但是家長團體卻表態支持，認為此一政策應可減輕升學壓力（江昭青，2003年8月31日）。

　　9月13日，「全國教育發展會議」在國家圖書館登場，與會者炮聲隆隆，反對現階段實施十二年國教（林志成，2003年9月14日a）。但是在場外抗議的家長團體，卻要求教育部不能讓十二年國教胎死腹中（林志成，2003年9月14日b）。面對各界的質疑，黃榮村於9月14日表示，十二年國教是否試辦及實施，3年後再做決定（韓國棟、陳洛薇，2003年9月15日）。

　　2007年2月27日，時任行政院長的蘇貞昌宣布政府將實施十二年國教，而教育部亦提出十二年優質國民基本教育配套方案（韓國棟、吳進昌，2007年2月28日）。如同之前的反應，學者專家及教師大都持保留態度，而家長團體表示歡迎與支持（林志成，2007年2月27日）。由於各界反應不佳，故教育部於3月4日公布「十二年國教說帖」。同時，時任教育部長的杜正勝亦指出，由於十二年國教內容複雜，教育部將組成研議小組負責具體政策的研擬，十二年國教應如何進行，1年後再說（韓國棟，2007年3月5日）。

　　2008年的總統大選，國民黨獲勝。儘管政黨輪替，但家長團體對十二年國教仍充滿期待，對於政府遲遲沒有作為，感到焦慮。所以2009年5月24日家長團體舉行大型靜坐活動，以催生十二年國教（林志成，2009年5月4日）。7月12日，由全國家長聯盟等83個團體發起的「我要免試的12年國教」遊行，在臺北市登場，要求政府儘速實施

十二年國教（湯雅雯，2000年7月13日）。

2010年8月28、29兩日，教育部召開「第八次全國教育會議」。時任教育部長的吳清基在會中宣示，教育部將於2年內宣布十二年國教的具體時程（朱芳瑤，2010年8月30日）。為使政策不再跳票，教育部全力推動十二年國教的規劃事宜。2011年10月6日馬英九宣布，2014年十二年國教將正式上路，並自同學年起，高中、職及五專前三年學生全部免學費（仇佩芬，2011年10月7日）。

由於十二年國教的爭議越演越烈，所以各利益團體紛紛表態，以求取得話語權。例如「全國家長團體聯盟」要求十二國教一定要如期上路，先求有再求好。「十二年國教家長聯盟」主張沒有爭議的制度可以先行，有爭議的多元比序升學制度暫緩實施。「國教行動聯盟」對於升學項目則有不同的看法，要求教育部不應規範太多（林志成，2013年6月12日）。儘管十二年國教爭議不斷，媒體所做的調查發現61%的人支持政策的推動，但在整體考量後，有40%的人贊成如期推動，32%的人傾向暫緩實施，16%的人贊成廢除（旺旺中時民調中心，2013年6月14日）。

二、協商、參與、相互適應

以往我國教育政策的制訂大都採由上而下的方式，一般教師及家長很少有表達意見的機會或管道。但隨著政治的民主化、校園的自由化，民眾的聲音逐漸受到重視。黃榮村接任教育部長後，積極推動十二年國教的實施。由於在野黨在立法院的席次遠多於執政黨，因此他先與部分在野黨立委溝通，並取得其支持（張錦弘，2003年1月5日）。其後又參加民進黨舉辦的「執政興革座談會」，與執政黨立委交換意見並聽取其建言（林志成，2003年1月12日）。

如前所述，臺灣以前教育政策的擬訂基本上是由上而下的行政指導模式，因此部分人士認為教改成效不盡理想，決策模式不當是主因之一。故黃榮村表示未來的教育決策過程中，將發展公共論壇凝聚共識（江昭青，2003年5月2日）。6月18日，教育部中教司邀集學者專家、高中校長與家長代表與會，商討相關事宜，並預計於7月提出具體

方案,提交9月舉行的全國教育發展會議討論(孟祥傑,2003年6月19日)。

2004年的總統大選,陳水扁以些微差距連任成功,但因為執政成效不佳,時任行政院院長的蘇貞昌為挽救執政頹勢,因此極力推動十二年國教。所以當他於2007年2月27日宣布要推動十二年國教,便劍及履及地要求教育部積極進行。故5到7月,教育部在全省舉辦25場「辦好12年國民基本教育縣市巡迴座談會」,與民眾進行雙向的溝通(任懷鳴,2010)。雖然蘇貞昌力推十二年國教,但因其參加民進黨黨內總統初選落敗而請辭行政院院長,十二年國教也隨之銷聲匿跡(徐昌男,2007)。2008年的總統大選,國民黨籍候選人馬英九擊敗對手,十二年國教的規畫工作又起死回生。依教育部的規劃,入學方式自103學年度起整合為「免試入學」及「特色招生」兩種管道,以免試入學為主,75%以上國中畢業生免試入學。實施時,是先辦理免試入學,再舉行特色招生(教育部,2011a)。

由於十二年國教的爭議愈演愈烈,所以遲遲未能定案,以致家長、學生人心惶惶。因此立法院朝野於5月3日達成共識,要求行政院召開全國性的十二年國教會議,讓全國家長了解相關內容,尋求社會共識,並如期實施免學費政策(許雅筑,2013年5月4日)。儘管十二年國教反對聲浪很大,也有不少的聲音要求暫緩實施。但是黃榮村在「傑人論壇」專題演講時表示,十二年國教幾乎已走到「鎖死的地步」,實在很難看出有安全的暫緩與喊停策略,除了微調,已無其他良方(黃寅,2013年6月25日)。

三、方案規劃與評估

「萬般皆下品,唯有讀書高」的傳統價值觀,對學校教育產生某種程度的不良影響。也因此自朱匯森以降的教育部長都提出相關政策,以解決國中生升學的問題。而實際進行十二年國教的規劃,應自楊朝祥開始。其後擔任教育部長的曾志朗,於2001年委託學者進行「延伸國民基本受教年限規劃研究」。而接任的黃榮村,亦陸續委託學者進行「十二年國民教育理論基礎比較研究」、「推動十二年國民教育辦理模

式之研究」、「十二年國民教育之教學資源及課程研究」、「十二年國民教育經費需求推估」等，從推動模式、課程與教學、經費資源等層面進行廣泛的探討。接任黃榮村部長一職的杜正勝，亦陸續委託進行「國中畢業生國民中學學生基本學力測驗表現暨升學狀況之研究」及「高中高職學校轉型及入學學區劃分之研究」（國立臺灣大學科學教育發展中心，2012）。

四、公聽會

由於十二年國教的爭議已久，因此一般家長對其並非十分了解與關心。雖然之前的民意調查，多數民眾支持十二年國教（孟祥傑，2003年9月11日；張錦弘，2003年6月21日；聯合報系民意調查中心，2000年1月16日），但是直到政策明朗化之後，尤其是超額比序、先免後特的招生方式，更引起部分家長的不滿與反彈。因此教育部乃於2011年5月24日起至5月29日止，分別在北、中、南、東四區辦了七場公聽會。邀請公私立國中、高中、高職及五專學校校長或教務主任，國中小家長會代表及家長團體代表，師資培育大學代表，教育局（處）代表，校長團體代表，教師團體代表，民意代表，對教育事務關心之民眾或團體代表等與會（教育部，2011b）。

會中討論熱烈，會外亦是抗議連連。家長及教師認為保留30%的的入學名額給特色高中，一樣會造成升學壓力，根本不符十二年國教的精神（喻文欣，2011年5月25日）。另外，對於升學是否採計在校成績，家長則分成兩派，有的贊成，有的反對。反對者認為考試太多，會增加學生的壓力（范振和，2011年5月27日；陳智華，2011年5月29日）。

五、教育與宣導

2011年9月20日，行政院於9月20日核定「十二年國教實施計畫」（以下簡稱實施計畫），並自2014年開始實施。依實施計畫之規定，教育部邀請學者專家、中央及地方教育主管機關代表、校長、教師團體代表、家長團體代表組成宣導團，採取多元管道與方法，共同協助政策說明與溝通。而在實施計畫中列有11項配套措施，其中第10項為「促

進家長參與推動十二年國民基本教育」，所對應的方案10-1「促進家長參與推動十二年國民基本教育實施方案」，即為針對家長的教育與宣導。第11項配套措施為政策宣導，對應的方案11-1「十二年國民基本教育宣導方案」（教育部，2011c），則以拍攝宣導短片，或與平面媒體合作，宣揚十二國教成就每一個孩子的目標。另外，教育部及各縣市政府均設有十二年國教網站，提供相關資訊解決家長的困惑。

除了官方的宣導管道外，教育部分別於2012年3月10日、18日、24日，在臺中、臺南、臺北舉辦「十二年國教人才培育座談會」，說明特色高中與特色班的課程規劃（石文青，2012年3月1日）。而馬英九總統對於十二年國教極為重視，因此在3月23日到31日，北、中、南、東四區的座談會，親自出席直接面對民眾（林志成，2012年3月22日）。在這四場座談會中，民眾最關心的是超額比序項目過多，製造困擾，以及先免後特，恐造成學生高分低就或低分高就的情形（詹芳雅，2012；蔡淑媛，2012）。

六、政策執行

教育部為統合後期中等教育制度，對入學方式、學區規劃、學費政策等加以規範，並為十二年國教取得法源，乃制定《高級中等教育法》，經立法院三讀通過，並由總統於2013年7月10日公布施行。而原先規範普通高中之《高級中學法》，與規範高職之《職業學校法》於2016年廢止，《專科學校法》相關條文亦予以酌調。另外在行政院設「十二年國教推動會」，由行政院院長召集。教育部設「十二年國教諮詢會」與「十二年國教推動小組」，由教育部部長任召集人。另外，教育部亦設「十二年國教專案辦公室」，由教育部次長擔任召集人。各地方政府成立「十二年國教規劃推動小組」，由縣市首長或教育局（處）長擔任召集人。至於經費方面，則估算經費整體需求，並由中央與地方政府依協商之負擔比率，各自循預算程序納編辦理（教育部，2011c）。

影響政策執行的另一重要因素就是政策工具的選擇與使用。就十二年國教而言，政府係採資訊與勸戒、直接提供條款這兩種工具（丘昌

泰，2013）。所謂資訊與勸戒係指政府散發相關資訊，勸導民眾接受十二年國教。而直接提供款則係制定《高級中等教育法》及相關子法，賦予十二年國教法源。

七、政策修正

十二年國教的免學費政策，對於地方政府的財政負擔，無異是雪上加霜，因此地方政府要求免學費政策應由中央政府自行負擔。但若要全數由中央政府負擔，又會排擠其他的支出，因此是否應訂定排富條款就引發不同的意見（楊毅、徐子晴，2013年6月12日）。最後在黨政協調下，終於敲定家戶所得148萬元為門檻，以下者免收學費（許雅筑、羅暐智、錢震宇，2013年6月19日）。

為緩解後期中等教育階層化的現象，降低國人的明星學校情結，所以教育會考的設計僅以精熟、基礎、待加強來表示學生的考試結果，並模糊分數的界限。但因超額比序太繁複，教育部在各方的壓力下，在三等級外，加了四標示（鄭語謙，2014年5月20日）。而當第2014年第一次國中會考的成績出來後，升學競爭較為嚴重的基北及高雄考區，要求公布考生成績的組距及累積人數百分比，讓考生在選填志願時有所依據。5月19日，教育部召集22縣市教育局處代表開會，最後決議採一國兩制，授權基北、高雄區公布國中會考成績分區資料。

🈡 結語（代結論）

一、子女升學的權益，是爭執的焦點

明星學校的存在有其歷史脈絡，但也因為明星學校的存在，加重了升學的壓力。明星學校的升學率較高，因此一般學子多以考上明星學校為其目標，所以任何要改變教育生態的政策將引起極大的爭議。基本上，一般家長對實施十二年國教較無反對意見，但在超額比序及會考分數的呈現方式較大的反彈，認為對其子女升學權益影響極大，所以爭執的焦點多集中在此。而菁英分子又握有較大的話語權，也因此最後十二年國教的內容也只能做部分的修正，以符合民意的需求。

二、專家學者與家長的態度並非完全一致

十二年國教的目的在減輕學生升學壓力，引導學生多元發展，達成適性揚才的目標。但從政策之一推出，學者專家大都持反對態度，認為之前所推行的各種教育改革，對於臺灣教育品質的提昇並未如預期，因此主張與其不斷的提出新的教改主張，不如全力解決現有的問題。至於家長部分，大致可分為兩類：一是希望透過升學制度的改變，減輕學生的壓力。另外一派的家長（以菁英分子居多），雖然也贊成教育改革，但強調制度的公平性，也就是說升學的結果應符合學生的成就或能力，以免產生「高分低就」或「低分高就」的情形。所以在十二年國教倡導之初，因為內涵不明確，多數家長是持贊成的態度。等到政策逐漸明朗化後，部分家長不滿升學的方式，因此群起反對。也因為如此，家長的態度是呈現兩極化的發展。

三、民意的支持是政策成功的關鍵因素

在民主時代，民意的支持是政策實施不可或缺的因素。經由政府部門與民意的雙向溝通，一方面了解民眾的需求，使政策的推動能貼近民情。另一方面，可明確宣達政策的內容，不會因為錯誤的訊息而造成民眾的誤解。以十二年國教為例，相關部門確實非常認真進行政策的宣達與意見的雙向溝通。但無奈之前教改的不良印象，以及涉及國中學生的升學權益，再加上明星學校情結濃厚，因此一般大眾的意見紛歧，無法取得共識，而教育部也很難在不同的意見間取得平衡點，以致普遍反應不佳，認為十二年國教並未能徹底解決國中教育的問題。

四、傳統的政策規劃模式無法適應價值衝突的情境

我國以往教育政策規劃的方式，係由教育部委託學者專家進行研究，並在期限內提出研究報告。但是一般學者接受教育部委託進行研究，其規模及方式往往受限於時間與經費，較無法做深入的探討。其次，學者仍遵循一般學術研究的模式進行探討，因此有無參與「協商、參與、相互適應」之過程，或是將由此過程所獲得的資料作為規劃

的參考，不無疑問。再者，公共政策係資源或利益的分配，難免有政治力的介入。一般而言，學者的研究皆秉價值中立的原則，不為任何政治勢力背書。但是價值中立的研究成果，欲將其應用於政治運作下的環境，難免有時會發生適應不良的情形。

五、有關單位的宣導工作較為單向，以致無法全方位的滲入

　　教育部積極投入十二年國教的宣導工作，但是其主要策略仍以網路傳播為主。但是否所有家長能經由資訊科技或網路了解相關訊息，不無疑問。再者菁英分子較熟悉各種媒體的運用，而菁英份子因子女升學權益相對不利，故較持反對態度，以致在媒體上所呈現的十二年國教資訊，以負面者居多，並影響多數人對十二年國教的看法。最後則是十二年國教的教育與宣導工作仍由教育部負責，而教育部是否有足夠的行銷資源與人力，不無疑問，若能委由民間公關公司進行宣導與行銷，或許其成效將更佳。

參考文獻

(一) 中文部分

丘昌泰（2001）。政策行銷的設計與推動。載於丘昌泰、余致力、羅清俊、張四明、李允傑合著，政策分析，307-332。新北市：空中大學。

丘昌泰（2013）。公共政策基礎篇（第五版）。高雄市：巨流。

仇佩芬（2011年10月7日）。馬英九：103年高中職學費全免。中國時報，A22版。

石文青（2012年3月1日）。12年國教座談聚焦特色班。中國時報，C2版。

朱芳瑤（2010年8月30日）。教長：12年國教101年前宣布時程。中國時報，A2版。

江昭青（2003年1月4日）。十二年國教三思而後行。中國時報，3版。

江昭青（2003年5月2日）。家長校長教師：教育決策模式不當教長：發展公共論壇凝聚共識。中國時報，A12版。

江昭青（2003年8月31日）。12年國教家長團體贊成減壓升學。中國時報，A2版。

任懷鳴（2010）。12年國教的前世今生。檢索日期：2017年7月8日。取自：http://twpublic.blogspot.tw/2010/05/12.html

吳定（2003）。政策管理。臺北市：聯經。

吳清山（2014）。學校行政（七版一刷）。臺北：心理。

余致力、毛壽龍、陳敦源與郭昱瑩（2008）。公共政策。臺北：智勝文化。

汪子錫（2014）。E化民主的政策行銷挑戰分析：以反服貿學生運動新媒體運用為例。中國行政評論，20(2)，73-106。

旺旺中時民調中心（2013年6月14日）。61%支持政策逾半挺排富。中國時報，A2版。

范振和（2011年5月27日）。12年國教將上路家長有異見公聽會場拉紅布條抗議「特色招生」反對免試入學採記在校成績認為考試太多增加學生壓力。聯合報（地方版），B01版。

林志成（2003年1月12日）。黃榮村：12年國教絕不會冒進。中國時報，12版。

林志成（2003年9月14日a）。12年國教教育會議唱反調。中國時報，A2版。

林志成（2003年9月14日b）。不能這樣家長團體反撲。中國時報，A2版。

林志成（2007年2月27日）。家長團體支持則加強私校監督。中國時報，A2版。

林志成（2009年5月4日）。催生12年國教家長團體24日大靜坐。中國時報，A10版。

林志成（2012年3月22日）。推12年國教總統、教長親上火線。中國時報，A6版。

林志成（2013年6月12日）。如期或延後各團體激烈表態。中國時報，A2版。

孟祥傑（2003年6月19日）。12年國教將不強迫入學。聯合報，A11版。

孟祥傑（2003年9月11日）。教育部民調學生是教改白老鼠？七成二答「是」。聯合報，A12版。

俞玫妏譯（2005）（P. Kotler, N. Roberto & N. Lee著）。社會行銷。臺北市：五南。

徐昌男（2007）。蘇院長下臺了，那……十二年國教呢？臺灣教育，646，55-59。

孫本初、傅岳邦（2009）。行銷型政府的治理模式：政策行銷與政策網絡整合的觀點。文官制度季刊，1(4)，25-55。

翁興利（2004）。政策規劃與行銷。臺北市：華泰。

黃俊英（2010）。政府行銷的理念與實踐。載於林水波主編，公共治理：能力、民主與行銷，267-290，臺北市：考試院。

黃寅（2013年6月25日）。「走到鎖死地步」黃榮村：12年國教難喊卡明年畢業生已
　　全力準備除了微調無良方傑人論壇3百多人討論曾志朗：需要很多配套。**聯合報**
　　（地方版），B02版。

黃筱珮、林志成、陳洛薇、江昭青（2003年8月31日）。反12年國教教改團體、學者
　　開罵。**中國時報**，A2版。

黃榮護（1999）。政府公關與行銷。載於黃榮護主編，公共管理，520-580，臺北
　　市：商鼎文化。

湯堯（2010）。教育市場化與行銷思維策略之案例分析探究。**教育雜誌**，24，157-
　　176。

湯雅雯（2000年7月13日）。撕掉考卷千人高喊12年國教。**聯合報**，AA4版。

教育部（2011a）。100年度教育部12年國民基本教育說帖。檢索日期：2017
　　年6月30日。取自：http://webcache.googleusercontent.com/search?q=cache:
　　m_tuGZa0zkUJ:12basic.hc.edu.tw/doc/moeedu/a01.doc+&cd=7&hl=zh-
　　TW&ct=clnk&gl=tw

教育部（2011b）。**十二年國民基本教育公會手冊**。臺北市：作者。

教育部（2011c）。**十二年國民基本教育實施計畫**。檢索日期：2017年6月30日，
　　取自：http://www.ey.gov.tw/Upload/RelFile/27/83577/ 904b0a6c-8596-4494-a4b3-
　　e6f8d6f64627.pdf

教育部（2015）。**十二年國民基本教育實施計畫**。檢索日期：2016年10月24日。取
　　自：http://12basic.edu.tw/Detail.php?LevelNo=8

教育部（2016）。**教育部部史網站**。檢索日期：2016年11月5日。取自：http://his-
　　tory.moe.gov.tw/milestone.asp。

國立臺灣大學科學教育發展中心（2012）。**十二年國民基本教育政策發展歷程**。
　　檢索日期：2017年7月7日，取自：http://case.ntu.edu.tw/CASEDU/wordpress/wp-
　　content/uploads/2012/10/%E5%8D%81%E4%BA%8C%E5%B9%B4%E5%9C%8B
　　%E6%B0%91%E5%9F%BA%E6%9C%AC%E6%95%99%E8%82%B2%E6%94%B
　　F%E7%AD%96%E7%99%BC%E5%B1%95%E6%AD%B7%E7%A8%8B.pdf

許雅筑（2013年5月4日）。尋求社會共識召開全國會議立院通過。**聯合報**，A8版。

許雅筑、羅暐智、錢震宇（2013年6月19日）。數小時砲聲隆隆……政院、藍團敲定

　　　學費政策12年國教排富門檻提高至148萬家庭月收入在12.3萬以下者免學費約14%學生無法領取補助五年可省137億。**聯合報**，A01版。

張志清（2000年1月11日）。教部：若經費許可不排除免費教育。**中國時報**，3版。

張錦弘（2003年1月5日）。12年國教在野立委表支持。**聯合報**，6版

張錦弘（2003年6月21日）。教改失敗多數民眾怪教育部。**聯合報**，A6版。

陳智華（2011年5月29日）。12年國教公聽會臺東校長批臺北看天下特色招生最多3成北市逾6成家長贊同採計成績新北家長拉布條抗議質疑公私立一刀切。**聯合報**，AA04版。

陳敦源、魯炳炎（2008）。創造共識：民主治理中的政策行銷管理。**研考雙月刊**，32(2)，3-15。

郭思妤譯（2007）（P. Kotler & N. Lee著）。科特勒談政府如何做行銷。臺北市：臺灣培生。

舒緒緯（2016）。**政策終結之研究——以高雄市試辦國中畢業生自願就學輔導方案為例**。科技部專題研究計畫（MOST103-2410-H-153-008）（未出版）。

喻文欣（2011年5月25日）。12年國教特色高中被批變相分班保留3成入學名額給特色高中考試招生家長教師：違反國教本質盼逐年降低名額。**聯合報（地方版）**，B01版。

楊思偉（2005）。推動十二年國民教育政策之研究。**教育研究集刊**，52(2)，1-31。

楊朝祥（2013）。釐清十二國教政策爭議。**教育資料與研究**，109，1-24。

楊蕙菁（1999年8月6日）。12年國教最快93年實施。**聯合報**，6版。

楊毅、徐子晴（2013年6月12日）。12年國教藍委促排富中央埋單。**中國時報**，A2版。

詹芳雅（2012）。12年**國教座談會家長聯盟批比序項目太多**。檢索日期：2017年7月20日，取自：http://www.eastnews.tw/index.php?option=com_content&view=article&id=21138:12-&catid=3:political-economics&Itemid=40

魯炳炎（2007a）。公共**政策行銷理論意涵之研究——應然面與實然面的對話**。臺北縣：韋伯文化。

魯炳炎（2007b）。政策行銷理論意涵之研究。**中國行政**，78，31-53。

蔡祈賢（2007）。行銷管理及其在公務機關的應用。**研習論壇月刊**，70，335-355。

蔡進雄（2004）。教育政策行銷之探討。人文及社會學科教學通訊，15(6)，106-117。

蔡淑媛（2012）。《12年國教座談會》國教項目繁複家長霧煞煞。檢索日期：2017年7月20日，取自：https://forum.babyhome.com.tw/topic/3789571。

賴佑誠（2009）。政策行銷的涵義。載於張世賢主編，公共政策分析（二版），299-312，臺北市：五南。

蘇偉業（2007）。政策行銷：理論重構與實踐。中國行政評論，16(1)，1-34。

鄭語謙（2014年5月20日）。北高分分計較十二年國教倒退嚕。聯合報，A03版。

聯合報系民意調查中心（2000年1月16日）。十二年國教六成九民眾支持。聯合報，2版。

韓國棟（2007年3月5日）。12年國教怎麼做1年後再說。中國時報，A6版。

韓國棟、吳進昌（2007年2月28日）。12年國教基測照考。中國時報，A1版。

韓國棟、陳洛薇（2003年9月15日）。黃榮村：12年國教時程3年後再說。中國時報，A3版。

(二) 英文部分

Andreasen, A. R. (1994). Social marketing: Its definition and domain. *Journal of Public Policy & Marketing, 13*(1), 108-114.

Altman, J. A. & Petkus, E. Jr. (1994). Toward a stakeholder-based policy process: An application of the social marketing perspective to environmental policy development. *Policy Science, 27*(1), 37-51.

Buurma, H. (2001). Public policy marketing:Marketing exchange in the public sector. *European Journal of Marketing,35* (11/12), 1287-1302.

Lamb, Jr., C. W. (1987). Public sector marketing is different. *Business Horizon, 30*(4), 56-60.

Snavely, K. (1991). Marketing in the government sector:Apublic policy model. *American Review of Public Administration.21*(4), 311-326.

問題與討論

一、政策行銷的特性為何？

二、政策行銷的功能為何？

三、評述教育部在十二年國教的行銷作為。

四、請說明十二年國教的爭議點為何？

第四章

臺灣推動大學合併政策的分析與建議

顏國樑、楊慧琪

　　近年來受少子女化的衝擊與影響，臺灣高等教育的學生人數逐年迅速遞減。1995年起政府開始正視到相關問題的嚴重性，在教育部《中華民國教育報告書——邁向二十一世紀的教育遠景》及1996年行政院《教育改革總諮議報告書》中提出大學合併的相關論述，之後陸續促成了數所大學校院合併的案例。不僅如此，2011年通過了《大學法》的修正案，2012年訂定《國立大學合併推動辦法》，並於同年成立「合併推動審議委員會」，授權教育部主導國立大學的合併事宜。

　　為了解臺灣的大學合併政策之相關規定、內涵及發展，本文針對臺灣推動大學合併政策的緣起及此一政策發展的歷程加以論述，同時針對臺灣現行大學合併政策的相關規定加以介紹與進行分析，並闡述此一政策對進行合併的大學所產生的成果、困境及建議。

壹　緒論

　　近年來臺灣深受少子女化的衝擊與影響，高等教育的學生人數逐年迅速遞減。然而在1990年代後期，為了呼應教改紓解學生升學壓力與民間期盼廣設大學等訴求的影響，全國大學校院的校數，由1990學年度的46校（教育部，1993），到2006學年度短短16年內，迅速擴增到147所大學校院（教育部，2007），造成臺灣的大學教育質量失衡、招生門檻降低、高教資源因而產生排擠效應，導致學生素質降低，人才供需失衡，甚至影響了國家未來競爭力（林新發，2017）。

　　1995年起政府開始正視到相關問題的嚴重性，教育部於1995年提出《中華民國教育報告書——邁向二十一世紀的教育遠景》（教育部，1995）及1996年行政院教改會在《教育改革總諮議報告書》中提出大學合併的相關論述，之後並陸續促成了數所大學校院合併的案例（行政院，1996）。如2000年2月促成了國立嘉義師範學院與國立嘉義技術學院合併為國立嘉義大學的案例。另外陸續又有同年的國防大學、2006年國立臺灣師範大學、2008年國立東華大學、2011年國立臺

中科技大學、2013年臺北市立大學、2014年國立屏東大學、同年的法鼓文理學院、2015年康寧大學與2016年國立清華大學等大學校院的合併案例。

不僅如此，2011年通過了《大學法》的修正案，2012年訂定《國立大學合併推動辦法》（2012），並於同年成立「合併推動審議委員會」，授權教育部主導國立大學的合併事宜。

貳　大學合併政策的緣由與發展

410教改聯盟於1994年提出了「廣設高中大學」的訴求，以紓解升學壓力。爲了回應民間教改的訴求，政府提出了以「一縣一大學」爲目標，透過專科學校升格或新設大學的方式，使大專校院的數量快速增加，導致臺灣的大學教育的質量失衡、招生的門檻降低、高教資源因而產生了排擠效應，產生學生素質降低，人才供需失衡，甚至影響了國家的未來競爭力。本文以下針對大學合併政策的緣由、政策的開端及政策發展的歷程，分述如下：

一、大學合併政策的緣由

1990學年度我國公私立大學及獨立學院只有46所，當年的大學聯招錄取率只有37.29%（教育部，1993）。1999學年度公私立大學校院則突破了100所，達到105所，當年的大學錄取率爲59.83%（教育部，2000）。2006學年度公私立大學校院147所，大學多元入學改進方案平均錄取率爲68.59%，其中的考試分發錄取比率已達到90.93%（教育部，2007）。丁志權（2017）認爲大學快速增加，已達難以收拾地步。教育部於1995年以後，開始提出大學合併政策。

教育部推動大學合併政策的緣由，張慶勳（2017）認爲教育部基於少子女化與學校規模經營，以及衡酌高等教育整體發展、教育資源分布、學校地緣位置等條件，積極推動大學合併的政策。林新發（2017）歸納臺灣推動大學校院合併政策的主要緣由爲少子女化生源短缺、大學校院數量過多資源稀釋及學校規模較小財務經營困難。

綜合教育部及上述學者的觀點，臺灣推動大學合併政策的主要緣由

係在大環境少子女化學生數逐年降低、校數過多教育資源稀釋、高校整體發展、學校地緣位置、學校最適規模財務經營等諸多考量下而逐漸展開。

二、大學合併政策的發展

(一) 大學合併政策的發展開端

教育部於《中華民國教育報告書–邁向二十一世紀的教育遠景》中提出：「將鼓勵部分規模過小，缺乏經營效率及競爭力之學校，配合整體發展需求，尋求與其他學校合併之可行性，建立多校區之大學，使資源做更有效之運用。」便提出了將大專校院進行合併的想法。

行政院教改會則在《教育改革總諮議報告書》中也提到：「公立高等教育學府應維持適當規模，始得顯現其應有的效益：現有公立高等教育學府，部分規模太小，以致教育資源重複，難獲應有之效益，可考慮予以合併或擴充至適當規模，以有效運用資源，提升品質；對於已有相當投資之國立大學，應逐步促使其發展至適當規模。」

(二) 大學合併政策的相關計畫與法規

根據教育部於立法院第9屆第1會期第11次會議議案關係文書中的國立大學合併政策與執行情形書面報告，提出自民國88年起業陸續訂定相關計畫與修訂法規，茲概要說明如下（教育部，2016）：

1. 1999年發布「地區性國立大學校院合併試辦計畫」，在政策導向與經費激勵下，促成國立嘉義師範學院與國立嘉義技術學院於2000年2月1日合併成為國立嘉義大學。
2. 2001年8月發布「國立大學校院區域資源整合發展計畫」，透過校際合作、策略聯盟或性質能夠互補的國立大學校院進行合併，以達到資源整合及地方或區域均衡發展的目的。
3. 2004年12月組成「大學合併推動委員會」，2005年研訂「國立大學校院合併推動發展計畫」，鼓勵國立大學之間合併，以促進資源整合及追求大學教學研究之卓越發展。
4. 2005年11月28日修正《技術學院改名科技大學審核作業規定》

增列「國立技術學院申請改名科技大學者，應與鄰近他校提出完整整併計畫，並經雙方校務會議通過」期望藉此規定條件促進各校接受合併之意願，亦希望藉由國立學校之合併成效，進一步促進私校合併風氣，以有效利用與整合有限教育資源，提高教學品質，維繫我國整體高等教育合理規模。

5. 2005年12月28日大學法修正，將大學合併落實法規面，2007年2月13日修正發布《大學及其分校分部專科部設立變更停辦辦法》，並增列大學合併之要件、程序及應遵行事項，明確規範教育部推動及辦理大學合併之法規依據。

2011年立法院通過了《大學法》第7條的修正案，當中載明了大學合併除了由大學端自行提出合併計畫外，也可由教育部擬定大學合併計畫，報行政院核定後，即可由大學來執行，賦予教育部對大專校院的合併規劃與主導權。

另外，教育部於2012年訂定了《國立大學合併推動辦法》，並於同年9月成立「合併推動審議委員會」。推動辦法的第5條規定教育部考量相關條件，得擬具合併學校名單連同合併構想，提交審議會審議。因此在提升國家整體競爭力之前提下，教育部可於衡量高教資源、招生狀況等相關因素後，主導國立大學的合併事宜。

參　大學合併政策的相關規定及其政策分析

依據臺灣推動大學合併政策的相關規定，如2011年大學法修正案、2012年國立大學合併推動辦法等相關法規，以下進一步說明臺灣推動大學合併政策的實際內涵。

一、大學法修正案

2011年1月26日立法院通過了《大學法》第7條的修正案，除了原先大學得擬訂合併計畫，國立大學經校務會議同意，直轄市立、縣（市）立大學經所屬地方政府同意，私立大學經董事會同意，報教育部核定後執行外，又新增了「教育部得衡酌高等教育整體發展、教育資源分布、學校地緣位置等條件，並輔以經費補助及行政協助方式，擬訂國

立大學合併計畫報行政院核定後，由各該國立大學執行。」當中載明了大學合併除了由大學端自行提出合併計畫外，也可由教育部擬定大學合併計畫，報行政院核定後，即可由大學來執行，賦予教育部對大專校院的合併規劃與主導權。

有了《大學法》作為大學進行合併的最高位階法源基礎，教育部又陸續訂定了相關的推動辦法為大學合併的推動鋪路。

二、國立大學合併推動辦法

教育部於2012年6月訂定《國立大學合併推動辦法》，是大學進行合併最主要的執行依據。該辦法共計13條條文，本文參考「國立大學合併推動辦法總說明」（教育部，2012），將大學合併推動辦法的重要內涵分析如下：

(一) 大學法是其法源依據（第1條）

第1條規定本合併推動辦法依《大學法》第7條第3項的規定，關於合併之條件、程序、經費補助與行政協助方式、合併計畫內容、合併國立大學之權利與義務及其他相關事項之辦法，由教育部訂定。

(二) 明定推動大學合併的目標（第2條）

第2條明定由教育部主導推動國立大學合併的目標。教育部推動國立大學合併，應以有效協助學校整合教育資源及提升整體競爭力為目標。

(三) 大學合併所指的情形及其類型（第3條）

第3條是依《專科以上學校及其分校分部專科部高職部設立變更停辦辦法》（2012）第2條的規定，明定大學的合併是指下列情形：二所以上國立大學校院連同其分校、分部、專科部或高職部之合併。

至於合併的類型，依《專科以上學校及其分校分部專科部高職部設立變更停辦辦法》第36條的規定，大學合併分為下列二種：一是存續合併：合併後僅一校存續，其他學校變更為存續學校之一部分、分校、分部、專科部或高職部。二是新設合併：合併後各校均消滅，另成

立一所新設國立大學,並另定新校名。

(四) 合併推動審議會的組成方式(第4條)

第4條明定教育部得組成合併推動審議會,其委員除召集人為教育部部長或政務次長外,其餘由教育部部長就學者專家及社會公正人士聘兼之,以確保公正、客觀之立場。因此規定,教育部為推動合併事項,得組成合併推動審議會,置委員九人至十五人,其中一人為召集人,由教育部部長或政務次長擔任;其餘委員,由教育部部長就學者專家及社會公正人士聘兼之。

(五) 合併學校的選定條件(第5條)

因為《大學法》第7條第2項規定:「教育部得衡酌高等教育整體發展、教育資源分布、學校地緣位置等條件……」因而本合併推動辦法第5條規定,教育部考量下列條件後,得擬具合併學校名單連同合併構想,提交審議會審議:1.學校之學術領域分布廣度。2.學校之招生規模及教職員數量。3.學校之每位學生所獲教育資源,包括校舍空間、土地面積、圖書及經費等。4.學校自籌經費能力。5.學校接受評鑑結果。6.學校坐落地理位置。7.與鄰近學校教學及研究之互補程度及跨校交流情形。8.學生實際註冊率。9.其他有助於整合教育資源及提升學校競爭力之條件。

(六) 審議會的審議基準與審議原則(第6條)

第6條第1項規定審議會的審議基準為:1.合併後得以提升學校經營績效及競爭力。2.合併後得以有效整合教育資源效益。3.合併後得以提供學生多元學習環境。4.合併後得以滿足國家社經發展。

第2項明定教育部得邀請學校列席審議會議,並請學校提供意見以供審議會參考;惟學校受邀於審議會列席時,應先充分溝通,以整合其內部意見。

(七) 合併計畫的擬定與計畫書應載明的事項(第7條)

第7條第1項明定合併學校經審議會審查通過後,教育部邀集學校及相關機關會商後,擬訂合併計畫。

第2項明定合併計畫書應載明之事項包含：1.合併計畫之緣起。2.學校現況與問題分析。3.學校合併規劃過程。4.合併期程及應辦理事項。5.規劃內容包括發展願景、校區規劃、校舍空間之配置與調整、行政組織架構與員額配置、學術組織與科系所之配置及財務規劃。6.合併學校教職員員工及學生之權益處理。7.政府經費補助及行政協助。8.預期效益。9.其他相關措施。

(八) 審查的依據及其核定與執行（第8條）

第8條明定合併計畫依《專科以上學校及其分校分部專科部高職部設立變更停辦辦法》第5條規定審查通過後，始依《大學法》第7條第2項規定，教育部得衡酌高等教育整體發展、教育資源分布、學校地緣位置等條件，並輔以經費補助及行政協助方式，擬訂國立大學合併計畫。而依《專科以上學校及其分校分部專科部高職部設立變更停辦辦法》第5條所定程序審查通過後，由教育部報行政院核定，行政院核定後，再由各該國立大學執行。

(九) 明定大學合併後可申請的補助項目及替代方式（第9條）

第9條第1項明定經費補助，應於完成合併後，始得依據本合併推動辦法第7條第2項第7款之經費補助規定，向教育部申請以下項目的經費補助：1.非具自償性之教學大樓新建工程計畫。2.學生宿舍貸款利息。3.合併初期往返不同校區之交通接駁費。4.其他有助於合併之相關計畫。

而本條第2項明定補助經費，學校得改以分年度外加基本需求方式替代之，以發揮資源使用效益。

(十) 明定教育部對學校的行政協助方式（第10條）

第10條規定教育部對學校所為本合併推動辦法第7條第2項第7款之行政協助的方式為：1.派員出席參與合併學校之校內說明會或公聽會等相關會議。2.合併後之基本經費需求及學生招生人數之處理。3.其他有助於合併推動之相關事項。

(十一)明定合併後學校對於教職員、學生、相關資源及雙方承諾等
　　　應履行的事項（第11條）

第11條規定合併後之存續學校或新設學校，應履行下列事項：1.合併後無條件納編原有教職員，其法定待遇及福利，均依現行規定予以保障。2.教職員異動及調整，應優先考量其專長及意願。3.合併後學生住宿需求及院系所改名等相關事項，應維護學生權益。4.合併後現有學生學籍、修讀學位、學程等權益，應依現行規定予以保障。5.合併後各校區土地、校舍空間及經費等相關教育資源，應作最有效之運用。6.合併前參與合併學校之雙方承諾事項。

(十二)明定合併除依本推動辦法之規定外，另依相關辦法之規定辦
　　　理（第12條）

第12條明定國立大學合併後，其校長之選任、組織規程之修定程序及學校未確實執行合併計畫之處理，除依本辦法規定外，另依《專科以上學校及其分校分部專科部高職部設立變更停辦辦法》第40條至42條，有關學校組織規程之訂修程序、校長選任及未依合併計畫執行之處置等規定辦理。

2013年6月有了此一《國立大學合併推動辦法》，教育部於同年9月隨即成立了「合併推動審議委員會」。依據推動辦法的第五條的規定，教育部考量相關條件，得擬具合併學校名單連同合併構想，提交審議會審議。因此在提升國家整體競爭力之前提下，教育部可於衡量高教資源、招生狀況等相關因素後，主導國立大學的合併事宜。

三、其他重要政策文件

(一) 臺教高(三)字第1020005244B號函

由於少子化問題日趨嚴重，教育部在2013年1月23日，以臺教高(三)字第1020005244B號函發給國立陽明大學、國立臺北教育大學、國立臺北藝術大學、國立臺北護理健康大學、國立臺北商業技術學院、國立臺灣戲曲學院、國立新竹教育大學、國立臺中教育大學、國立臺灣體育運動大學、國立臺南大學、國立臺南藝術大學、國立中山大學、國立

高雄大學、國立高雄師範大學、國立高雄第一科技大學、國立高雄海洋科技大學、國立高雄餐旅大學、國立屏東教育大學、國立屏東商業技術學院等19所國立大學校院。

教育部在公文中提及「鑒於我國高等教育面臨少子化挑戰、全球化競爭及培育優秀人才需求，立法院爰於100年1月主動提案修正大學法第7條，授予本部主導推動國立大學合併之權力，並期盼加速整合高等教育資源。本部業於101年6月22日訂定發布《國立大學合併推動辦法》，並組成合併推動審議會，據以推動本案：「依前揭辦法第5條規定，本部應考量學校之學術領域分布廣度、招生規模及教職員數量、每位學生所獲教育資源、學校自籌經費能力、學校接受評鑑結果、學校坐落地理位置、與鄰近學校教學及研究之互補程度及跨校交流情形、學生實際註冊率及其他有助於整合教育資源及提升學校競爭力之條件等，擬具學校合併名單及合併構想，提交審議會進行審議，先予說明。」、「前揭合併推動審議會分別於101年11月2日及102年1月3日召開會議，為提升國立大學教育資源效益、提供優質教學環境、強化國立大學競爭力及社會責任，研商國立大學整併之規劃，決議先以學校地理位置及學校招生數兩項條件，即單一縣市超過2所國立大學且學生數低於1萬人之學校，初步擇出可能進行合併之學校計19校。」

因而單一縣市中有2所以上之國立大學，且學生人數低於1萬人的19所國立大學校院，被教育部鎖定是可能進行合併的學校。

(二) 轉型與突破：教育部人才培育白皮書

2013年12月教育部提出的《轉型與突破：教育部人才培育白皮書》，其中「合理調整學校招生規模並輔導私立大專校院改善及停辦方案」的具體措施提出了「經衡酌高等教育整體發展、教育資源分布、學校地緣位置等相關條件後，檢討各公立大學的合併必要性，並以6到8所學校合併為目標，先協助規模較小與亟需資源整合的學校進行合併，以增加學術領域的多元及廣度，提供學生培育跨領域專業知識的校園環境。」希望合併6至8所國立大學（教育部，2013b）。

(三) 大專校院合併處理原則

2014年11月3日教育部以臺教高(三)字第1030147477B號令，發布了《大專校院合併處理原則》，主要的目的為鼓勵及協助大專校院申請學校間合併，並處理合併後學校教育資源調整與獎勵機制，及相關法規規範合併事項之作業程序，以作為學校遵循依據。此原則適用於教育部處理國立學校與國立學校合併，或私立學校與私立學校合併之案件。內容包括學校合併後的招生及學術單位整合事項、評鑑事項及經費補助事項等相關規定（教育部，2014）。

(四) 高等教育創新轉型方案

2015年3月27日教育部發布《高等教育創新轉型方案》，為調控高等教育規模，依《國立大學合併推動辦法》規定，就全國50所大專校院（不含空大、軍警校院）重新進行盤點，篩選具有資源及學術互補、可透過資源整合之方式提升其競爭力之學校，並評估以扣減基本需求補助等方式，積極促成合併之可行性，以加速高教規模之調整（教育部，2015）。

四、教育部推動大學合併的措施

教育部在2013年5月2日於立法院第8屆第3會期教育及文化委員會第15次全體委員會議，由教育部長於「國內高等教育之學用落差、大學整併與退場機制、國立大學土地閒置情況及畢業生就業情形等問題」報告中，針對少子女化之衝擊，高等教育學校面臨招生不足危機、學校經營管理危機、私校退場誘因缺乏、國立大學資源整合有待強化等現況，進行問題分析後，提出了推動國立大學合併及資源整合與推動私校轉型退場及輔導機制兩大措施（教育部，2013a）。

針對國立大學合併及資源整合的部分，教育部於2011年1月主動修訂《大學法》第7條，賦予教育部主導國立大學合併之權利後，教育部即據以規劃及推動以下措施：

(一) 訂定推動辦法及評估指標

依據《國立大學合併推動辦法》第5條規定，教育部得考量學校的

九項相關條件，擬具學校合併名單，提送審議會進行討論。

(二) 規劃國立大學合併案審議基準

教育部「國立大學合併推動審議會」依據以下審議基準，進行國立大學合併案件之審議，以循序漸進方式推動我國國立大學之合併：1.合併後得以提升學校經營績效及競爭力。2.合併後得以有效整合教育資源效益。3.合併後得以滿足國家社經發展（國立大學合併推動辦法，2012；教育部，2013a）。

(三) 召開國立大學合併推動審議會

教育部曾於2012年11月2日、2013年1月3日及4月15日分別召開國立大學推動審議會，針對國立大學未達經濟規模且鄰近區域內大學數量有過多情形，研議透過合併方式提升校務經營效率，而該類型學校即為初步推動合併之對象。因此，第一階段先以「地理位置」及「學校招生數」為篩選條件，即以單一縣市超過2所國立大學，且學生數低於1萬人之學校作為優先條件，擇定19所學校為合併優先徵詢對象，並據以推動後續相關事宜（教育部，2013a）。

(四) 推動大學系統組織及運作

為提升教學品質及研究水準，並整合大學資源，鼓勵大學以大學系統方式進行整合，讓系統委員會就資源整合、爭取競爭經費、統合系統各校校務發展、各校校長遴選及續任等事項，賦予協調、分配及審查之權責，以降低行政營運成本比重或避免資源重複投資，讓資源能確實運用於提升學術研究及教學環境，以增強大學競爭力（教育部，2013a）。

黃政傑（2017）認為教育部推動國立大學併校，提出了以下四項策略，包含：以預算補助誘導大學整併、主動參加各校整併相關會議、落實併校的民主機制、持續關注及協助師範教育與技職教育的未來走向。

綜合以上論述可知，教育部推動國立大學合併，係透過修訂《大學法》以掌握主導國立大學合併的主權，訂定《國立大學合併推動辦

法》以組成合併推動審議會擬具學校合併名單提送審議會進行討論、規劃審議基準，並以「地理位置」及「學校招生數」為篩選條件，擇定19所學校為合併優先徵詢對象，並據以推動後續相關事宜。接著，鼓勵大學以大學系統方式進行整合，降低營運成本比重或避免資源重複投資，讓資源能確實運用於提升學術研究及教學環境，以增強大學競爭力。另外，也透過預算補助學校、主動參加各校合併會議、落實民主機制與持續關注師範與技職教育的未來走向，來促進國立大學的合併工作能順利推動。

肆　大學合併政策的成果與困境

一、成果

　　根據教育部2016年於立法院第9屆第1會期第11次會議議案關係文書中的國立大學合併政策與執行情形書面報告，大學合併自法源訂定與政策推動以來（教育部，2016），再加上同年11月國立清華大學與新竹教育大學的合併案，目前已完成合併之國立大學計有7案：

(一) 2000年國立嘉義技術學院與國立嘉義師範學院合併為國立嘉義大學。

(二) 2006年國立臺灣師範大學與國立僑生大學先修班整合為國立臺灣師範大學。

(三) 2008年國立東華大學與國立花蓮教育大學合併為國立東華大學。

(四) 2011年國立臺中技術學院與國立臺中護理專科學校合併為國立臺中科技大學。

(五) 2013年臺北市立教育大學與臺北市立體育學院合併為臺北市立大學。

(六) 2014年國立屏東教育大學及國立屏東商業技術學院合併為國立屏東大學。

(七) 2016年國立清華大學與國立新竹教育大學整合為國立清華大學。

綜合專家學者（丁志權等人，2003；池婉宜，2007；張惠宜，2015；張瑞雄，2017；黃源河、張琪昀，2017）意見，推動大學校院的合併可以發揮以下三個面向的效益：

(一) 辦學品質方面

大學合併可以提升辦學績效、擴大選課範圍豐富學生學習內涵、提升整體學科綜合優勢、增加研究的多樣性、可收互補之效、擴大推廣教育的功能、增強研發能量、提升國際化程度及強化競爭力。

(二) 經濟效益方面

大學合併可增加財源收入、爭取更多教育資源、有利籌募基金、提升整體規模經濟效益、節省行政管理經費及國家高等教育資源。

(三) 社會期待方面

合併有助發展為綜合大學、增加影響力、符合地方期許、有利同仁升遷、提升師生的學校認同、提升學校排名與社會信賴度，並可解除招生危機。

二、困境

綜合專家學者（王振輝，2017；林新發，2017；教育部，2016；張瑞雄，2017；張德勝、王鴻哲，2017；張慶勳，2017；黃政傑，2017；黃國鴻，2017；黃源河、張琪昀，2017；McBain, 2012）意見，推動大學校院的合併可能產生以下五個面向的困境：

(一) 學校文化方面

大學合併可能產生兩校文化差異、願景目標、學校定位、校名、校史、特色保存、未來發展走向、被併學校邊緣化、本位主義、學校主管心態與教師認同等困境。

(二) 組織結構方面

大學合併直接面臨校名、院系所師資整合、排課、院系體制、併校決定的程序、意見分歧校務會議通過難度、員額因素新陳代謝、併校的

模式、教師評鑑、組織成員權利義務等組織結構的困境。

(三) 經濟效益方面

大學合併可能產生因校區分散營運成本增加、學校要求經費過於龐大，教育部難以負擔、資源分配學校擔憂經費遭到稀釋、學生人數不減反增、附屬企業可能因外包產生契約增加合併的複雜度、規模大而無當等困境。

(四) 外部影響方面

大學合併可能產生畢業校友期待與支持弱化、國家級的政治問題、是否有益於高等教育發展等困境。

(五) 資產方面

被整併的學校校園設備閒置浪費資源、囿於國有財產法規定，國立大學合併後多校區無法透過資產處置，達到校區整合效益的困境。

伍　大學合併政策的建議

一、宜持續推動大學合併政策，以利於教育資源有效運用及提升教學研究競爭力

從世界各國推動大學合併經驗來看，例如英國、澳洲及日本等，大學合併的確有助於教育資源有效運用及提升教學研究競爭力。另鑑於政府財政日益短絀，高等教育數量飽和，資源嚴重稀釋，加上少子女化現象持續，各大學面臨生源減少及經營困難的壓力，透過跨校資源整合或大學合併擴充學校規模，以發揮經濟規模效益，提昇國際競爭力，亦是促使大學經營發展有效策略（教育部，2016）。

教育部身為全國教育的主管機關，應持續積極推動大學的合併，而受到教育部列為合併名單的學校，也應審慎思考，基於國家的未來長遠發展，將大學合併列為學校發展的重要方向。

二、教育部宜提供經費誘因，以投入硬體設施的擴建與校園的重新規劃

當兩校進行合併，校區整合問題，是大學併校的重要課題，意味著

他們需要更多的經費投入硬體設施的擴建，也要有更多的校園規劃，以營造更完善的大學校園，否則就失去整併的意義（張德勝等，2017；黃政傑，2017）。

推動大學合併，不只是形式上的合併，更重要的是實質上的併校，而硬體設施的擴建與校園的重新規劃，是合併最基本的需求，教育部應致力爭取經費，以滿足合併學校軟硬體基本需求的達成，方能促成合併案的進一步推動。以下是教育部後續推動規劃提供經費誘因的作法（教育部，2016）：(一)高等教育創新轉型條例（草案）中訂定因合併後，得在有助於促進教學、研究、實習、實驗或推廣相關事業之前提下，提出經管國有土地出租或設定地上權之具體計畫，經主管機關核定後執行，以提高國立大學合併後土地之利用效益及合併誘因。(二)以政策目標引導國立大學合併，以提高學校國際能見度及整合區域教育資源，並針對合併有效益者提供新建教研空間、校區交通車、組織行政調整等經費補助及系所、教師員額等運用彈性。

三、重新檢討大學合併條件

教育部推動的第一階段，是以地理位置及學校招生數為篩選條件，提出單一縣市超過兩所國立大學，且學生數低於一萬人的學校優先的指標，受到許多批評，小型大學更表不滿。

因此篩選條件的檢討修正應儘速進行，不僅以校數、學生人數等數據作為篩選條件，應將實際相關的各項條件一併列入考量。依據《國立大學合併推動辦法》第5條規定，教育部得考量學校之學術領域分布廣度、學校之招生規模及教職員數量、學校之每位學生所獲教育資源，包括校舍空間、土地面積、圖書及經費等、學校自籌經費能力、學校接受評鑑結果、學校坐落地理位置、與鄰近學校教學及研究之互補程度及跨校交流情形、學生實際註冊率、其他有助於整合教育資源及提升學校競爭力之條件等條件後，擬具學校合併名單，並提送審議會進行討論。因此，回歸法規內涵，妥慎擬定周詳合理的合併條件。

四、關於學校的定位，合併的各方應基於相互尊重及包容的立場，持續溝通以達成共識

張德勝等（2017）認為，這一波的公立大學整併中，無論是已完成或進行中的案子，大多為教育大學與其他大學的合併。而教育大學與其他大學的整併，首先面臨的問題是學校定位問題。以往教育大學主要以培育小學、幼教和特殊教育師資人才為目標；而一般大學則定位在研究與教學的卓越，甚至重視的是學術研究排名與國際聲望比序。因此合併的學校之間如何包容尊重、互相肯定，是合併後首要面臨的最大課題。

學校合併事前的溝通時，應將此基本定位談清楚，基於相互尊重及包容的立場，致力於溝通彼此的意見，達成哈伯瑪斯所謂的理想溝通情境的狀態，進行積極的溝通行動。而一旦順利通過合併，也應遵守事前的溝通協議，致力達成共同的承諾，為學校未來的發展共同努力。

五、建立併校會議規範，積極落實併校的民主機制

張國保（2017）認為大學整併涉及的利害關係人甚多，使整併的計畫需花較多時間溝通，故建議整併之推動或規劃委員會能聆聽多方聲音，尤其是民主時代，最後的結果也須尊重少數人的意見，惟須博採多數人的意見為依循。另外，黃政傑（2017）認為大學併校會有很大的爭議，一定會遭遇強烈反對，其中十分重要的程序正義，現在都歸給校務會議通過來決定，但各校校務會議票決方式及通過門檻不一，顯示只要能通過併校而可無所不用其極，此舉實際上必不利於後續的整合，主管機關一定要建立一致的規範。

因此，併校的過程會有多方不同的意見需要整合，主管機關應基於落實民主、尊重多元的核心價值上，建立一致性的會議規範，讓各有意進行併校的大專校院能有所遵循。

六、關於併校結果宜持續評估

黃政傑（2017）認為，併校的過程十分艱辛，併校是否值得，要

看結果是否更爲優質，更能提升培育人才的效果，更具體來說，應該用
什麼指標來評估成效，是併校需要檢討的事。過去以來的大學併校，各
界關心的是併校前的爭議及併校時的熱鬧，至於併校後的結果如何，幾
乎乏人聞問。大學併校政策相信大規模的綜合型大學比較有競爭力，是
否確實如此？專業型的小大學是否眞不適合培育優秀人才，是否眞的沒
有競爭力？專業型大學由校級被降爲院系級或是弱化還是強化？後續有
必要針對被併校的這類大學深入地探究。因此各合併的大學，應針對合
併後的辦學品質，如：有形的教學資源、國際化程度、推廣服務、訓
輔、通識教育、師資、教學、研究等，與無形的學校認同感與學校聲譽
等（池婉宜，2007），進行長期的成效評估，以了解合併後的辦學品
質，與未合併前相較，有否具體的提升。

參考文獻

(一) 中文部分

丁志權、李明仁、邱義源、林高塚（2003）。**飛向未來：國立嘉義大學成立三周年專刊**。國立嘉義大學，嘉義市。

丁志權（2017）。嘉師與嘉技合併爲「嘉大」之案例分析。**臺灣教育評論月刊**，6(1)，45-52。

大學法（2015）。**全國法規資料庫**。取自http://law.moj.gov.tw/LawClass/LawAll.aspx?PCode=H0030001

王振輝（2017）。從高等教育產業化淺談大學整併及其問題。**臺灣教育評論月刊**，6(1)，25-29。

池婉宜（2007）。**我國國立大學整併政策之成效評估：以嘉義大學爲例**（未出版之碩士論文）。臺北市立教育大學，臺北市。

行政院（1996）。**教育改革總諮議報告書**。取自http://www.naer.edu.tw/ezfiles/0/1000/attach/38/pta_5536_9164034_28914.pdf

林新發（2017）。大學院校整併的成果、問題與因應策略。**臺灣教育評論月刊**，

6(1)，17-24。

國立大學合併推動辦法（2012）。**全國法規資料庫**。取自http://law.moj.gov.tw/Law/
　　LawSearchResult.aspx?p=A&t=A1A2E1F1&k1=%E5%9C%8B%E7%AB%8B%E5
　　%A4%A7%E5%AD%B8%E5%90%88%E4%BD%B5%E6%8E%A8%E5%8B%95%
　　E8%BE%A6%E6%B3%95

專科以上學校及其分校分部專科部高職部設立變更停辦辦法（2012）。**全國法規資**
　　庫。取自http://law.moj.gov.tw/LawClass/LawOldVer.aspx?Pcode=H0030034&LNN
　　DATE=20120622&LSER=001

張國保（2017）。大學整併的調適。**臺灣教育評論月刊**，6(1)，58-63。

張惠怡（2015）。**兩岸大學整併政策之比較研究——以臺灣東華大學與大陸廣州大**
　　學為例（未出版之博士論文）。國立屏東大學，屏東縣。

張瑞雄（2017）。大學併校的成果與問題。**臺灣教育評論月刊**，6(1)，13-16。

張德勝、王鴻哲（2017）。也談大學併校的建議：以教育大學為例。**臺灣教育評論**
　　月刊，6(1)，55-57。

張慶勳（2017）。大學合併與治理：大學、政府、學校與市場的融合。**臺灣教育評**
　　論月刊，6(1)，1-3。

教育部（1993）。**中華民國82年教育統計**。取自http://stats.moe.gov.tw/files/ebook/
　　Education_Statistics/94以前/民國82年版.pdf

教育部（1995）。**中華民國教育報告書一邁向二十一世紀的教育遠景**。臺北市：編
　　者。

教育部（2000）。**中華民國89年教育統計**。取自http://stats.moe.gov.tw/files/ebook/
　　Education_Statistics/94以前/民國89年版.pdf

教育部（2007）。**中華民國96年教育統計**。取自http://stats.moe.gov.tw/files/ebook/
　　Education_Statistics/96/96edu_PDF.htm

教育部（2012）。**國立大學合併推動辦法總說明**。取自http://edu.law.moe.gov.tw/
　　LawContent.aspx?id=GL000666

教育部（2013a）。**國內高等教育之學用落差、大學整併與退場機制、國立大學土**
　　地閒置情況及畢業生就業情形等問題（專案報告）。臺北市：編者。

教育部（2013b）。**轉型與突破：教育部人才培育白皮書**。取自http://ed.arte.gov.tw/

uploadfile/Book/3281_%e6%95%99%e8%82%b2%e9%83%a8%e4%ba%ba%e6%89
%8d%e5%9f%b9%e8%82%b2%e7%99%bd%e7%9a%ae%e6%9b%b8.pdf

教育部（2014）。大專校院合併處理原則。取自http://www2.isu.edu.tw/upload/09/20/
no.35/10401201.pdf

教育部（2015）。高等教育創新轉型方案。取自http://www.edu.tw/news_Content.aspx
?n=9E7AC85F1954DDA8&s=495C1DB78B6E7C7A

教育部（2016）。國立大學合併政策與執行情形書面報告。取自http://lci.ly.gov.tw/
LyLCEW/agenda1/02/pdf/09/01/11/LCEWA01_090111_00171.pdf

黃政傑（2017）。再論國立大學併校問題。臺灣教育評論月刊，6(1)，4-12。

黃國鴻（2017）。大學合併與學校認同。臺灣教育評論月刊，6(1)，53-54。

黃源河、張琪昀（2017）。大專院校併校的「婚姻」：到底有什麼好爭吵的呢？臺灣
教育評論月刊，6(1)，76-83。

(二) 英文部分

McBain. L. (2012). College and university mergers: An update on recent trends. *A Higher
Education Policy Brief*, May, 1-5.

問題與討論

一、請說明大學合併政策的緣由與發展為何？

二、請說明大學合併政策的問題與效益為何？

三、請分析合理的大學合併條件為何？

四、請分析大學合併的會議規範為何，積極落實合併學校的民主機制？

五、請分析如何評估大學合併後的成效？

第五章

學校型態實驗教育的內涵、經營策略與案例

林錫恩、范熾文

每個孩子都需要一座冠軍獎盃（Every kid needs a champion）！讓每個孩子都相信自己是有價值的人，並能夠自信地成長。每個孩子理當成為冠軍，了解人際關係重要性的大人，永遠不要放棄他們，並堅持要求他們盡全力做到最好。

～Rita Pierson（2013年9月3日）

潘文忠認為，實驗教育的重要精神是「小規模、大彈性」，不以追求量的成長為主，在質的維持與控制上會更加重要；雖然「實驗」二字令人感覺不長久和非正式，卻是個「比誰都堅定」的教育理念實踐。

～引自王韻齡（2018年1月17日）

壹 緒論

臺灣，從教育救起，實驗教育從體制外走進體制內（果哲，2016）。《教育基本法》賦予實驗教育法源已近20年，辦理實驗教育的人口亦與日俱增，但始終缺乏具體的執行法規。教育部於2014年制定《學校型態實驗教育實施條例》、《高級中等以下教育階段非學校型態實驗教育實施條例》、《公立國民小學及國民中學委託私人辦理條例》（通稱為「實驗教育三法」），讓在行之有年的實驗教育得以具有法制性的多元樣貌開展，以落實教育多元實踐與自由創新的法制基礎。

2014年是臺灣教育實驗創新重要的里程碑！教育部也於2014年公布「十二年國民基本教育」（12-year Basic Education）課程綱要總綱。當學校創新實驗教育與十二年國民基本教育遭逢時，其願景「適性揚才，成就每一個孩子」，與「自發、互動、共好」的理念，加上「累進」原則，更彰顯得其重要性與時代價值。彼此均強調提升國民教育階段的品質、成就每一個孩子、以厚植國家競爭力；強調機會均等、公平正義、多元智能、教育市場化與教育選擇權。睽諸此項政策期望舒緩學生的升學壓力，落實多元學習，讓有教無類、因材施教、適性揚才、多元進路、優質銜接的理念能具體實踐（林純真，2015）。

　　教育實驗創新是世界各國面臨的共同課題與發展趨勢。從行政管理的角度分析，科學管理學派講求組織目標的達成；人際關係學派注重組織成員需求的滿足；系統理論兼顧組織目標的達成與成員需求的滿足。教育人員應兼具長度（格局）、寬度（胸懷）、高度（視野）的觸媒與動能。在教育現場中，教師轉化日常教學的主觀實況，改變教學理念及日常教學規律，才是促進真正改革成功的關鍵因素（Fullan & Stiegelbauer, 1991）。

　　在教育實驗創新的過程中，應加強研究與執行層面的互動，爭取多數權益關係人（Stakeholder）的認同與支持，以有效彌合政策目標與執行層面之間的差距，才能達成預期的改革成效。基於「教育改革趨勢的引領對實驗教育差異性與多元創新的重視」、「實驗教育三法通過，強化國民學習權，強調彈性自主管理」、「探究實驗教育策略、借鏡教育實驗的經驗與力求創新突破」，遂興起對此議題深入探究之動機。期盼藉由學校創新實驗教育的理念與經驗，讓此經驗能深耕與生根，回歸到教育本質，以滿足不同學習者的價值需求。

貳　學校型態實驗教育的發展背景

　　「實驗教育」是對傳統主流教育之反動，企圖堅持「特定教育理念」，進行教育理念的實踐，實驗教育具有較大的彈性與自主性，以個別化、彈性化、多元化、適性化爲原則；以落實家長的教育選擇權與學生學習權，實踐教育的想像性、可能性與理想性；創新學習或學校體制的新樣態，以更彈性開放的態度接納各式教育實驗或創新經營，彰顯教育多元發展的價值。

一、學校型態實驗教育的意義

　　「實驗教育」（experimental education）係指爲促進教育革新，在理念思維指引下，以完整的教育單位爲範圍，彰顯保障教育選擇權與學生學習權，在實務工作中採用實驗的方法與步驟，探究與發現改進教育實務的原理、原則與做法（吳清山、林天祐，2007；吳清山，2015；陳毅鴻，2016；游惠音，2016）。

　　「實驗教育」是對傳統主流教育之反動，主要目的在落實家長的教育選擇權，實踐教育的想像性、可能性與理想性。以學校型態出現的實驗教育，或稱爲「另類教育（alternative education）」、「理念教育（ideal education）」、「體制外教育」（outside the official system）或「非傳統教育」（non-traditional education）」（陳添丁，2016；劉若凡，2011）。

　　在「實驗教育」或「另類教育」用詞尚未出現之前，多數研究者使用「人本教育」、「開放教育」、「理念教育」等語彙，透過非主流教育的否定性特徵來指稱「另類教育」（陳伯璋、李文富，2011；劉若凡，2011）。換言之，「實驗教育」屬廣泛的術語，其概念與「另類教育」、「理念學校」皆奠基於特定的教育理念，實踐與非傳統或非主流的教育思維。因此，本文所論述之「實驗教育」，內涵大致含括「另類教育」與「理念學校」內容。

　　教育部爲鼓勵地方政府因應其需求辦理實驗教育，安排全國教育局處長會議進行「實驗創新、翻轉偏鄉教育」專題報告（教育部，2015），期許以「實驗創新」爲出發點，落實「教育創新行動年」施政作爲，期盼於偏鄉教育議題納入更多教育創新計畫及前瞻性的法案，全面推動翻轉教學。

　　當教育機會均等與公平正義受到重視，升學主義與教育體制受到鬆綁，課程研發與教學實踐尤爲關鍵。「機會均等」係爲保障就學機會和受教過程的均等；「公平正義」強調弱勢族群的差別待遇教育（陳清溪，2005）。若能實現這些政策的理念，並落實於課程與教學活動，讓學生學習的熱情被觸發，輔以興趣爲核心，充分自主學習，才能適性地引導其潛能發展。

　　綜此，「實驗教育」亟思突破主流的國家體制教育，轉而尋求依附主體，追求非體制或另類的理念思維，又稱爲「另類教育」，所進行的系統化教育實踐措施，其根植於各種哲思理念、信念內涵；也提供另一種教育的選擇機會，被稱「選替性教育」；其類型相當多元，如理念學校（ideal school）、磁性學校（magnet school）、特許學校（charter school）、非學校型態的在家教育（home schooling）等皆爲其範疇。

從國家教育研究院出版《教育的藍天：理念學校的追尋》（陳伯璋主編，2011）內容不難發現，不同教育型態並非全新的理念與作爲，其關鍵在於「應用巧妙」、「著力深淺」與「理念宣稱」的不同（陳世聰，2016）。

二、學校型態實驗教育的發展

「實驗教育」的本質就是「謹愼的創造」與「大膽的變好」（詹志禹，2016）。隨著實驗教育三法的通過，各種多元創新或實驗教育催生，促使親師們需改變傳統教學及制式化的課程，以建構更符合現況所需的教學模式，以形塑校園親師生共學的正向氛圍。本文參酌上述精神，著重於體制內公辦公營學校參與辦理實驗教育，保障學生權利，促進教育多元化，增加教育選擇機會。

教育發展須顧及延續性與永續性，在決策或行動中，除持久性、共通性、合理性、時效性外，亦需涵蓋其未來性、全球性與延續發展性。自人本教育基金會1990年成立實驗學校森林小學算起，臺灣實驗教育的發展近30個年頭。綜整其發展脈絡（曾國俊、張維倩，2011；郭鈺羚，2015；余亭薇，2016），認爲1999年《教育基本法》及《國民教育法》修訂、2014年通過實驗教育三法，提高法定位階，賦予明確法源依據；均爲實驗教育的關鍵分水嶺，是強化法制發展的重要里程碑。茲將實驗教育發展分爲「理念醞釀期：1996年以前」、「試辦萌芽期：1997至2000年」、「擴充整備期：2001至2010年」、「法制發展期：2011年以後」；如表1所示。

張瀞文（2015）分析依據實驗教育法規設立的學校或機構共71個單位，其中公辦公營學校有19所；臺灣實驗教育呈現多元開放、多樣共榮（余亭薇，2016；陳雅慧，2017；馮朝霖，2017），實驗教育大浪爆發式的三年破百所；臺灣公認自學教父陳怡光更指出2017年教育的潮字（buzzword）就是「實驗教育」。未來實驗教育的發展也將越趨多元，爲教育發展開創新契機。

根據教育部統計處（2017）資料，政府爲鼓勵教育實驗與創新，創造多元學習環境，通過實驗教育三法，其共區分爲「非學校型

態」、「公辦民營」及「學校型態」三種類型。其中105學年（2016年8月）非學校型態實驗教育學生人數，高級中等學校有658人次，較100學年（2011年8月）78人次，成長7.4倍最多。其中，國小階段從937人增至3,183人，占總學生比率增至0.27％；國中階段從636人增至1,015人。公辦民營實驗教育學生人數總計1,620人，其中包括國小974人、國中551人、高級中等學校95人。在學校型態實驗教育部份，因為各縣市鼓勵小型學校轉型，以免遭裁併校，已有40校通過計畫審核，學生人數從780人增至3,285人，成長超過三倍，顯示實驗教育正蓬勃發展中。

表1

臺灣實驗教育發展脈絡重大事件

分期與時間	實驗教育發展脈絡重大事件
理念醞釀期 1996年以前	1. 1987年：政府宣布解嚴，開始出現不同教育訴求與期望 2. 1990年：人本教育基金會創辦森林小學 3. 1994年：410教改大遊行，制定教育基本法為其重要訴求 4. 1994年：毛毛蟲親子實驗學苑成立（1996年改名種籽學苑） 5. 1995年：全人教育實驗中學成立 6. 1996年：臺北縣政府教育局推行開放教育
試辦萌芽期 1997-2000年	1. 1997年：雅歌實驗小學成立。臺北市擬定在家教育試辦要點 2. 1998年：臺北市北政國中自主學習實驗計畫 3. 1999年：修訂《國民教育法》：保障學生學習權，國民教育階段得辦理非學校型態之實驗教育 4. 1999年：公布《教育基本法》，彰顯人民是教育的主體、教育權下放、鼓勵私人興學；政府及民間得視需要進行教育實驗，並應加強教育研究及評鑑工作，以提昇教育品質，促進教育發展
擴充整備期 2001-2010年	1. 2002年：宜蘭縣慈心華德福學校與宜蘭縣人文國中小成立，轉型為公辦民營學校首例 2. 2003年：磊川華德福實驗機構、弘明實驗機構設立。 3. 2005年：豐樂、善美珍華德福、道禾等實驗機構設立。 4. 2006年：桃園縣民營諾瓦小學成立 5. 2007年：臺南市慈濟中小學成立 6. 2008年：桃園市仁美華德福實驗中小學轉型招生

分期與時間	實驗教育發展脈絡重大事件
法制發展期 2011年以後	1. 2011年：發布《國民教育階段辦理非學校型態實驗教育準則》、《高級中學教育階段辦理非學校型態實驗教育辦法》 2. 2011年：雲林縣公辦公營華德福實驗學校轉型招生 3. 2014年：立法院通過實驗教育三法：《學校型態實驗教育實施條例》、《高級中等以下教育階段非學校型態實驗教育實施條例》、《公立國民小學及國民中學委託私人辦理條例》 4. 2017年：臺北市和平實驗國民小學新設招生（主題式教學） 5. 2017年：新北市立樟樹國際實創高級中等學校轉型（免試）

資料來源：曾國俊、張維倩（2011）、郭鈺羚（2015）、余亭薇（2016）。

參　學校型態實驗教育的內涵價值

「借鑑，避免重蹈覆轍；蛻變，樹立特色品牌；創新，維繫永續發展」（溫明麗等人，2015）。實驗教育試圖走出以往的刻板教育框架，致力於教育創新經營與差異主張，為臺灣教育注入新的活力，開啓更多的想像空間，刺激主流進行改革並不斷進步。體驗創新是教育發展的關鍵因素。

一、學校型態實驗教育的內涵

隨著時代的轉變，民主社會的開放，教育也隨之演進，全球各式實驗教育不斷發展，世界各國已陸續針對實驗教育立法，以規範與保障實驗教育的實施。學校型態實驗教育的理念價值，象徵國家的民主與文明程度、教育機會均等與多元的教育選擇權、教育的創新經營與差異主張、發展適性學習機會。從多元教育價值、創新學校經營、改變教學方式，思考教育的樣態，提供學生探索多元智能的多樣性可能（游惠音，2016）。

從社會變遷與課程發展的角度反映出「反集權」、「反知識本位」、「反精英」導向；並強調「學校本位」、「課程統整」、「空白課程」、「能力本位」、「績效責任」等重要理念（歐用生，2003）；其目的在強調以學校為主的的運作過程和實務，希望讓學校

有更多決定權，來滿足不同的需求。面對全球化、市場化、資訊化、多元化的衝擊，學校效能的研究，已從關注改善教學方法、環境、歷程的學校「內在效能」；轉化到考慮對公共責任，強調教育品質、市場競爭力、公眾滿意度的「外在效能」；進而思考到要求教育要適應未來挑戰的「未來效能」（鄭燕祥，2004）。因此提高學校效能，才能符應時代的發展與需要。

實驗教育強調「另類乃演化的催化，差異為創新的資產」（馮朝霖，2001）。詹志禹（2016）認為教育主管機關可以指定學校「辦理」，但不要指定「理念」或「型態」，以免因強制性，反而扼殺變革的熱情與發展的創新。至於何時需要「實驗教育」？其實當我們覺得某種教育「具有理念支持」、「非主流常態」、「實施後應該較佳，但不太確定」，就值得去追求，但不必要強求（詹志禹，2016）。

根據觀察發現，公立學校的創新實驗型態有諸多類型，但大致擁有共同的特性（詹志禹，2016；Office of Superintendent of Public Instruction, 2017）：

1. 大膽創新的教育理念
2. 高標準對待師生與同仁
3. 高度參與的家長與社區
4. 高水準的教育實驗作為
5. 驗證有效的教育實踐來促進學生成功
6. 以證據增加成就感，縮短其機會落差
7. 採行多元方式處理各種學習風格
8. 高水準的工作士氣與參與度
9. 在藝術、科學、技術、工程與數學提供體驗學習

扭轉學校教育需要具有熱忱與觀念開放的親師協力、整合資源、共好成事。學校型態的實驗教育或公立另類學校的出現，可成為教育問題的新解決方案（Alia, 2014）。學校型態實驗教育得排除現行法令及體制限制，享有其自主性，得以創新求變，促進實驗教育多元發展，回應社會多元的理念價值需求。而從非學校型態的實驗經驗，值得讓今日實驗教育與明日公共教育交融與對話，讓更多人對學校轉化與實踐的歷程

有所理解、體會，進而自發、互動、共好地投入關鍵的課程與教學的變革，共同為以學生為主體的人才培育而努力。

二、學校型態實驗教育的價值

隨著全球化、資訊化、教育市場化、少子女化及知識經濟等外在環境的變遷，教育環境同時亦面臨績效責任、標準本位等內部環境的質變，因應隨著知識經濟時代的高度競手（游惠音，2016），人才是國家最重要的資產，全球各國均致力於教育實驗創新，藉由提升教育力以強化國家競爭力，落實以學生學習為教育核心目標之達成。《中華民國教育報告書》揭示尊重包容多元文化、重視利害相關人需求、回應社會各界期待與提升教育品質的改革思潮（教育部，2011）。

實驗教育三法通過施行，讓公辦公營學校型態實驗教育將有更多彈性與空間導入，確立在家自學的法制基礎；更賦予偏鄉學校得排除現行法令及體制限制，藉由特定教育理念辦理學校型態實驗教育，讓學校創新轉型發展。其彰顯「擇校世代」的來臨，學校經營將走向多元化，特色化的趨向（張益勤，2014；謝傳崇、曾煥淦，2016）。臺灣教育的根本問題缺乏哲學思考，師資培育體系關注諸多精神與資源，耗費在技術理性與切割性問題（馮朝霖，2017），值得探究與省思！

實驗教育三法針對非學校型態實驗教育的晉級與本土「賦予法制」，對公立國中小委託私人辦理法制化的「彈性規範」；更是推動學校型態實驗教育條例的「新創鬆綁」（李柏佳，2015）。強調落實《人才培育白皮書》，建立人才培育推動機制，以前瞻性和創新性之策略推展翻轉教育與實驗教育。

創新實驗教育宛如「寧靜的改革」，要能掌握其理念精髓，提供親師適切的支援；讓活化教師多元教學，讓學生學習的興趣提升；並積極開拓並整合教育資源，發展學校特色課程；掌握家長、社區與學生合理需求，融入校務經營理想性；以力求校務轉型發展（李柏佳，2016）；讓學校成為「激勵學習」（Encouraging Learning）的希望，而非扼殺夢想與壓迫學生「習得無能」（Learned Helplessness）的恐怖工廠或監獄，是翻轉教育另類途徑（馮朝霖，2015）。

實驗教育的興起與推展，代表對教育的觀念從「國家教育權」轉變為「國民學習權」。從以國家為教育權主體，轉變為以個人為主體，透過適當的學習情境和活動，對個人潛能發展人權的體現（吳清山等，2011；陳榮政，2016）。秦夢群（2015）認為其具有「對主流教育的反動，實踐不同的教育思維」、「民權運動的興起，追求自由與平等的精神」、「市場控制的教育政策，基於特定教育理念」、「親師、社區人士等權益關係人，主動介入教育政策」等積極意義。

肆　學校型態實驗教育的契機影響

推動《學校型態實驗教育實施條例》的實驗教育，應以理念為價值，學生為中心，保障學生受教權益為依歸，強化學校教育目標的聚焦及課程教學的回應，強化學生自主探索學習，促進學生多元能力培養。進而採取適當創新或轉型作為，方能為親師生謀求最大福祉，讓社區永續發展。

一、學校型態實驗教育的契機

學校是個靈魂、是個希望，更是未來的基石；學校一旦荒廢，社區會快速消失，造成惡性循環（詹志禹、吳璧純，2015）。以偏鄉學校為主體，重新打造學校發展新方向，此再生的歷程，較符合「積極差別待遇」的理念，試圖考量在地輿情，為偏鄉學校揮別過往黯淡的圖像。

人口結構變化是偏鄉發展受限的關鍵因素之一，諸如少子女化、高齡化、多元異質化等結構性變化，則造成經濟弱勢、城鄉落差、學校規模不足、教育成本升高、教育經費不足，設備維護不易、師資供需失衡、人力超額浮動、同儕互動機會減少、文化刺激不足等問題（陳聖謨，2012）。過去許多機構投入反廢校及協助偏鄉教育發展的行列，但偏鄉學校應跳脫以「學生人數」或「經濟規模」思維考量其裁併的觀點，彰顯學生權益的社會正義，積極思考學校存在的價值性與教育發展的可能性。

重視學校的主體價值，以作為教育實驗的基地；根據教育部

（2015）調查統計104學年度臺灣地區國民中、小學中有1,106所屬於偏鄉學校，約占總數33%。為配合以實驗創新為出發點，期望創新政策執行能量、啟動翻轉教學，協助整合相關計畫，讓偏鄉學校扮演「知識中心」、「文化中心」、「創業中心」的角色；採用「教學創新、教育實驗」、「數位融入、虛實共學」、「資源媒合、社群互聯」和「看見改變、典範分享」等策略，以協助偏鄉學生奠定基本學力、開發多元能力、善用數位學習、掌握在地文化和開展國際視野。

　　創新是教育專業與教育經營的靈魂，教育績效評核系統可從學生面向的「公平與品質」、「替學生未來做準備」；從機構面向的「革新改善，提高質量」、「評估和考核學習成效」；到系統面向的「管理監督制定」、「財政資助政策」等指標進行檢視（OECD, 2013）。然而，教育創新實驗的成敗關鍵，並不只在於課程內容分類、重組或統整，或教學技巧調整或換新，而在觀念想法與理念是否具有「高度的人文與社會科學素養」、「豐富的哲學思辨與批判知能」、「多元活潑的教育觀點」、「創新開放的生命視野」、與「積極進取的敬業精神」（余安邦，2001）。

　　近年非學校型態實驗教育、理念學校與另類學校的經驗，例如借鏡另類教育經驗而產生公辦民營實驗學校（如華德福學校）、私立實驗中小學，已逐漸影響體制內的教育（陳麗華、蕭憶梅、林于仙、周筱亭，2011），促使因小班小校或地方特色結合、特色學校、遊學課程的推展與轉型發展。學校型態實驗教育法源的頒布，除提供公辦公營學校轉型的機會，得以跳脫固有的學校體制及作法，取得更彈性的辦學策略，既可創造學校的亮點與績效，進而吸引學子跨區就讀。

二、學校型態實驗教育的影響

　　實驗教育三法將實驗教育的實施方式立法明確化，詳細訂定相關權利義務，且透過提升法律位階，能夠增加對實驗教育的重視與實踐。依據《學校型態實驗教育實施條例》第1條：「為鼓勵教育實驗與創新，實施學校型態實驗教育，以保障人民學習及受教育權利，增加人民選擇教育方式與內容之機會，促進教育多元化發展。」第3條：「學校型態

實驗教育，指依據特定教育理念，以學校為範圍，從事教育理念之實踐，並就學校制度、行政運作、組織型態、設備設施、校長資格與產生方式、教職員工之資格與進用方式、課程教學、學生入學、學習成就評量、學生事務及輔導、社區及家長參與等事項，進行整合性實驗之教育。」可知學校型態實驗教育的設立意涵包括：落實《教育基本法》之精神、保障學生受教權益、發展適性學習機會、落實多元的教育選擇權，與教育的創新經營等（黃彥超，2016；余亭薇，2016）。

　　Simon將教育行政決定區分為「事實因素」和「價值因素」。其中，「事實命題」（factual proposition）乃是針對可觀察的世界，及其運作情形的敘述，其是非真假加以驗證的。換言之，事實命題是否正確，視其與事實是否相符，需基於實證、客觀的真實性。「價值命題」（value proposition）則是宣告某種特定情形，強調「應該如是」（ought to）、「比較好的」（preferable）或「所欲求的」（desirable），這種命題無客觀是非，不能以經驗或推理證明其正確性。價值命題是否正確，是基於某人的專斷或其主觀價值（吳清基，1986）。因此行政決定應兼顧「事實命題」與「價值命題」；基於教育理念的普世價值，輔以科學事實求真的精神及其原則，以解決教育問題。

　　從Simon的教育行政決理論，檢視公辦公營學校型態實驗教育之教育意涵，可知學校型態的實驗教育可以促進教育多元發展、落實教育實驗創新之精神，是政府「應該」致力推動的政策。學校型態實驗教育有著全像式的教育觀點、學習者中心和建構式的教育模式、主張多元主義與強調接納差異、堅持理性對話的親師生關係等教育內容（余亭薇，2016），此種教育理念或信念「應該」是實驗教育學校與其親師生永續追求的目標。

　　實驗教育強調根據「特定教育理念」，進行教育理念的實踐。因此，在進行「理念」的實驗，所以須在組織、人事、經費、課程與社區關係上，進行相因應的實驗與彈性鬆綁。實驗學校是在「實驗」或「實踐」一般學校型態並未關注或踐行的理念，以增加其教育的價值（鄭勝耀，2015）。實驗教育課程較為彈性多元，依據學生需求與興趣，提供客製化的學習情境與課程，營造適性學習的機會，對學生主體

性養成自是比較好的模式；家長與學生也可權衡心中對教育樣態的欲求與理想，參酌多樣的發展可能，做出較妥適的選擇。

　　綜上所述，學校型態的實驗教育，是為落實教育基本精神、追求教育創新經營、堅持全人教育信念、發展適性學習機會、提升多元選擇機會，而凝聚出來的教育「價值命題」，強化引領社會「做對的事情」，更促發實驗教育的蓬勃發展。

　　晚近以來，學校組織面臨重大變革，讓學校權力生態發生改變，諸如教師會的成立、教師評審委員會的設置、家長會功能的強化以及學校行政運作程序的調整等，這些都是組織的變革。面對這些變革，科層體制的學校組織，就產生適應力問題。如英國、美國、紐西蘭、澳洲等國家，都大力提倡學校本位管理，要求教育行政機關將權責下放到學校層級，讓學校決定自己的經營方式，從而發展學校特色，提昇辦學績效。在此背景下，紛紛推出各種新型態的學校組織。諸如「插頭學校」（plug-in school）、「創造力學校」（creative school）、「委辦學校」（charter school）、「磁力學校」（magnet school）、「全球教室」（global school）等，都值得實驗教育創新發展借鏡與學習（范熾文、張文權，2016）。

伍　學校型態實驗教育的經營策略

　　教育強調以人為核心的概念，教育係人影響人，教人成人的過程，應思考「合認知性」、「合自願性」與「合價值性」的動態歷程作為，作為其實踐的核心價值。學校型態實驗教育應屬發展性的教育政策。教育政策執行影響因素之分析，其主要目的在增進政策的有效執行，以達成教育政策目標。參酌林錫恩（2006）；林錫恩、范熾文（2017年5月13日）；林錫恩、范熾文、石啟宏（2018）將推動創新實驗教育政策的影響因素，歸納為「計畫理念」、「組織運作」、「人員專業」、「資源整合」等面向對學校型態實驗教育經營策略提出論述。

一、以理念發展，演化多元關懷動能

教育政策制訂與執行均受到哲學、治學、行政學、經濟學及心理學的理論基礎，產生不同的政策執行變數，進而導致不同的教育政策結果，這些結果將回饋到教育政策的制訂，形成循環的理論模式（顏國樑，1997）。具有創新效能的教育政策應能喚醒親師生的主體意識，營造適性開放的教育系統，發展具有多元特色的學校，建立專業卓越的優質學校念；堅持「人文關懷」、「信任支持」、「因地制宜」、「因勢利導」是教育革新的關鍵因素。

教育部國民暨學前教育署（2018年1月17日）針對學校型態實驗教育的「特定教育理念」明白揭示，強調符應以學生為中心，尊重學生的多元文化、信仰及多元智能，課程、教學、教材、教法或評量規劃，並以引導學生適性學習及促進多元教育發展為目標。

學校型態實驗教育具有充分的自主性及創新求變思維，可促進教育多元發展、回應社會多元需求，並落實教育改革精神，促進教育創新與發展（楊振昇，2015）。尊重學生受教權與強調家長教育選擇權的思潮，國民教育階段教育逐漸走向市場導向機制，但有特色的學校不但不受影響，甚至還可帶動跨學區就讀或島內移民風潮（林俊成，2015；張益勤，2014）。

臺灣實驗教育的發展脈絡，可說是從無到有、由點到面的發展歷程。自森林小學成立到實驗教育三法的公布，經歷多年時間，當中政府多方考量現實的情形，如多元的教育思潮、家長的教育選擇需求等，政府部門、專家學者、公民團體與親師家長逐步協商，漸進的推動實驗教育的改革，服膺「點滴社會工程」（piecemeal social engineering）的論點，未來更應在此原則下，讓實驗教育穩定而持續的改變，一點一滴的累積與修正。

二、以組織凝聚，強化課程教學可能

課程與教學是學校的核心，辦理實驗教育係期待透過課程與教學的改進與創新，讓學生可以熱情參與、快樂學習，進而適性揚才。處在多

元變動的環境中，教育人員應有要有深厚的哲學素養與堅強的教育實踐力，才能提升整體組織效能；強調「以學習者爲中心」的觀念，在教學與評量上逐漸受到重視和彰顯；也惟有教育關注的焦點移轉到學習者身上，教育實驗創新才有成功的契機。

　　綜合活動領域可視爲實驗教育中較具突破性與創新性的課程。其課程實施強調實踐、體驗、發展、統整；教學歷程則著重省思以建構個人的內化意義，體現是由活動內容與方式交互運作而成，應彰顯「活」的多元性與開放性、「動」的參與性與實踐性、與「課程」結構的系統性與動態性（黃譯瑩，2001）。

　　教育的主體焦點在於學生，任何教育實驗創新的作爲，若無法增進學生的學習效益，提升其學習成就，整個教育創新或實驗改革將不具效益（吳清山，2005）。綜觀「實驗教育」與「十二年國民基本教育」作爲都具有統整課程與活動課程的意涵，最能掌握以「學生爲主體」與「核心素養」的改革精神，其與強調之動態課程與批判實踐之思維頗爲契合，值得深入理解與實踐。

　　綜上所述，實驗學校應籌組各種「專業學習社群」，以發展學習型學校。依據學校願景與教學理念以及課程主題進行「共同備課」，建構有系統、有脈絡的主題課程；教師們可相互進行觀課、議課等活動，透過實務分享，對教學作立即性的回饋；最後再對教學進行省思，以作爲後續教學活動設計的基礎。實驗學校亦可安排參訪或交流，無論是體制內或體制外的學校經驗交流與協作，相信都可爲教學注入源源活水；透過妥適規劃，善用集體智慧與能量，展現學習型學校的內涵，必可克服在教學時所面臨的合理性限制。

三、以專業引領，創化終身學習潛能

　　學校組織具備科層體制、鬆散結合、雙重系統及非正式組織等特性，也影響學校組織結構和歷程的各項因素。且基層組織的人員最多，事繁責重、開支龐大，但是地位偏低、權力較小、資源不足、依賴性高、工作缺乏自主性，且常是社會不滿的出氣筒。這些不利的條件，使得基層組織的發展，受到相當程度的限制，值得亟思突破與改進

之道（范熾文、張文權，2016）。

　　教育革新的核心價值是「有教無類」、「因勢利導」與「人盡其才」。實驗教育（另類教育）的共享邏輯與深刻道理，應是十二年國教課綱理念「自發（spontaneity）」、「互動（interaction）」、「共好（common good）」的寶瓶同謀（馮朝霖，2017）。教育應滿足個人自我實現、國民素質涵養，更要擴及身為世界公民的責任與倫理，因此揭示「自發、互動、共好」的推動核心理念。

　　「喚醒意識、掌握脈絡、賦權增能、溝通實踐」，教育應引領社會發展、社會要促進教育革新！柯奧茲（Counts, 1932）以教育導引社會改革的教育論述發表《學校敢勇於建立新的社會秩序嗎？》（Dare the School Build a New Social Order），他認為教育應強調其社會性，固然要考量兒童的學習需求，但更應有明確的發展方向。教育並無普遍的本質，而是依於文化脈絡的社會制度。

　　教育是以生命影響生命的歷程。實驗教育機構反對傳統學校階層性的官僚結構，鼓勵平等互助的夥伴社群關係，促進學校所有主體之間互助合作，為學生的學習發展創造優質環境。親師生以民主社群精神，進行互助合作與協力成長，才能突破再創新，實現最困難的文化創造教育志業（馮朝霖，2017）。

四、以資源整合，深化創新實驗效能

　　實驗教育要掌握以學生為中心，思考教育的核心價值與學校的發展願景：學校與社區緊密共榮，讓學校要走出社區，讓社區能擁抱學校。課程是學習內容的依據，教學是學習過程的安排，學習內容以及學習過程應以學習者為中心，透過教師的專業素養，精心的課程設計，以及適當的教學方法，以發展學生潛能。在多元社會的發展下，堅持以學習者為中心的信念，重視學生身、心、靈全人與整體的發展，而「經驗教育」或「體驗學習」就扮演重要的角色（薛雅慈，2011）。

　　學校是個有機體組織，當內外環境變化迅速，不能以過去運作模式適應變化情況，因此，學校須持續不斷地推動組織發展，以有效因應環境的變遷。面對紀資訊科技發展，在教學和管理的過程對於創新

的需求，與日劇增。學校經營開始朝向分權（decentralization）、本位管理（school-based management）、合作管理（collaborative management）、學校自治（school autonomy）與教育私有化（privatization of education）等面向發展，也主導學校領導情境改變與典範轉移（Cheng & Townsend, 2000）。

　　教育活動必然涉及評價，價值選擇亦是無處不在的；其深層目標要關注社會問題、重視在地紮根、強調行動實踐、重視文化脈絡、推展社會民主、共築世界社群等議題（李涵鈺、陳麗華，2005）。對於部份居處在「不山不市」間的學校，因為鄰近鄉鎮中心或不太符合大眾對偏鄉的想像，因此常會無意間被排除在外積極性差別補償待遇中，面臨公部門資源不疼，民間資源不愛的窘境。綜此，對於偏鄉的多元關懷，是否應有更寬廣的覺察認識、更深切的包容理解？

陸　案例分析與啟示

一、案例內容：全新籌建公辦公營的和平實小招生

　　臺北市和平實驗國民小學是臺灣第一所於《學校型態實驗教育條例》公布實行後，全新籌建的公辦公營的實驗學校。從2017年招生初期招收小學部一到三年級，爾後逐年增設2班，至2020年全校國小部12班、幼兒園2班。課程學習強調記錄完整學習歷程、規劃個別化學習策略、設計差異化學習內涵、提供自主學習平臺、協助選修課程方向。

　　黃志順校長自許和平實小為實驗教育研究基地，而非只是一所小學。學校位於臺北都會區的大安國民運動中心旁，校園意境充滿森林概念。師生比、收費、上課天數、每週作息皆比照公立學校；將現有的兩學期將改成春夏秋冬「四學季制」各有10週，除各1個月的寒暑假，還有各2週的春秋假期，方便學生與家長安排出國、參訪或其他課程，達到「自學」的目標。

　　學校課程地圖看不到傳統的國語、數學、英文課本，而是串聯6年共24套「主題統整課程」。學習教材全由籌備處15位老師花一年半研發；每天一早有體適能，讓孩子暖身預備學習，另有主題課、基礎課和

家族課、導師時間等。課程規劃新生剛入學的秋學季是「生活達人」主題，透過課程內容適應小學生活，第10週舉辦達人大檢測，要孩子自己借書、知道哪裡有什麼學習材料可取用、怎麼找學長姐聊天等。

　　為協助從體制內學校過渡到實驗教育場域二、三年級的轉學生，規劃小三秋學季是人文領域的「文化時光機」，季末孩子得選擇感興趣的古文明提策展企畫案，並在冬學季實作發表；二年級數理領域的「空間設計師」，要導讀設計文本，了解長度、垂直與平行的概念，還有色彩與材料科學，最後才能發揮團隊合作精神動手改造家園。中年級以上孩子還有「選修課」，培養自主思考與激發潛能，規劃「廚房裡的科學」、「桌遊數學」等活潑且生活化的課程。

　　此外，最令多數家長的疑慮是畢業後銜接問題，擔心經過實驗教育6年後，孩子怎麼銜接國中課程，為讓家長更了解和平實小的運作模式，黃志順校長透露會安排有興趣的家長，到籌備處辦公室內懇談，花30分鐘聊一聊辦學策略和目標。此外，更強化師資專業，全校滿額老師人數為37人，除由市內學校借聘，另會公開徵選，並保留5%給專家或業界老師。實驗學校講究培養學生生活能力與學習動機，即使日後回到一般國中、高中就讀，應不會跟不上學習進度。

　　改寫資料來源：張潼（2016年1月28日）、魏莨伊（2017年4月8日）。

二、案例內容：樟樹實中首創全國實驗技術型高中

　　新北市政府為推動多元技職教育與創課實作課程，結合「國際教育」、「實驗教育」及「技職教育」的新思維，作為落實「新北市技職3.0」政策之重要據點及典範；將汐止區樟樹國中改制成立全國首座實驗技術型高中，定名為「新北市立樟樹國際實創高級中等學校」，106學年起採免試獨招。

　　樟樹國際實創高中與澳洲昆士蘭TAFE職業技術學院、日本電子專門學校及國立臺灣師範大學等校簽訂合作交流備忘錄，發展跨領域技能人才培育教育模式；研擬全國首創的「創意潛能開發課程」，啟發學生學習潛能。學生未來有機會參與國外研習課程和學分採認。

　　樟樹國際實創高中成立「多媒體動畫科」及「流行服飾科」等科別，以設計與創意接軌國際，培養學生創新思維的能力外，與日本、澳洲等國際學校以及臺灣師範大學合作，課程設計將提高專業科目與實習科目比例，提供更多外語及跨領域選修課程，同時重視培養學生「國際參與」及「美學素養」等知能。

　　新北市朱立倫市長表示，樟樹國際實創高中是個「完全技職型高中」；技職教育是培育就業人才的關鍵，自教育局全力在新北市內打造全國首座具有國際、實驗及創意性之職業學校，用以培育「跨群科技職T型人才」為設校目標，先行提供學生試探自我興趣和能力取向。

　　隨著汐止重大交通逐年到位，與科技園區逐年擴大，將有機會成為重要新興產業總部所在地，期盼透過教育協助區內產業培育所需人才，新創的學校第一學年先提供三分之一給在地學生，其餘開放給新北市及全國學子，如此既能「在地就學」，進而「在地就業」；又可延攬優秀學生，培育多元技職教育人才。

　　新北市建構「推廣中小學職業試探暨體驗方案」，建置「Career and Future：打造前瞻技職人才計畫」，連結中小學、高中職校、技專校院及企業，設計以真實工作世界轉化為課程核心的知識、實作題材及參訪主軸之課程，提供區域內中小學生進行職業試探與體驗教育，讓職業教育向下延伸到國小教育階段，藉以落實職業人才一貫化體系目標。

　　樟樹國際實創高中也是「新北市職業試探暨體驗教育中心」之一，開設多項職業試探暨體驗，提供國中、小高年級學生進行職業探索機會，每年約1,000個學生人次受惠。學校將成為社區創意潛能開發與技職教育資源的中心，教育局將持續挹注資源，進行空間再造，擴大軟硬體學習資源，並運用高中部設立後之優勢拓展國中小學生的學習層面，提供更豐富的學習機會與資源。

改寫資料來源：林麒瑋（2017年2月24日）、新北市政府教育局（2016）。

三、省思與啟示

「自由」、「民主」、「多元」與「彈性」，可說是實驗教育的核心價值。實驗教育的倡導與實施，尊重學生主體性的教育學習權，讓其展現其個別天賦，符應個別性需求，確保優勢智能得以彰顯，以因應社會變遷的需求。茲針對上述案例歸納下列的省思與啟示：

(一) 明確的實驗目標：理念思維是指引「實驗教育」實踐的關鍵因素，深切影響其校務運作、課程發展、教學實施與評量選擇。案例學校的辦學核心思考即是促成學生的創客實作與自主學習，彰顯學生學習為教育的主體性，轉化為明確的實驗目標。

(二) 豐富的課程設計：課程與教學是實驗教育的品質保證。案例學校為因應每個學生獨特需求與潛能，以「主題統整課程」、「創意潛能開發課程」，啟發學生學習潛能，強化師資專業與跨界合作，發展適性學習機會，提供豐富多樣的課程，拓展學生的學習層面。

(三) 創新的教學活化：彈性與創新是實驗教育的重要特色。和平實小採行四學季制主題教學、樟樹實中強調以設計與創意，培養學生創新思維，發展跨領域技能人才；均鼓勵國際參與、美學素養，進行空間活化，擴大軟硬體學習效益，以達到「自主學習」的目標。

(四) 彰顯的多元特色：適時探索、適性教學與適量學習是激發學習潛能的重要途徑。和平實小以24套主題課程為軸心，安排主題課、基礎課、選修課、家族課與導師時間等。樟樹實中以多媒體動畫與流行服飾等，保障學生個別差異的學習權，發展其多樣的豐富特色。

柒　展望與期許

實驗教育強調「實驗與創新」精神，以多元的課程，適性的學習，提供學生探索多元智能的契機，培養其核心素養與發掘學生的不同能力，冀能達到全人教育目標。學校創新經營要達到預期的目標，除讓所

有成員滿意度高，更有長期共享理念與價值的發展目標，並持續創新的
學校文化；如此，才不會因計畫的不停改變，阻礙學校長遠目標的達成
（Collins, 2002；蔡純姿，2005）

一、以實踐觸發行動智慧，熱情自發把夢做大

　　教育攸關國力發展，不僅是公共事務，更影響個人發展與福祉，應
該把教育的發展當作是全民都應該參與的事務；因應時代潮流，面對少
子化、教育市場化、家長積極行使教育選擇權等衝擊，教育應捨棄過去
傳統、被動的經營理念，建立適切的經營架構，適時宣揚學校特色與理
念，讓親師生能了解、認同學校理念，以具體、積極的行動展現對學校
的支持，是學校所有成員需正視的重要課題。

　　由於傳統的教育強調考試公平化與齊一化，教師教學均依照教科書
教學，學生養成重視標準答案的態度，忽略培養個人獨立思考和應用
知識的能力。對於如何應用知識、獨立思考解決問題與發揮個人創造
力，是教育的關鍵任務。教育應提供平等正義和合理合宜的機會、制
度、資源、環境，以確保個體能夠充分發揮潛能及價值；以彰顯教育人
權、促進教育機會均等、落實實施補償措施、進而追求適性發展（林孜
音，2013）。

　　因此，學校課程的創新應符合時代需要，使學生習得正確的觀念，
以奠定其生活就業能力。教學創新則是運用各種教學方法將教育內容有
系統地傳授給學習者。現在教學上講求的是多媒體的運用，多元化的教
學能帶給學生不同的視聽覺感受，即是所謂的多元智慧與創意教學。

二、以人力資產累積力量，整合互動把願恢弘

　　美國前總統Cliton在其就職演說中，呼籲積極重建「共同體精神」
（the spirit of community）；其夫人Hillary在《同村協力》（It takes
a village）明確指出：「撫養一個孩子需要整個村落的協助；而建立理
想的村落，更要靠所有孩子將來的成就」（It takes a village to raise a
child.）（Sergiovanni, 1994）。教育應培養學生對自我觀念的發展和
價值的肯定，全力開創教育新局；協助發展專業社群的力量，有效整合

社會資源，提昇課程與教學績效，讓學生得以卓越適性發展。

　　不在兩人深情的凝視，而在彼此往相同的目標前進！「少年小樹之歌」有段動人的話語：當您發現美好事物時，需要把它分享你所遇見的人；這樣，美好的事物才能在世界自由地散播開來。「實驗教育」就是我的美好故事，期盼把根扎深、把夢做大；讓理論與實務交融、讓知性與感性互動。感動教育現場親師生齊心協力，讓學習歷程得以持續豐盈；讓生命價值得以適性揚才！

三、以研究檢核發展趨勢，動態共好把根扎深

　　實驗教育的最大價值在於學校的舞臺得以擴展，在教育大舞臺中每個學校成員都能展現自我，作自己學習的主人，並舞出自己的潛能特色。教育的目的即在成人之美，當我們把學生素養陶冶養成，其自然產生實力與競爭力；換言之，競爭力是教育的結果，而非教育的目的。

　　公辦公營學校面對實驗教育轉型的衝擊，應整合多元資源，妥善規劃課程，透過多元學習，讓學童從實際的體驗、操作學習中，培養學生有信心面對未來之能力，才能減緩學生來源流失。校長應注意要如何在體制內外都保有學生的受教權益與公平正義，讓每位學生都能適性發展，發揮個人的優勢潛能。

　　教育人員應深切服膺「實踐自己的生命，創造學校的歷史」的教育信念。深切認為應從保障學生學習權、強化專業責任、提供課程發展的彈性、支持教師教學與學生學習、整合多元教學資源、促成公共對話與評估課程實施等觀點出發，針對課程發展、教學實施、學習評量與應用、教學資源、教師專業發展、行政支持、家長與民間參與等面向擬定要點，系統的配套整合以推動創新實驗。

致謝：本文部分內容初稿發表於2017年5月13日東海大學主辦「教育專業發展學術研討會：十二年國民基本教育課程綱要的變革與實施」；並感謝審稿委員協助提供專業意見。

參考文獻

(一) 中文部分

王韻齡（2018年1月17日）。潘文忠：制度該為學習者調整，實驗學校首度在教育部成果發表。**親子天下教育家電子報**。取自https://flipedu.parenting.com.tw/article/4339。

余安邦（2001）。給工作坊講師的一封信。載於「戶外教學」暨「社區有教室」課**程發展實務工作坊手冊**（頁28-29）。臺北縣：臺北縣政府教育局。

余亭薇（2016）。**新北市國小教師對學校型態實驗教育認同度與衝擊評估之研究**（未出版之碩士論文）。臺北市立大學，臺北市。

吳清山（2015）。「實驗教育三法」的重要內涵與策進作為。**教育研究月刊，258，**42-57。

吳清山、林天祐（2007）。**教育e辭書**。臺北市：高等教育。

吳清山、陳伯璋、洪若烈、郭雄軍、范信賢、李文富（2011）。**理念學校之論述建構與實踐**。國家教育研究院委託之研究報告（計畫編號：NAER-98-31-A-2-01-00-1-01）。新北市：國家教育研究院。

吳清基（1986）。**賽蒙行政決定理論及教育行政**。臺北市：五南圖書。

李柏佳（2016）。學校型態實驗教育實施條例解析：國民教育階段為例。**學校行政雙月刊，101，**15-33。

李涵鈺、陳麗華（2005）。社會重建主義及其對課程研究的影響初探。**課程與教學季刊，8(4)，**35-56。

林孜音（2013）。**新北市國民小學教育公義政策實踐之研究**（未出版之碩士論文）。臺北市立教育大學，臺北市。

林俊成（2015）。實驗教育相關法規對當前教育之影響及公立學校經營策略。**臺灣教育評論月刊，4(1)，**172-178。

林純真（2015）。**十二年國民基本教育適性揚才政策理念及政策推動之研究**（未出版之博士論文）。國立臺南大學，臺南市。

林錫恩（2006）。**臺北縣國民小學推動社區有教室方案之研究**（未出版之碩士論文）。國立花蓮教育大學，花蓮縣。

林錫恩、范熾文（2017年5月13日）。十二年國教與偏鄉教育創新實驗的理念與實踐。「**教育專業發展學術研討會：十二年國民基本教育課程綱要的變革與實施**」發表之論文，臺中市：東海大學。

林錫恩、范熾文、石啟文（2018）。學校型態實驗教育經營策略之探析。**臺灣教育評論研究月刊**，7（1），135-142。

林麒瑋（2017年2月24日）。**教育再升等，全國首座實驗技術型高中落成**。聯合新聞網。取自https://udn.com/news/story/9/2304988

果哲（2016）。**臺灣教育的另一片天空**。臺北市：大塊文化。

范熾文、張文權（2016）。**當代學校經營與管理：個人、團體與組織連結**。臺北市：高等教育。

秦夢群（2015）。**教育選擇權研究**。臺北市：五南圖書。

張益勤（2014）。「擇校世代」來臨：**實驗教育法三讀通過，華德福，另類學習將進入公校體制**。取自https://flipedu.parenting.com.tw/article/162

張潼（2016年01月28日）。和平實小「推」4學季，暑假腰斬。中國電子報。取自http://www.chinatimes.com/newspapers/20160128000531-260107

張瀞文（2015）。實驗學校，招生中。**親子天下**，71，102-110。

教育部（2011）。**中華民國教育報告書**。臺北市：作者。

教育部（2013）。**教育部人才培育白皮書**。臺北市：作者。

教育部（2015）。**偏鄉教育創新發展方案**。臺北市：作者。

教育部統計處（2017）。105學年度各級教育統計概況分析。臺北市：作者。

教育部國民暨學前教育署（2018年1月17日）。新聞稿：「學生為主體、教育創新機」系列之四：實驗教育多元展能。取自https://www.edu.tw/News_Content.aspx?n=9E7AC85F1954DDA8&s=476696852EDFE15C。

郭鈺羚（2015）。**家長教育選擇權與家長參與之研究：以南部一所華德福小學為例**（未出版之碩士論文）。國立中正大學，嘉義縣。

陳世聰（2016）。理念學校績效評估之探討。**經營管理學刊**，11，67-86。

陳伯璋、李文富（2011）。尋找教育的桃花源：理念學校的發展與實踐。載於陳伯璋（主編），**教育的藍天：理念學校的追尋**（3-14頁）。新北市：國家教育研究院。

陳伯璋主編（2011）。**教育的藍天：理念學校的追尋**。新北市：國家教育研究院。

陳添丁（2016）。臺灣另類教育發展現況及展望。**臺灣教育**，697，46-48。

陳清溪（2005）。推動十二年國教之做法。**研習資訊**，22(2)，56-67。

陳雅慧（2017）。實驗教育大爆發。**親子天下實戰教養系列**，29，12-19。

陳聖謨（2012）。偏鄉人口結構變化與小學教育發展關係：以雲林縣濱海鄉鎮爲例。**教育資料與研究**，106，23-56。

陳榮政（2016）。學校型態實驗教育之探析與學校行政變革。**教育與多元文化研究**，14，157-181。

陳毅鴻（2016）。**公辦公營學校型態實驗教育機構轉型歷程之研究**（未出版之碩士論文）。私立明道大學，彰化縣。

陳麗華、蕭憶梅、林于仙、周筱亭（2011）。**十二年國民基本教育課程發展與實驗機制之擬議研究**。國家教育研究院委託之研究報告（計畫編號：NAER-101-13-A-1-01-05-1-10）。新北市：國家教育研究院。

曾國俊、張維倩（2011）。臺灣理念學校相關論述之探討。載於陳伯璋（主編），**教育的藍天：理念學校的追尋**（33-82頁）。臺北市：國家教育研究院。

游惠音（2016）。從「學校型態實驗教育實施條例」談公立國民小學轉型與創新經營的策略。**學校行政**，102，147-166。

馮朝霖（2001）。另類教育與全球思考。**教育研究月刊**，92，33-42。

馮朝霖（2015）。把跟紮深、把夢作大：臺灣實驗教育發展願景。**新北市教育**，14，13-18。

馮朝霖（2017）。**臺灣另類教育實踐經驗與十二年國教課綱之對話**（主編序）。馮朝霖（主編）。新北市：國家教育研究院。

黃彥超（2016）。偏鄉小校發展之思維：學校特色發展。**臺灣教育評論月刊**，5(5)，38-42。

新北市政府教育局（2016）。**新北市國民小學職業試探暨體驗教育課程架構**。新北市：作者。

楊振昇（2015）。從實驗教育三法析論我國中小學教育之發展。**教育研究月刊**，258，15-27。

溫明麗、黃乃熒、黃繼仁、葉郁菁、翁福元、鍾明倫（2015）。**國民教育新視野：**

　　　借鑑、蛻變與創新。新北市：國家教育研究院。

詹志禹（2016）。國內外創新教育動向。載於**臺北市中等學校校長會議之跨界創新
　　教育論壇手冊**（頁151-155）。臺北市：臺北市政府教育局。

詹志禹、吳璧純（2015）。偏鄉教育創新發展。**教育研究月刊，258**，28-41。

劉若凡（2011）。**運動中的另類學校：學校變革的組織分析**（未出版之碩士論
　　文）。國立臺灣大學，臺北市。

歐用生（2003）。**課程典範再建構**。高雄市：麗文文化。

蔡純姿（2005）。**學校經營創新模式與衡量指標建構之研究**（未出版之博士論
　　文）。國立臺南大學，臺南市。

鄭勝耀（2015）。**實踐獨特理念，開創實驗學校存在價值**。國語日報兒童網。

鄭燕祥（2004）。**教育領導與改革：新範式**。臺北市：高等教育。

薛雅慈（2011）。打造新式的學習天空：體驗學習的理念與另類學校的實踐。**另類
　　教育，1**，93-126。

謝傳崇、曾煥淦（2016）。偏鄉公立學校之轉型新路？解析《學校型態實驗教育實施
　　條例》。**學校行政，106**，157-177。

顏國樑（1997）。**教育政策執行理論與應用**。臺北市：師大書苑。

魏莨伊（2017年04月08日）。北市和平實小，今年僅收174人。聯合新聞網。取自
　　https://udn.com/news/story/7323/2391799

(二) 英文部分

Alia, R. (2014). *Enter the Alternative School: Critical Answers to Questions in Urban Edu-cation.* New York: Routledge.

Cheng, Y. C., & Townsend, T. (2000). Educational change and development in the Asia-Pacific region: Trends and issues. In T. Townsend & Y. C. Cheng (Eds.), *Educational change and development in the Asia-Pacific region: Challenges for the future* (pp. 317-344). Lisse, The Netherlands: Swets & Zeitlinger.

Collins, J. (2002). The ultimate creation. In F. Hesselbein, M. Goldsmith, & I. Somervile (Eds.), *Leading for innovation and organizing for results* (pp. 31-38). San Francisco, CA: Jossey-Bass.

Counts, G. S. (1932). *Dare the school build a new social order?* New York:John Day.

Fullan, M. G., & Stiegeibauer, S. (1991). *The new meaning of educational change* (2nd ed.). New York: The University of Columbia.

Office of Superintendent of Public Instruction. (2017, Marcr 5). *Innovative Schools*. WA, USA. Retrieved from http://www.k12.wa.us/EducationAwards/Innovative/default.aspx

Organization for Economic Co-operation and Development. (2013). *Education policy outlook Australia*. Retrieved from http://www.oecd.org/edu/ EDUCATION% 20POLICY%20 OUTLOOK%20AUSTRALIA_EN.pdf

Rita Pierson（2013年9月3日）。每個孩子都需要冠軍寶座（*Every kid needs a champion*）。取自https://www.youtube.com/watch?v=p6G8SsXPfo.

Sergiovanni, T. J. (1994). *Building community in schools.* San Francisco: Jossey-Boss.

Steiner, R. (2004). *The spiritual ground of education*. Hudson, NY: Anthroposophic Press.

問題與討論

一、學校型態實驗教育主要精神為何？與家長教育選擇權有何關聯？

二、面對擇校世代來臨，實驗教育應如何兼顧教育的公平與正義？

三、請分析實驗教育執行的影響因素為何？教育工作者應如何因應？

四、如何彰顯實驗教育的價值與理想，請分析其校務經營策略為何？

五、試舉三個歐美學校型態實驗教育案例，如何借鏡、創新與啟示？

第六章

制定國家語言發展法
析論本土客家語言
保存與教育推廣

林立生

　　客家古諺：「寧賣祖宗田，莫忘祖宗言」，道出客家人對客語的「硬頸」堅持。

　　語言是維繫及傳承一個族群文化最重要的元素，可以說，沒有語言，就沒有文化；沒有文化，族群就會消失殆盡。英國的天文學家哈雷稱讚牛頓在天體物理學上的成就時，牛頓謙虛地回答：「如果說我看得比別人遠些，那是因為我站在巨人的肩膀上。」從語言復甦的長遠重要性來看，語言不僅是溝通的工具，也是延續族群命脈的文化載體，更是族群認同的表徵，所以對於客家人來說，「客語保存與傳承」才是維繫族群於不墜的核心基礎。

壹　緒論

　　聯合國教育科學及文化組織（UNESCO）在1999年於大會宣布，自2000年起將每年2月21日定為「世界母語日」，旨在促進語言和文化的多樣性，以及多語種化，2017年的主題更訂為「以多語種教育邁向永續發展的未來」，表明「為促進可持續發展，學習者必須擁有通過母語和其他語言的接受教育的途徑，通過掌握第一語言或母語，獲得閱讀、寫作和計算能力等基本技能。當地語言，特別是少數民族和土著人的語言，能夠傳播文化、價值和傳統知識，因此在促進實現可持續未來的進程中發揮著重要的作用」（聯合國，2017）。

　　過往由於推行國語政策的影響，臺灣各族群多元語言發展未受到足夠的重視，在這樣的歷史背景之下，客家語言亦成為相對弱勢的語言。綜上，本文以「制定國家語言發展法析論本土客家語言保存與教育推廣」為題，先概述國家語言發展法源起及現況，說明客家語言從教育面向的推廣相關計畫及實施依據，再檢討現行相關政策及方案提出研究發現，最後研提應有之改進方向。

貳　我國語言政策發展歷程

一、源起

語言是重要的日常溝通工具，但過去我國並未制定語言專法，而是將語言視為教育體制的一環，因此，教育部曾於1983年草擬《語文法》，惟因當時社會各界反應不一，而未繼續研訂。

後因社會環境變遷，語言文化保存受到重視，教育部爰蒐集國外相關資料，並參酌行政院客家委員會之《語言公平法》、行政院原住民族委員會之《原住民族語言發展法》，中央研究院語言學研究所籌備處草擬之《語言文字基本法》後（以上三法均為草案），擬具《語言平等法》草案。嗣因認為「語言平等法」制定事宜涉及文化保存與傳承事宜，且經行政院協調後，於2003年3月以臺語字第0920042644號函將「語言平等法」研議、制定等事項移由行政院文化建設委員會（2012年5月20日後改組為文化部）主政（立法院，2014）。

文化部於2003年接辦後，將法律條文從規範母語運用轉為以國家語言之發展及文化保存為立法主軸，重新擬具《國家語言發展法》草案，歷經民意徵求及彙整相關部會意見，並透過「族群文化會議」溝通與諮詢語言文化相關議題，完成草案條文。草案重點涵蓋國家語言之定義、主管機關、權利、保護與發展，強調尊重各語言之多元性、平等發展及傳承延續，於2007年1月17日再度陳報行政院，惟各族群對法案缺乏共識，該法並未通過。

2017年7月文化部公告《國家語言發展法》草案，該法綜整歷來各草案內容，考量現今社會實際情況，並透過公聽會搜集各界意見。內容針對國家語言於保存、傳習、發展、教育、行政資源、公共資源等多元面向落實分項規劃及相關保障，以強化語言平等、族群溝通及文化實質交流。

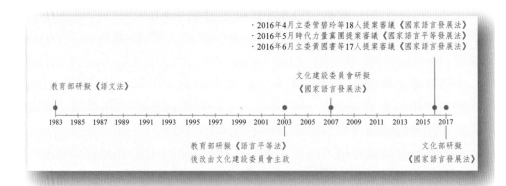

圖1　《國家語言發展法》立法歷程

　　除了文化部研擬《國家語言發展法》，以期作為政府國家語言政策之整體性基本法，行政院2015年也通過《原住民族語言發展法》草案，立法院2017年5月三讀通過，明定原住民族語言為國家語言；行政院2017年通過《客家基本法》修正草案，將函請立法院審議，該法亦明定客語為國家語言。文化部表示，政府有責任讓多元語言及文化都獲得保存與發展保障，提供這些語言傳承、復振的機會，將從制定《國家語言發展法》開始，積極落實語言平權及文化平權。

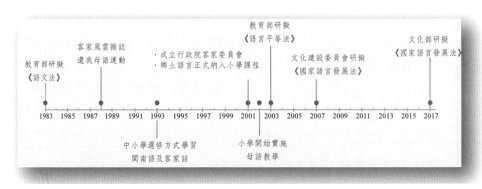

圖2　臺灣客家語言政策發展時間軸

二、文化部《國家語言發展法》草案總說明（文化部，2017）

　　臺灣社會擁有多元族群，為多元語言及多元文化之國家。鑒於國際人權理念推動語言文化權之保障，聯合國教科文組織將我國母語列為瀕臨消失地區之情況，有關語言文化之保存與傳承成為備受關注之議題，而目前國內各本土語言多面臨傳承危機，相關的復振和保存工作實刻不容緩，為落實憲法保障多元文化及平等之精神，允宜制定語言發展專法，秉持多元、平等、保存、發展之理念，全力支持語言復振、族群溝通與交流、語言保存與傳習。

　　尊重語言之多樣性及平等尊嚴，應承認本國各固有族群所使用之語言均為國家語言。國民使用國家語言，不應遭受歧視或限制；語言為文化傳承之一環，為促進語言永續發展，豐富國家之文化內涵，政府應規劃及推動國家語言之保存、傳習及研究，並建立保存、傳承機制，以活化及普及國家語言；為具體落實及保障國民使用國家語言之權利，政府應提供學習國家語言機會，並於國民利用公共資源時提供國家語言溝通必要之服務，爰擬具《國家語言發展法》草案，其要點如次：

(一) 立法目的。（草案第1條）

(二) 國家語言之定義。（草案第2條）

(三) 國家語言平等與發展原則。（草案第3條）

(四) 國家語言發展法權責單位。（草案第4條）

(五) 國家語言事務中央專責單位（草案第5條）

(六) 國家語言事務地方專責單位（草案第6條）

(七) 國家語言復育及建立語言資料庫。（草案第7條）

(八) 國家語言教育及學習資源。（草案第8條）

(九) 國家語言師資聘用。（草案第9條）

(十) 各級政府單位提供公共資源多語服務。（草案第10條）

(十一) 地方主管機關得指定或經地方立法機關議決所轄區域之地方通行語。（草案第11條）

(十二) 國家語言之傳播權。（草案第12條）

參　相關計畫及依據

一、客家基本法相關修正草案（客家委員會，2017）

(一) 為落實憲法保障族群平等與多元文化之精神，爰酌修本法之立法目的。（修正條文第1條）

(二) 定明客語為國家語言之一，與各族群語言平等。（修正條文第3條）

(三) 為深化客語於日常中使用，定明於客家人口集中區域，推動客語為通行語。（修正條文第4條）

(四) 增訂「國家客家發展計畫」作為客家相關施政之依據，並定明每二年檢討修正。（修正條文第6條）

(五) 為保存傳統客家地區之語言文化，定明政府應鼓勵成立跨行政區域之客家文化區域合作組織；另鑑於由鄉（鎮、市）改制為直轄市之區，且屬客家文化重點發展區者，其自治功能因改制而喪失，爰定明政府應考量轄內客家族群意願，保障客家族群語言文化之自主發展。（修正條文第8條）

(六) 定明推行客家語言文化成效優良者，應予獎勵，另服務於客家文化重點發展區之公教人員應有相當比例通過客語認證，並得列為陞任評分項目。（修正條文第9條）

(七) 政府應捐助設立財團法人客家語言研究發展中心，辦理客語研究發展、認證與推廣，並建立完善客語資料庫等，積極鼓勵客語復育傳承及人才培育。（修正條文第11條）

(八) 政府應輔導學前與國民義務教育之學校及幼兒園實施以客語為教學語言之計畫，並鼓勵各大專校院推動辦理，保障人民以母語學習權利。（修正條文第12條）

(九) 肯定人民於公共領域使用客語之機會及權利，以促進人民學習客語、培植多元文化國民素養及落實營造客語友善環境。（修正條文第13條及第14條）

二、客家文化躍升計畫（行政院政府計畫管理資訊網，2017a）

(一)《中華民國憲法增修條文》第10條第11項「國家肯定多元文化」。

(二) 聯合國教科文組織2001年通過的「世界文化多樣性宣言」。

(三)《客家基本法》第1條「為落實憲法保障多元文化精神，傳承與發揚客家文化」、第6條「加強客家文化重點發展區之語言、文化與文化產業傳承及發揚」、第11條「政府應積極獎勵客家學術研究，鼓勵大學校院設立客家學術相關院、系、所與學位學程，發展及厚植客家知識體系」、第13條「政府應積極推動全球客家族群連結，建設臺灣成為全球客家文化交流與研究中心」及第14條「政府應訂定全國客家日，以彰顯客家族群對臺灣多元文化之貢獻」。

(四) 總統客家政見「扶助客家文創活動，將客家節慶提升為國際觀光層級」、「善用各地大學客家學院、系所及研究中心，建構系統性教育訓練計畫，培養客家青年領導人才」，以及蔡總統客家政見「以創新為傳承、以發展為保存，打造現代客家藝文創作聚落／平臺」、「打造『國家級臺三線客庄浪漫大道』」、「重建多族群共享的客家歷史文化，建構國家級客家知識體系」。

(五)《客家委員會組織法》第2條第4款「本會掌理客家文化保存與發展之規劃、協調及推動」。

三、客家語言深耕計畫（行政院政府計畫管理資訊網，2017b）

(一)《中華民國憲法增修條文》第10條第11項「國家肯定多元文化」及「公民與政治權利國際公約」第358點及「經濟社會文化權利國際公約施行法」（簡稱兩公約施行法）。

(二)《客家基本法》第1條「為落實憲法保障多元文化精神，傳承與發揚客家語言文化」、第6條「加強客家文化重點發展區之語言、文化之傳承及發揚。前項重點發展區，應推動客語為公

事語言，服務於該地區之公教人員，應加強客語能力；其取得客語認證資格者，並得予獎勵。」、第8條「政府應辦理客語認證與推廣，並建立客語資料庫，積極鼓勵客語復育傳承、研究發展與人才培育」、第9條「政府機關（構）應提供國民語言溝通必要之公共服務，落實客語無障礙環境。辦理前項工作著有績效者，應予獎勵。」及第10條「政府應提供獎勵措施，並結合各級學校、家庭與社區推動客語，發展客語生活化之學習環境」。

(三) 蔡總統客家政策「客語為『國家語言』，應進入公共領域」，在客家地區，客語教學應從「語言教學」，逐步發展為「教學語言」，並結合家庭、社區及地方政府，推動友善客語生活環境計畫，重建母語普及的客家社區。

(四) 《客家委員會組織法》第2條第3款「本會掌理客語推廣及能力認證之規劃及推動等事項」。

四、國民小學及國民中學推動夏日樂學計畫（教育部國民及學前教育署，2017）

教育部國民及學前教育署為推動國民中小學本土語言及本土文化傳承，提出夏日樂學試辦計畫，鼓勵國中小依據在地特色、學生需求及社區資源，規劃二週至四週之課程，聚焦於本土語文之學習，進而促進多元族群融合及弭平學習落差。

(一) 持續研發多元本土語文教材及資源。

(二) 補助國中小辦理夏日樂學或其他本土教育相關之體驗學習活動或文化營隊。

肆 政府現行相關政策及配套措施

一、客家文化躍升計畫—知識體系發展計畫

(一) 補助大學校院客家學術機構發展客家學術研究

除持續補助大學院校推動成立客家學院、系所或客家研究中心，從

事與客家學術有關之調查、研究、保存，以及開設客家通識課程外，亦鼓勵兼具「在地性」客家文化特色之創意設計、產業研發以及媒體傳播等多面向應用課程，及客家青年領袖培訓課程。以建構客家知識體系，整合國內各大學校院資源，促進客家學術研究發展與培植客家青年領導人才。目前國內高等教育共有三所客家學院（中央大學、交通大學、聯合大學），以及八個與客家語文相關之系所。

(二) 獎助客家學術研究計畫及客家青年創新發展。

提供客家相關研究計畫（包括本土研究計畫、跨國研究計畫、民間文史工作者進入學術機構進行專題研究）之獎助，引發各界對客家研究之興趣與動能。為深化客家學術研究計畫之廣度（包括本土研究計畫、跨國研究計畫、民間文史工作者進入學術機構進行專題研究），提供個別型研究計畫及整合型研究計畫獎助，鼓勵各界從事客家研究，作為建構客家知識體系的重要能量。

(三) 獎助客家學生及研究優良博碩士論文。

(四) 辦理國家級客家知識體系計畫。

(五) 補捐助辦理青年客家公共論壇計畫。

二、客家語言深耕計畫

(一) 辦理客語推廣相關競賽、活動及數位學習。

(二) 推廣客家語言教育相關計畫。

(三) 辦理全國客語能力分級認證及推廣。

為加強客語之使用能力，鼓勵全民學習客語，提高客語之服務品質，落實客家文化傳承之任務，自2005年起辦理「客語能力認證初級考試」，並推動客語文字化工作，帶動國人學習客語的風潮，俾達成復甦、發揚及傳承客語的施政目標。有關2012至2016年通過客語能力認證人數詳如表1至表3所示。

表1

幼幼客語闖通關認證近五年報考、通過人數及通過率一覽表

年度	報考人數	通過人數	通過率（%）
2012	3,024	2,439	80.65
2013	3,713	3,389	91.27
2014	5,010	4,570	91.22
2015	5,548	5,007	90.25
2016	6,629	5,910	89.09
累計通過人數：21,315人（2012-2016年）			

資料來源：客家委員會報告。

表2

客語能力初級認證近五年報考、應考、通過人數及合格率一覽表

年度	報考人數	應考人數	通過人數	扣除缺考總合格率（%）
2011	15,627	12,067	6,917	57.32
2012	13,664	11,074	6,549	59.14
2013	11,273	9,381	4,416	47.07
2014	8,951	7,486	3,195	42.68
2015	9,853	8,302	5,621	67.71
累計通過人數：26,698人（2011-2015年）				

資料來源：客家委員會報告。

表3

客語能力中級暨中高級認證近五年報考、應考、通過人數及通過率一覽表

年度	報考人數	應考人數	通過人數		通過率（%）	總通過率（%）
2011	8,490	5,966	中級	3,461	58.01	82.42
			中高級	1,456	24.40	
2012	9,262	6,737	中級	4,171	61.91	84.30
			中高級	1,508	22.38	
2013	7,639	6,072	中級	3,479	57.30	67.14
			中高級	598	9.85	
2014	6,667	5,044	中級	3,137	62.19	77.18
			中高級	756	14.99	
2015	5,278	4,021	中級	2,440	60.68	75.85
			中高級	610	15.17	
累計通過人數　中級：16,688人　中高級：4,928人（2011-2015年）						

資料來源：客家委員會報告。

(四) 薪傳客語深根相關計畫

「客語薪傳師傳習」與「客語深根服務計畫」於2016年起雙軌並行，其中與客語師資培育相關的為「提升客語師資專業課程」此項，以往主要由客委會主導客語師資培訓課程，但「客語深根服務計畫」是將補助對象下放至直轄市、縣（市）政府，以及國內各大專院校，由地方政府、大專院校提送計畫申請補助。

為推展客語文化永續傳承，客家委員會賡續推動「客語薪傳師」制度，辦理客語薪傳師資格認定，並透過補助客語薪傳師傳習計畫，從語言、文學、歌謠、戲劇四大類別傳習延續客家語言及文化，營造客語全方位學習之環境。另外，積極推動「客語沉浸式教學」，可向下優先於幼兒園實行，讓孩童沉浸在使用客語之優良環境，倘若教師上課時使用客語教學，且定期接受培訓課程，落實將客語教學帶回課堂上實施。

訂定績優客語薪傳師獎勵制度，對輔導學員通過客語認證執行成效

績優者核發獎勵金，以茲鼓勵。此外亦就客語薪傳師辦理研習課程，加強薪傳師本身專業素養，提升客語教學品質，以培養客語師資投入客語傳承工作。

透過補助辦理客語薪傳師傳習計畫，整合客語薪傳師、家庭、學校及社區的力量，傳習客家語言、文學、戲劇及歌謠，並以19歲以下學子為主要傳習對象，普遍設置客語小學堂，傳承客家語言及傳統文化，期藉此制度建立客家語言及文化永續發展機制。

自99年度起開辦客語薪傳師傳習補助計畫，通過核定之人數逐漸上升，自99年度305人增加至104年度的630人，共計有3,006位客語薪傳師；開班數自100年度至104年度止共開設4,729班客語薪傳班，共約6萬6,932人次參與。輔導開設客語薪傳班數原計畫目標數為100年500班、101年550班、102年600班及103年760班，執行結果100年有723班、101年746班、102年828班與103年的993班，各年皆達成甚至超越原計畫目標值。開班數歷年明顯成長，效益可觀。

2016年1月1日起正式上路的「客語深根服務計畫」，其目的為落實客語向下扎根，營造親子共學，讓客語學習家庭化，提升民眾對客家之認同及使用客語之意願與能力。實施至今尚無相關成果，但此計畫整合家庭、學校以及社區資源，讓客語學習環境變得生活化，亦落實〈客家基本法〉第十條，發展客語生活化之學習環境。

(五) 推動友善客語生活學校計畫

為強化學校師生對客語之認同及提升使用客語之意願與能力，使客語在校園生活中廣受接納及使用，並使客語從邊陲回歸主流地位，客委會推動客語生活學校計畫，補助校數自92年63所增加至105年566所，補助校數成長近9倍。「全國客語生活學校成果觀摩賽」自94年至104年參加觀摩賽總人數為54,792人；102年辦理「全國中小學客家藝文競賽」，104年起由客家電視臺連續三週播放客家藝文競賽之決賽內容；委託各縣（市）政府辦理督導訪視，經各縣（市）政府審慎評核，推薦學校為客語生活學校績優學校。

各校推動之實施方式，除與語文課、藝術與人文、社團及綜合活

動等正式課程相結合外，並配合教育部推動「臺灣母語日」之教育精神，塑造學生人本、鄉土情懷及培養其民主素養。

(六) 辦理公共領域客語無障礙計畫

為加強客語能見度，鼓勵全民學習，促進客語在公共領域發聲，使提高客語之使用符合公共化、多元化、普及化及生活化等原則，客委會積極落實客家語言文化傳承之相關政策，於各公民營機構在大眾運輸工具、公家機構、醫院、法院等公共場所，推動公事客語無障礙環境計畫，提供客語志工、口譯及客語播音等服務。

(七) 推動客家語文基礎建設及建置客家語料資料庫

客委會為有效保存及傳承少數腔客語如臺灣大埔、饒平、詔安客語，協助其在校推動客語教學，分別成立臺灣大埔、饒平、詔安客語教學資源中心，逐年蒐集教學資料、建置網站、編輯教材及辦理教師培訓等，並辦理臺灣饒平、大埔、詔安客語辭典編纂工作。其目的係為提供大埔、饒平、詔安客語教學研究、保存、推廣的整合平臺，奠下延續客語的基礎，使更多有興趣、有心保存及推動客家文化的人士來共同參與，協助客語之推廣、傳承及教學資源共享。

98年補助客語生活學校績優學校臺北市古亭國小等15所客語教學資源中心之相關硬體設備，以強化客語推廣教學；99年補助客語生活學校績優學校新北市永和國小等14所客語教學資源中心之相關硬體設備，辦理客語教師培訓、編輯客語教材、客語相關出版品、蒐集客語相關的田野調查資料、論文、書籍等；100年為豐富客語教學資源，編印出版《客語唐詩教材》。另與教育部共同辦理《部編版客家語分級教材》4年（97-100）計畫，依客家語分腔調編輯國小至國中9級分級教材。100年8月已印製完成第6、7級教材，計10萬冊分送各縣（市）政府及學校運用推廣；101年補助客語生活學校新竹縣東海國小等14所客語教學資源中心之相關硬體設備，以強化客語推廣教學。印製「部編版客家語分級教材」第8、9級，計7萬7,000冊分送各縣（市）政府及學校運用推廣。

三、十二年國民基本教育課程綱要

在現有教育政策方面，教育部自1993年宣布將母語教育列入中小學正式教學範疇，以選修方式學習閩南語及客家話。自2001年起施行的「國民中小學九年一貫課程綱要」，則規定國小一至六年級學生必須選讀閩南語、客家語和原住民語其中一種作為本土語文科目，母語被正式納入教學體系中。

目前研擬中的「十二年國民基本教育課程綱要」，規劃在國小階段，每位學生可以依據實際需求，選擇閩南語文、客家語文、原住民族語文或新住民語文等其中一項，每周進行一節課的學習。國中階段，學校在調查學生的修習意願後，必須於彈性學習課程中開設本土語文／新住民語文選修課程或社團。高中（包括普通型、技術型與綜合型）階段客家語文科目的開設，可依學生需求與學校條件，於彈性學習時間開設充實（增廣）的教學或學校特色活動，亦可於校訂必修或選修開設客家語文課程。而為了強化本土語文課程的教育成效，在總綱的實施要點中也規範了「鼓勵教師在各領域教學時，使用雙語或多語言；並在學校生活中，也鼓勵師生養成使用雙語或多語的習慣。」（國家教育研究院，2016）

伍　主要研究發現

一、客家文化躍升計畫—知識體系發展計畫

(一) 未來環境預測
1. 善用互動媒體及多元行銷方式，提升客家藝文活動之能見度。
2. 運用網際網路，開拓客家文化利用新途徑。
3. 從社區參與活化客庄，吸引人才回流。
4. 客家研究成為人文社會科學領域中具競爭力之學門。
5. 全球思考在地行動的政策下，進行文化資產的保存與發展。
6. 因應全球觀光產業盛行，打造臺灣成為全球客家觀光重鎮。

(二) 問題評析

1. 客家文化仍未成為臺灣文化主流之一，需加強文化認同及行銷。

2. 客家知識體系尚待強健，逐步匯聚客家研究能量。

3. 客家研究社群散落，需要長期性的政策補助機制。

4. 聚落文化發展尚待創建。

5. 習於「經建式」的硬體思維，缺乏軟體建置與穩定營運。

二、客家語言深根計畫

(一) 未來環境預測

1. 多元文化仍待傳續。

2. 客語傳習仍相對弱勢。

3. 數位行動應用引領學習潮流。

(二) 問題評析

1. 客語能力提升速度趨緩。

2. 客語腔調多元用字尚待標準化，少數腔調仍須保存。

研究建議

一、客家文化躍升方面

(一) 發揚提升客庄節慶、賦予新意

以新思維創新客家元素，豐富客庄節慶內涵，提升客庄節慶國際能見度。

(二) 客庄鄉鎮發光、深耕在地客家

客家重點發展區展現特有歷史人文，並以整合行銷方式，展現新亮點、製造新感動，讓臺灣看見在地客家之美。

(三)推展客家文化、鼓勵創作人才

鼓勵藝文個人或團體增加創作數量及品質，並設置文創網路平臺，展現其成果並增加曝光機會，讓此平臺成為藝文活動辦理單位及創作人

才的媒介。

(四) 大型藝術展演、提升國際交流

辦理多元類別的大型藝術展演，展現客家藝文多面向之成果，並推動優秀表演團隊參與國際活動促進交流。

(五) 客家文藝復興、創造新感動

客家音樂、文學、美術、音樂、建築、美食等，皆具有其獨特性及美感，利基於傳統，注入現代新元素，創造客家文藝新感動。

(六) 充實多元文化、締造文創經濟

展現客家多元文化面向，結合產業經濟，發展客庄特色文創。

(七) 擴大客家知識社群，開闊客家學發展空間

透過發展各校客家學術機構措施，從事長期持續性之客家學術研究，並培育各級學術研究人才，擴大客家知識社群，開闊客家學發展空間，厚植客家知識體系永續發展。

(八) 強化客家文化躍升之知識基礎

藉由獎助客家學術研究、客家研究優良博碩士論文等支持措施，挹注客家研究資源，強化客家文化躍升之知識基礎。

(九) 培植公共政策領域客家青年領導人才

階段性、計畫性開辦相關領袖培訓課程，提供客家青年有系統的教育訓練機會，培植具發展潛力的客家青年，為公共政策領域所用。

(十) 展現在地客庄風貌、接軌全球客家文化

南北客家文化園區分別扮演展現在地客庄風貌與接軌全球客家文化之領航角色，期建立客家資源網絡系統平臺，向外輻射擴張，吸引當地住民、遠道而來的旅客及未來世代的參與，帶動地方客庄觀光發展。

二、客家語言深根方面

(一) 建立客家語言及文化永續發展機制

復甦客家語言，傳承及發揚客家的語言文化，保障人民學習客語之權利，促進客語在公共領域的活化。

(二) 提升客家後生學習客語興趣及使用能力

補助辦理「客語生活學校」，獎勵國民中小學學校參加客語能力認證，推動「客語家庭」制度，系統性地從家庭、學校、社區等層面傳承及宣廣客語，提升家庭成員、學生之客語能力，復甦客語成為生活語言。

(三) 培植客語教學人才，提升客語服務品質

針對客語薪傳師，加強執行傳習課程之訪查及教學輔導，辦理相關研習課程，俾提升客語教學品質，培養客語師資投入客語傳承工作。

(四) 提供多元客語學習環境，帶動客語學習風潮

透過推辦客語薪傳師資格認定及傳習、獎勵績優客語薪傳師及客語沉浸式教學等計畫，傳習延續客語及文化，促使學習客語變得更生活化，也更深入家庭及社區領域，讓客語學堂遍地開花，以營造全方位學習客語之環境。

(五) 引領非客家族群學習客語及認識客家文化

促進不同族群間相互了解與尊重非客家族群認識及尊重客家文化，進而引領其學習客語，強化族群文化間之互相尊重。

柒　結語

聯合國文化多樣性公約明定保障母語權，臺灣多元語言文化是我們共同資產，尊重語言之多樣性及平等尊嚴，國民使用國家語言，不應遭受歧視或限制。《國家語言發展法》的立法精神在於確保面臨傳承危機的語言及文化得以保存、復振及平等發展。秉持多元、平等、保存、發展之理念，支持語言復振、族群溝通與交流、語言保存與傳習。

　　研究發現客家文化仍未成爲臺灣文化主流之一，需加強文化認同及行銷。客家知識體系亦尚待強健，以逐步匯聚客家研究能量。客家研究社群散落，需要長期性的政策補助機制。習於「經建式」的硬體思維，缺乏軟體建置與穩定營運。客語能力提升速度趨緩，客語腔調多元用字尚待標準化等問題。客家語言的保存與教育推廣，本研究建議以「客家文化躍升」與「客家語言深根」二大方向發展突破。

　　從「文化躍升」方面，發揚提升客庄節慶，豐富節慶內涵，提升客庄節慶國際能見度，以客家重點發展區展現特有歷史人文，並以整合行銷方式，呈現在地客家之美。設置文創網路平臺，鼓勵創作人才，透過大型展演與國際活動展現客家藝文多面向，創造客家文藝新感動。結合產業經濟，展現客家多元文化，締造文創經濟。擴大客家知識社群，開闊客家學發展空間，強化客家文化耀升知識基礎。透過發展各校客家學術機構措施，培育各級學術研究人才與培植具發展潛力的客家青年。另外，從「語言深根」方面，透過建立客家語言及文化永續發展機制，提升客家後生學習客語興趣及使用能力，並培植客語教學人才，提升客語服務品質。獎勵績優客語薪傳師及客語沉浸式教學等計畫，傳習延續客語及文化；營造多元客語沉浸式的學習環境，促使學習客語變得更生活化，帶動客語學習風潮。

　　家庭、學校、社區是語言互動的主要場域，讓生活其中的人產生自然互動，在自然的環境下習得語言與文化；藉由沉浸式的生活學習環境讓客語學習更爲自然化，提昇民眾對客語之認同及使用客語之意願與能力，引領非客家族群學習客語及認識客家文化，以增進客語傳承之成效。因爲語言不只是溝通工具，更是文化傳承的載體，更是族群認同的表徵；因著《國家語言發展法》立法保障了各族群使用母語的教育、傳播與公共服務權利，讓每個人都能更有自信、尊嚴地使用客家語言，爲促進客家語言永續發展，豐富國家文化內涵，推動國家語言之保存、傳習及研究，並建立保存、傳承機制，以達客家語言的永久保存與教育推廣普及。

參考文獻

文化部（2017年7月3日）。公告「國家語言發展法」草案。取自http://www.moc.gov.
tw/information_253_65745.html

行政院（2017年6月15日）。**行政院會通過「客家基本法」修正草案**。取自http://
www.ey.gov.tw/News_Content2.aspx?n=F8BAEBE9491FC830&s=6B3C16BCB59F5
50D

客家委員會（2017年6月15日）。**行政院通過客基法修正草案客家委員會16週年慶
大禮**。取自http://www.hakka.gov.tw/Content/Content?NodeID=34&PageID=39015

教育部國民及學前教育署（2017年5月15日）。**夏日樂學**。取自http://www.k12ea.gov.
tw/ap/banner_view.aspx?sn=5eb6f2af-a5c8-4f54-a733-7c56f521acd7

客家委員會（2017年5月3日）。**106年度施政計畫**。取自http://www.hakka.gov.tw/
Hakka_CMS/File/Attach/37694/File_70151.pdf

吳清基、林立生（2017年2月1日）。**教育政策與教育實務**。臺北：五南。

教育政策與教育實務。ISBN13：9789571190129

行政院政府計畫管理資訊網（2017年1月25日b）。**客家語言深耕計畫
（106年選項列管）**。取自http://117.56.91.94/KMPublic/readdocument.
aspx?documentId=263241&ver=1

行政院政府計畫管理資訊網（2017年1月25日a）。**客家文化躍升計畫
（106年選項列管）**。取自http://117.56.91.94/KMPublic/readdocument.
aspx?documentId=263240

聯合國（2017）。**國際母語日2月21日**。取自http://www.un.org/zh/events/motherlan-
guageday/index.shtml

客家委員會（2016年8月17日）。**客家委員會中程施政計畫（106至109年度）**。取
自http://www.hakka.gov.tw/File/GetContentFile?filename=%2FFile%2FAttach%2F37
676%2FFile_70152.pdf&nodeid=634&pageid=37676&fileid=70152&displayName=
%E5%AE%A2%E5%AE%B6%E5%A7%94%E5%93%A1%E6%9C%83%E4%B8%
AD%E7%A8%8B%E6%96%BD%E6%94%BF%E8%A8%88%E7%95%AB%EF%B
C%88106%E8%87%B3109%E5%B9%B4%E5%BA%A6%EF%BC%89.pdf

國家教育研究院（2016年1月7日）。**十二年國教語文領域—本土語文（客家語文）課綱草案及相關意見回應表（送課審會）**。取自http://www.naer.edu.tw/ezfiles/0/1000/attach/91/pta_10119_6963073_00658.pdf

陳秀琪、周錦宏、張翰璧、黃菊芳（2016）。**客語推廣相關政策研究計畫**。客家委員會研究報告，未出版。

立法院（2014年5月7日）。**第8屆第5會期第9次會議議案關係文書**。取自http://lci.ly.gov.tw/LyLCEW/agenda1/02/pdf/08/05/09/LCEWA01_080509_00204.pdf

問題與討論

一、試說明《國家語言發展法》立法歷程？

二、請舉例如何從文化躍升、語言深根兩大面向，來達到客家語言的保存
　　與教育推廣普及？

三、請闡述如何引領非客家族群學習客語及認識客家文化，促進不同族群
　　間相互了解與尊重？

第七章

臺灣原住民族高等教育人才培育及國外留學現況、趨勢之分析

吳孚佑、陳淑娟

學然後知不足，教然後知困。知不足，然後能自反也；知困，然後能自強也。

～禮記‧學記

 壹 前言

經濟合作暨發展組織（OECD）於1996年提出「知識經濟」一詞，其定義與概念宣告了以知識為基礎的新經濟時代已經來臨。過去勞力密集、資本密集為主的經濟模式終將走入歷史，取而代之的是知識密集、創意密集的新經濟時代。這是一個以腦力、創造力決勝負的時代，知識作為當今最具價值的資本，一但掌握了它即是掌握了競爭的優勢。所謂知識即是人類透過大腦所孕育出的產物，而教育則是啟發人類大腦最重要且有效的方式。因此，若欲在以知識為核心的時代提升個人乃至於整個國家的競爭力，教育制度的配合及政策的妥善運用是至為重要的。承上所言，21世紀是以知識為主軸運行的世紀，亦是國際間以人才相爭的世紀。人才就是競爭力的基礎，其質量、規模和結構反映出的是一個國家的綜合水平，故人才的培育與延攬始終是世界各國關注的課題。

所謂人才一般來說指的是人群中具有學識、才幹的人，他們具有某種特長或是受過專門的教育訓練，具備專門的知識及技術，並且能夠對社會做出較大的貢獻。這群人作為社會進步的核心，是推動國家進步、族群發展的關鍵力量。在全球化的推波助瀾之下，世界各國被整合成一個密不可分的共同體，人才培育已成為提升國際競爭力與永續發展的關鍵因素。而全球性的競爭除了促使知識經濟對高等教育人才需求孔殷之外，更使得高等教育成為驅動國家經濟蓬勃發展的新興產業。近年來，我國高等教育產業因少子化、全球化等議題掀起一波波改革的聲浪，然而原住民族教育卻未見波瀾，著實令人憂心。當人才優勢成為關鍵優勢的時代來臨時，居於結構性劣勢的原住民，更應該積極把握、乘此趨勢厚植相關人才，進一步推動族群的發展。筆者爰針對現有相關文獻及政策資訊進行爬梳輔以歷年統計資料，針對我國原住民族在高等教育階

段及赴國外留學之現況進行剖析，試圖從宏觀的角度撰寫本文，並提出若干新世紀原住民族人才培育及發展的新思路及政策建議。

貳　高等教育現況

一、全球化

　　"Global"來自拉丁語，乃「地球」之意。"Globalization"是由"Globalize"發展而來，原爲國際經濟網絡中的名詞用法。直至1930年出版的"*Towards New Education*"中，出現全球化一詞來表達人類教育方面的經驗。自60年代開始，才廣爲經濟學家及教育學家所採用（John, 2015）。

　　華勒斯坦（Wallerstain）提出世界體系關係理論，將全世界分爲核心、邊陲與半邊陲之體系，並以經濟的長短波動定義世界體系的時間特色，顯示全球性運動表現在經濟上，不斷尋找低成本高利潤，以全球爲範圍的生產關係與價值，加速帶動了全球化（Immanuel Wallerstein, 1974）。因此，此時的「全球化」存在著強國對弱國剝削的相對概念。貝克（Beck）則認爲，全球化意謂民族國家和民族社會的統一性崩解了；新的權利型態和競爭關係形成，交織著民族國家的機構和行動者，與跨國行動者、跨國認同、跨國社會空間、跨國形勢與過程之間的衝突（Beck, 1998）。因此，貝克（Beck）定義全球化的新特質爲跨越民族國家界線而高度相互依存性的生活和行爲；跨國性（在傳播媒體、消費、旅遊中）的自我認知；群體、勞動和資本的「無地方性」；全球環境危機意識和與此相應的行動競技場；在自我生活中，對於跨文化的他人不受限制的認知；「全球文化工業」的循環層次；一個歐洲國家建構的成長，跨國行動者、制度和條約的數量及權力；經濟集中的規模。因此，全球化也是指：非世界國家。或是，更正確地說是無世界、無國界且無世界政府的社會。因爲目前無論在經濟上或是政治上都沒有單一的霸權力量與國際政權，因此，一個去組織化（deorganized）的資本主義正在全世界蔓延（孫治本譯，1999）。

　　許多教育學者逐漸關注全球化帶來的影響，如世界文化論（World

Culture Theory）學者John W. Meyer與Francisco O. Ramirez（2000）主張國家教育日益同質化與標準化，並且指出產生此趨勢之壓力來自於各類資訊科技為世界之溝通與交流推波助瀾，在符號象徵意義上將教育與個人、集體更加緊密連結的社會科學觀，例如：教育中的人力資本演化觀點、隨世界性專業組織整合而強化的教育專業模式等，使得國家、公民、人權、教育相關之教條在世界組織中更加制度化。近年來，資訊科技的日新月異以及全球化的浪潮也日益興盛。

世界各國的原住民族群運動如雨後春筍般蓬勃發展，對於全球化所隱含的一致性危機也開始有了反思，對於少數族群的文化、語言甚至認同感有了更高的關注。全球化的目的不應該是建立單一強勢文化的帝國，而應該是在不同文化交流下，形成一個富含多元族群、文化的「全球環境」，該環境應該是集獨特性與多元性為一體。因此在教育上，應該視全球化的危機為一新的轉機，透過這股席捲全球力量來厚植原住民族教育的根基，以及學生的自我認同。全球化與本土化必須相輔相成，對外吸取資訊並學習國際間的教育政策，對內強化自我意識的養成及文化傳承。

二、少子化

目前各先進國家皆面臨生育率降低的少子女化現象，以主要國家，英國、美國、法國、德國及日本人口總增加率觀之，除日本負成長最為嚴重之外，我國低生育率的情形亦僅次於日本，如表1所示。

由表1可知，與各主要國家人口總增加率相較，除了日本呈現負成長之外，我國亦面臨少子化的浪潮，從100學年至104學年大專院校新生註冊率（如表2）觀之，招生缺額居高不下，雖然100學年的招生缺額（不含研究所）總計為54,645人次，至104學年招生缺額（不含研究所）總計減少至47,842人次；同時，由缺額率觀之，100學年至104學年的缺額率，最高為20.17%，最低為15.31%，然缺額率的降低可能是受到大學減招影響。

我國於2013年9月公布《教育部輔導私立大專校院改善及停辦實施原則》，並於2014年修正公布《教育部輔導私立大專校院改善及停辦

表1

主要國家人口總增加率 單位：%

國 別	2010年	2011年	2012年	2013年	2014
日 本	0.2	-2.0	-2.2	-1.7	-1.7
美 國	5.7	9.2	7.5	8.0	7.5
英 國	7.6	8.4	6.6	6.3	7.7
德 國	-0.6	-17.4	2.4	3.0	5.3
法 國	5.0	4.7	4.4	7.6	4.6
中華民國	1.8	2.7	3.9	2.5	2.6

資料來源：整理自內政部統計處（2016）。

實施原則》，命其限期改善或停辦，並進行專案輔導，包括：(一)全校學生數未達3,000人，且最近2年新生註冊率均未達60%。但宗教研修學院、新設立未滿五年之學校，不在此限；(二)最近一次技專校務評鑑四等或大學校務評鑑3分之2以上項目未通過，或系所評鑑3分之2以上系所未通過（三等以下）；(三)學校積欠教職員工薪資累計達3個月以上或未經協議任意減薪；(四)學校最近連續2學年申請自願退休及資遣教師總人數超過該學年專任教師總人數之10%；或單一學年申請自願退休及資遣教師總人數超過該學年專任教師總人數之20%，且資遣人數占資遣及自願退休人數總和之50%以上；(五)依財務預測2年內將發生入不敷出或資金缺口達財務調度困難情形（行政院公報資訊網，2015年4月20日）。2014年2月14日，位於臺灣屏東縣長治鄉的高鳳數位內容學院，由於學生數僅剩不到660人，教職員僅有70多人，負債高達3億元，並積欠教師3千多萬元薪水，成為少子化衝擊退場之首例。同一年的8月7日，永達技術學院亦正式宣布停辦。面對少子化的浪潮，許多學校紛紛與企業合作或以合併方式轉型，以避開退場的危機，如興國管理學院（現為中信金融管理學院）在103學年度註冊率僅17.43%，2015年2月更因師資不足，而遭教育部勒令停招，並要求學生轉學，在中信金控接手後，更名為中信金融管理學院並重組為3個系，同年4月教育部同意復招。另一方面，立德管理學院則在2011年時進行董事會

表2
我國100學年至104學年大專院校新生註冊率

		100學年	101學年	102學年	103學年		104學年	
		總計(不含研究所)	總計(不含研究所)	總計(不含研究所)	總計(含研究所)	總計(不含研究所)	總計(含研究所)	總計(不含研究所)
核定招生名額(人)	總計	328,358	327,474	324,171	403,075	319,428	395,873	312,924
	公立	69,027	69,376	68,762	124,206	70,565	123,779	70,605
	私立	259,331	258,098	255,409	278,869	248,863	272,094	242,319
新生實際註冊人數(人)	總計	273,713	272,288	258,771	332,544	264,554	332,302	264,720
	公立	65,320	65,470	64,482	111,678	66,351	112,077	66,769
	私立	208,393	206,818	194,289	220,866	198,203	220,225	197,951
新生註冊率(%)	總計	83.36	83.15	79.83	82.74	82.89	84.20	84.69
	公立	94.63	94.37	93.78	90.54	94.12	91.09	94.67
	私立	80.36	80.13	76.07	79.29	79.70	81.07	81.79
招生缺額(人)	總計	54,645	55,186	65,400	69,362	54,616	62,366	47,842
	公立	3,707	3,906	4,280	11,665	4,143	10,957	3,761
	私立	50,938	51,280	61,120	57,697	50,473	51,409	44,081
缺額率(%)	總計	16.64	16.85	20.17	17.26	17.11	15.80	15.31
	公立	5.37	5.63	6.22	9.46	5.88	8.91	5.33
	私立	19.64	19.87	23.93	20.71	20.30	18.93	18.21

資料來源：整理自教育部統計處（2015）。

註：1.本表大專校院（不含宗教研修學院）新生註冊率統計範圍包含日間及進修學制，自103年起增納研究所。2.核定招生名額(A)：不含各類外加名額人數。新生實際註冊人數(B)：不含各類外加名額人數及退學者，自103學年起扣除新生保留入學人數。3.新生註冊率公式：102學年以前公式：新生實際註冊人數B/(A-新生保留入學人數)，其中104學年新生保留入學人數共1,205人，若不含研究所則為362人。招生缺額公式：102學年以前為A-B，103學年起為A-B-新生保留入學人數。

改選，並改名爲康寧大學，推動與臺北的康寧醫護暨管理專科學校合併；並於2015年8月1日時正式合併，總學生人數亦到達5000以上，這也是臺灣第一起私校合併案例（林倖妃，2014；維基百科，2014年3月12日）。

　　面對難以抵擋的退場趨勢，前教育部長吳思華在104年1月向立法院報告時，彙整出4大策略，包括「高階人才躍升」、「退場學校輔導」、「學校典範重塑」及「大學合作合併」。希望大專化被動爲主動，透過創新進行學校轉型（陳至中、許秩維，2016年1月3日）。去（2016）年度總統候選人也紛紛對大學退場政策提出相關的政見，總統當選人蔡英文認爲應該要配合國家發展與區域發展的策略，推動大學的轉型跟整併，設立專法、成立專案辦公室與基金，妥善處理大學退場相關問題（蔡英文教育政策發表記者會致詞全文，2015年12月4日）。

　　此外，少子化的衝擊也漸漸影響了原住民族教育的發展。舉凡原住民族教育公費生數目的減少、原鄉人口流失、等因素夾擊之下，原住民族教育環境的缺口與危機皆已經日漸浮現。過去許多原住民族菁英，或是原鄉地區學校之校長或主任，都是早年接受公費培育制度，而後至各師範學院接受師資培育課程訓練，目前是原鄉地區的教育先鋒。這些人認爲公費制度在他們身上賦予了神聖的任務，因此在族群文化的推動與傳承上，他們不遺餘力。但近年來，政府基於諸多因素縮減原住民公費師資生的名額，使得許多優秀原住民族學生在學校就斷了受教育的機會，間接造成社會人才積累的問題，亦無法在「積極性差別待遇」的原則下發揮原住民族學生最大的原鄉影響力，部落的教育推動就逐漸出現了斷層。而人口流失問題具體反映在學生人數上，由於學生人數逐年減少，臺灣於1987年開始頒布了關於併校的規定「小型學校合併處理原則」，該原則規定人數少於50人的學校需要面臨被整併。原住民族學生有一半的人數在偏鄉，然而都市的學校數量又比偏鄉學校多，因此併校對於偏鄉學校造成的問題遠勝都市學校。若以人數爲衡量是否併校的指標，這對於偏鄉的學生來說是不公平的，因爲難以確保偏鄉的原住民學生是否在就學過程中與在都市學生受到同樣的教學品質。這在很大程度上決定了原住民就學過程的公平性。

三、人才流動

　　「全球繁榮指數」（Prosperity Index）（Legatum Institute, 2015）將教育與經濟、創業與機會、政府治理、教育、健康、安全、個人自由及社會資本等重要指標並列評分，藉以重新定義各國繁榮指數。人才培育爲提升國際競爭力與永續發展的關鍵因素，透過人才培育可以將人力轉化爲具備專業技術與能力之人才，成爲個人發展、社會進步、經濟富庶、國家永續的基礎。世界先進國家莫不以人才培育作爲國家長期發展的政策重點。

　　Becker（1964）人力資本理論所強調的「教育擴充可以提高個人與國家整體的經濟效益」，透過學校教育、在職訓練等方式來提供個人專業知識，使得生產力提高。Blaug（1976）亦認爲人力資本投資，不僅僅是消費，也是一種投資。人們以各種方式對自己本身的花費，其目的不是爲了當前的享受，而是爲了未來得到金錢及非金錢的報酬，這是因爲教育可以提升個人能力。Schultz（1971）認爲透過對教育的投資，可以提高個人的生產力，藉由知識與技能的傳遞使工作更有效率，因此，受過較高教育者，在勞力市場上更有價值。因此，當「人盡其才」，才能締造更高的效能，對國家經濟發展帶來正向作用。

　　OECD在2007年的相關報告中指出，OECD會員國中，博士的平均畢業率僅只1.4%。然而，Auriol（2010）指出近年博士畢業生有激增的趨勢，2006年OECD會員國共產出200,000名新科博士，相較於1998年間的產出（140,000名博士），博士畢業生的產出成長率高達40%。此外，牛津經濟研究機構（Oxford Economics）亦於2013年針對46個國家的人才進行評比，在其出版品 *Global Talent 2021* 中，人才缺口比例最高的國家，臺灣位居所有調查國家之最，爲負的1.5。顯示我國人才外流排名爲世界第一，並且專業人才外移佔外移人口的61.1%，意即「每10個外流人才中，就有6個人是專業人才」（Towers Watson, 2013）。無獨有偶，我國在IMD世界人才報告的各指標，表現最差的項目爲「人才外流」（brain drain），2016年在統計的60個國家之中排名第45名（International Institute for Management Development, 2016）。人才外流係指其有專業知識及技術的人力移民或流向國外的情形，人才若大量移向國外，對本國人才需求可能會產生不利的逆差；人才外流的因素包括先進國家有高度的生活水準、流出國高級知識分子的失業、目的國有較佳的研究環境，歐美先進國家如英國、加拿大等也有會人才外流的情形（蓋浙生，2000）。

「一國因得人才而喜，另一國則因損失人才而憂」，可謂當今各國在人才競爭下的最佳寫照。當留學國因得他國留學生留用國內，此舉可能即使其母國損失珍貴的人力資本（Haupt, Krieger, and Lange, 2014）。對開發中國家而言，失去原本已相當稀少的高技術人力資源，對其經濟發展是一項難以估價的損失，同時也加深貧窮國家與富裕國家之間的差距。而以知識為主的高科技國家，如美國，往往藉由擴大吸引國外專業人才以滿足其本身技術人力短缺問題，以促進其以創新為主的經濟體系發展（劉玉蘭，2008）。除了一般跨國企業的海外徵才之外，另一項引進國外人才的有效途徑便是開拓外國學生留學管道。各國的高學歷移民常與他們的留學背景相符，留學生的國際流動會影響其後續的移民決定，年輕人留學國外，有可能決定畢業後要移民留學國，或在畢業後暫時回到母國或第三國工作一陣子後，決定回到留學國工作。而這樣的例子可能會帶動後續他的家人隨之移民，或是因其工作與母國的連動關係，而為留學國帶來更多技術移民（Docquier, Lowell, & Marfouk, 2008）。

參　留學教育理論基礎

由於留學教育涉及到國際間移動，倘若無理論的支持與對話，分析可謂是不完整的。周祝瑛（2011）將留學教育中的公費留學理論分為菁英理論、文化學習理論、推拉理論，與世界系統理論，以及全球化與高等教育。若論及留學教育中之公費留學政策，不得不提及國際比較教育之理論基礎，由於全球化之故，導致國家與國家之間關係更加密切，往往牽一髮而動全身。「蝴蝶效應」一詞雖然常被用於渾沌理論，然而現今卻更常使用於國際關係中，如美國2007年次級房貸問題，除了加速美國經濟泡沫化之外，亦引起全球的金融海嘯（Financial

Crisis）。因此，以下將針對國際交流的理論基礎進行探究。

一、世界系統理論

全球化可謂始於當代世界政治經濟學。自西元15世紀之後，世界經濟體系便逐漸被歐洲以貿易、市場、物資和利潤為基礎的特殊資本經濟體系所宰制（Fernand, 1984）。近代政治經濟史強調，自西元16世紀起，「資本主義體系」逐漸由歐洲擴張到全球各地，進而將多個不同個別獨立的世界體系（World-systems），整合成一個單一的世界體系（A World System）（Wallerstein, 2003: 292-296; 1974）。歐美等國家更在工業化革命之後，帶來跨世紀的影響，打開了亞、非、拉落後國家的大門，把全世界納入了資本主義的商業經濟體系中，成為近代世界經濟的贏家（David L., 1998）。

全球化是一種高度異質化的現象，涉及到政治、軍事、經濟、文化、移民、環保等不同領域，藉由資本主義的世界性擴張，透過跨國性的經濟和工業組織建立跨國企業，對全球提供及推銷特有的商品、服務以及消費模式。這些跨國公司所關注的主要是商業利益，而非人類社會的福祉。目前各國市場的開放自由化和政府權力的鬆綁、放權也是全球化過程中的一項特色（Wallerstein, 1974）。換言之，全球化可視為是一種以西方為主體的新世界資本主義體系模式。

二、依賴理論

依賴理論衍生自經濟領域，用於解釋教育上是否恰當，各方說法莫衷一是，但在比較教育的研究上，依賴理論仍多被採用。依賴理論關注的重點在於未開發國家或開發中國家，這些國家對於已開發國家的依賴，反而會阻礙國家的發展與進步。Altbach採用核心──邊陲框架來解釋國際教育關係，認為世界教育體系反映了世界兩極的經濟系統─核心富裕國家領先的研究型大學（殖民主義／霸權中心學校），以及研究機構發較少發達的國家。在全球化的浪潮之下，對國際間高等教育的互動更為流通，但對許多發展中的國家而言，則有些不利的影響，因為全球化強化了許多固有的不平等，亦產生了一些新的阻礙。西方的傳統大

學擁有主導的地位，世界思潮是以西方科學思想為主，高等教育的語言亦是西方的英語，故高等教育主流保持了西方思想的社會和心理狀態，富裕國家領先的研究型大學（殖民主義／霸權中心學校）對於知識傳播、組織模式和方向，都具有資源分配的優勢（Altbach, 1998）。

依賴理論主要包含三個核心的概念：中央－邊陲（Center-periph-ery）、霸權（Hegemony）、再製（Reproduction）。其內涵主張，教育制度是國家內統治階級利用學校來複製價值體系與階級制度以維持其霸權的工具，在此框架之下，知識的傳遞是選擇性的被灌輸給學生。而從國與國之間的宏觀角度來看，則可以發現邊陲國家被迫或被引誘模仿核心國家的知識建構過程，卻不見得能夠符合其需要及文化脈絡。在許多針對第三世界國家進行的研究及例子中可以發現，除了普遍經濟、物資上的依賴之外，在教育方面則是依賴其宗主國的知識傳遞、意識形態傳輸及高階人才的輸入（Altbach, 1981; Barrington, 1976; Berman, 1980; Irizarry, 1980; Kelly, 1982; Mazrui）。

教育並非全球化，而是教育體系的部分國際化，這點可以從各國的民族性國家教育體系越來越相似得到驗證。但並不代表教育體系影響力的下降，一如既往的，這些教育體系仍然透過各種形式，為了達成國家目的而不斷的默默運作著。而國際化不僅促進了學生的流動，也促成了各國政策間的借鑑。教育政策的傳遞跟擴散程度說明了教育國際化的動力強弱（Green, 1997）。

除了國家與國家之間的核心－邊陲框架之外，在同一個國家之中，亦有核心與邊陲之分。臺灣的原住民族居於結構性劣勢，被視為學習較不利的族群，提升我國原住民族接受高等教育的比率，並放眼國際視野，乃我國政府一直以來致力耕耘之重點項目。

肆 我國原住民族高教赴國外留學現況與趨勢

一、我國原住民族高教就學近況

高等教育被視為國家培育重要相關人才的重要階段，當產業已經升級到知識經濟的層面，教育品質等同於是衡量國家競爭力的關鍵指

標。因此，教育政策的推行首重提升高等教育的質與量。提升原住民族的教育程度，一直是各方長久以來關注的焦點，教育部門從相關法令訂定、提高預算規模及改進升學優待辦法等方面，積極推動原住民族教育之改善措施（教育部統計處，2014）。《原住民族教育法》以及《原住民族基本法》分別於1998年及2005年頒布施行，政府相關部門在推動原住民族教育時始能於法有據，其中《原住民族教育法》第16條：「高級中等以上學校，應保障原住民學生入學及就學機會，必要時，得採額外保障辦理……；公費留學並應提供名額，保障培育原住民之人才……。」以及《原住民族基本法》第10條：「政府應保存與維護原住民族文化，並輔導文化產業及培育專業人才。」等法條內容可見我國政府在原住民族教育政策的推行上尤為積極，透過提高原住民族接受高等教育的比例，希冀培育優質人才，扎根原住民族教育的基礎，以厚植族群發展之潛力。

原住民族群文化的茁壯及延續，需仰賴原住民族本身人才之培育，政府應認可原住民族建立自身教育制度與設施的權利，並提供適當的資源與協助以達到此目的，故於民國87年訂定原住民族教育法。當時就讀大專以上的原住民族學生數僅有5,906人，且主要集中在專科學校，而其中就讀碩士班的原住民學生更只有18名（教育部統計處，2014），原住民族學生接受高等教育的比例非常稀少。隨著原住民族政策發展方針開始聚焦在高等教育人才的培育，使得接受高等教育的原住民族學生在過去5年來比例逐年上升。從表3可知，自民國2012年起，原住民族接受高等教育的學生人數，無論在大專階段、碩士班階段乃至於博士班階段，都有逐年增加的趨勢。民國105年，大專階段的原住民族學生人數更是已達25,974人，而碩士班及博士班學生也分別有1,409人和99人。顯見在政府政策積極推動下，原住民族高等教育人才在量的提升上是有目共睹。

表3

2012至2016年大專院校以上原住民族學生人數一覽單位：人

年代	大專	碩士	博士	總計
2012年	21,158	987	72	22,217
2013年	23,038	1,113	79	24,230
2014年	24,000	1,236	87	25,323
2015年	24,021	1,316	99	25,436
2016年	24,466	1,409	99	25,974

資料來源：整理自教育部統計處（2017）。原住民學生概況表。

　　根據原住民族委員會（2015）於103學年度所做的原住民族教育調查統計報告進行了解，以下分別說明之：

1. 103學年度原住民學生高等教育階段就學比率較102學年度微幅成長，其中以碩士階段之原住民族學生就學比率成長最多

　　103學年度原住族民學生在高等教育階段的就學比率狀況為大專學制有24,021人，占該學制全體就學人數2.11%；碩士班學制有1,316人，占該學制全體就學人數0.76%；於博士班學制有99人，占該學制全體就學人數0.32%。與102學年度相較，就學人數所占率有微幅成長，其中，又以碩士原住民就學人數比率增加最多。

2. 103學年度各級原住民學生高等教育階段粗在學率與前學年度相比下降

　　在原住民學生粗在學率方面，分別為高等教育50.53%，與前學年度相比為下降的情形；再由103當學年度的其他各教育階段相比：國小100.07%、國中98.13%、高級中等教育95.81%，到了高等教育階段，粗在學率有明顯下滑趨勢。

3. 103學年度大專原住民學生就讀前五名科系為民生學門、醫藥衛生學門、商業及管理學門、工程學門與人文學門

　　103學年度大專校院原住民族學生，在各科系類別就讀比率前五名者分別為：民生學門（20.74%）、醫藥衛生學門（16.10%）、商業及管理學門（12.59%）、工程學門（8.52%）、人文學門（7.84%），此

五學門的人數共占所有大專校院原住民學生人數65.78%。

二、我國原住民族赴國外留學現況與趨勢

原住民族學生赴國外留學之經費來源，主要有3種：自費留學、民間獎學金、公費留學。我國內政部於1991年首度舉辦之「山胞」留學考試，為我國原住民族公費留學制度之濫觴；在此之前，已有原住民先進以自費或民間獎學金方式赴國外留學，雖因缺乏完整統計數據而無法盡數，但以原住民社會當時普遍之條件觀之，早年能以自費或取得民間獎學金赴國外者亦屬難能可貴。1996年行政院原住民族委員會成立，教育部公費留學考試設立原住民名額，此一名額逐年增加，其間曾經由教育部、原民會分別編列預算與錄取名額，並各自負責其錄取之留學生簽約與國外聯繫事宜，但自2004之後，則由原民會統一編列預算。2005年之後才由教育部統一負責試務、錄取之留學生簽約與國外聯繫；至2010年，每年原住民公費留學錄取名額已達10名。公費留學提供全額的學費，並另外提供往返留學之機票、留學期間3年之生活費。因此，該管道已成為原住民族學子爭取國外留學機會之重要途徑。

在具體政策的規劃方面，1999至2004年之間，原民會曾經就其提供經費預算之留學名額，指定特定之留學國與學門；至於由教育部提供預算之留學名額，則和一般考生相同，允許申請者在教育部所開出留學國與學門項目中自由選擇。而自2005年開始，原住民族學生參加教育部公費留學考試，在學門選擇方面即全面比照一般考生。如此一來，雖在試務上更為統一，但卻難以突顯原住民族社會發展的特殊需求。根據教育部及原民會所提供的資料，1996至2008年間，公費留學生選修科系以經濟、社會、心理學類、人文學類、大眾傳播學類最多。自費留學生選擇人文學類、藝術學類的亦不在少數，但是選擇教育學類、商業管理學類的人數及比例，皆大幅超過公費留學生。

儘管當前我國原住民族赴國外留學政策仍屬財務支援為主，以原住民族為主體之社會發展需求導向的規劃和設計，但10餘年下來，原住民族的赴國外留學政策，仍為原住民社會增加了許多新的經驗和視野。目前學成歸國的原住民族留學生，不乏將自己的人生事業和原住民

社會的發展緊密相連結者，有人在公部門服務，有人將學界作為社會改革的另一個戰場，有人在藝術表演的場域中持續試圖讓原住民族的文化、傳統特質在主流文化中發光發熱。無論是教育、法學、人類學、電機、電影、音樂、生物科技等等，他們在學術殿堂中的專業學習、對國際組織與原住民相關活動的涉入參與，都將為臺灣原住民族社會的發展挹注新的動力，而他們的國外求學歷程，也是有心留學的原住民學子們參考、效法的對象。

　　我國教育部統計我國學生留學國家簽證人數，認為國際交流範圍及留學生流動方向正不斷擴大及改變中，不再侷限於美國，不同國家的相互了解與合作益顯得重要（教育部國際文教處，2008）。然而，觀諸我國近10年公費留考錄取主要國家，96-105年我國公費留考錄取人數在全球上的分布，主要國家以美國622人最多，占所有人數的56.3%；其次，英國274人，占24.8%；日本40人、德國38人，及澳洲28人，雖分居3至5位，但明顯較前二者為低。且原住民身份者之分布，亦與全體雷同（如表4所示）（教育部統計處，2017）。而從我國高等教育等措施以及通識教育課程的規定等決策，皆可反映出我國高等教育深受西方國家的影響（陳舜芬，1993）。

　　原住民公費留學考試業務自2006年迄今移至教育部統籌辦理後，錄取名額增為8名，之後公告錄取名額最多增至12名。開辦至今，留學國家主要仍以赴美、英兩國為主。如2016年全國公費留學考試錄取人員中，具原住民身分者共計11名（詳表5），占全部公費留考名額的11.9%。

表4

96-105年公費留考錄取主要國家 單位：人；%

洲別／國家	全體公費留考學生		原住民公費留考學生	
	人數	結構比	人數	結構比
總計	1,104	100	111	100
美洲				
美國	636	57.6	51	45.9
加拿大	12	1.1	4	3.6
歐洲	382	34.6	45	40.5
英國	274	24.8	37	33.3
德國	38	3.4	3	2.7
法國	24	2.2	1	0.9
荷蘭	24	2.2	2	1.8
亞洲	53	4.8	8	7.2
日本	40	3.6	6	5.4
新加坡	5	0.5	2	1.8
大洋洲	30	2.7	7	6.3
澳大利亞	28	2.5	5	4.5
紐西蘭	2	0.2	2	1.8
非洲	3	0.3	0	0
埃及	3	0.3	0	0

資料來源：教育部統計處（2017）。

表5

我國歷年原住民族公費留學生各錄取國家人數一覽表　　　　單位：人

年代	總計	美國	英國	芬蘭	荷蘭	日本	新加坡	加拿大	紐西蘭	澳大利亞
2012年	11	5	4			2				
2013年	10	2	6		1					1
2014年	10	4	3		1		1	1		
2015年	12	3	6			1				2
2016年	11	7			1		1		1	1

資料來源：整理自教育部統計處（2016）。原住民教育概況分析。

　　若依留學生選修之學門領域別進行觀察，可以發現選修之學門頗為廣泛、多元。以2016年為例，主要以「社會及行為科學學門」有4名，為各領域之最；「藝術學門」則以2名居次；其他學門如教育、人文、傳播、法律、建築及都市規劃及民生學門皆有1名學生。反觀在自然科學、數學及統計、電算機、工程、農業科學、獸醫、運輸服務、軍警國防安全等學門，已經連續5年無人錄取。顯見在上述領域中尚缺乏原住民族人才（詳表6），若未能視之為警訊而加以處理，則未來恐將釀成原住民族在上述領域中的人才斷層。

表6

我國歷年原住民族公費留學生各錄取學門人數一覽表　　　　單位：人

	2012年	2013年	2014年	2015年	2016年
教育學門	1	1	0	0	1
藝術學門	2	2	2	1	2
人文學門	0	0	0	1	1
設計學門	1	0	1	1	0
社會及行為科學學門	5	1	1	2	4
傳播學門	0	0	0	1	0
商業及管理學門	0	0	0	2	0

	2012年	2013年	2014年	2015年	2016年
法律學門	0	0	1	1	1
生命科學學門	0	2	0	0	0
自然科學學門	0	0	0	0	0
數學及統計學門	0	0	0	0	0
電算機學門	0	0	0	0	0
工程學門	0	0	0	0	0
建築及都市規劃學門	1	1	1	0	1
農業科學學門	0	0	0	0	0
獸醫學門	0	0	0	0	0
醫藥衛生學門	1	0	0	0	0
社會服務學門	0	1	1	0	0
民生學門	0	3	2	1	1
運輸服務學門	0	0	0	0	0
環境保護學門	0	1	0	0	0
軍警國防學門	0	0	0	0	0
其他學門	0	0	0	0	0

資料來源：整理自教育部統計處（2016）。原住民教育概況分析。

伍 結論與建議

　　教育始終是一成功國家背後最大的功臣，亦在人才培育的過程中提供不可忽視的重要功能與價值。過去的亞洲四小龍，都是天然資源貧瘠、仰賴進口大於出口的國家，為何在二次世界大戰後的短短四、五十年間，能有如此出色的成長？答案或許就來自於對教育的重視與耕耘。綜觀臺灣原住民族社會，長期致力於重塑並強化原住民族新形象及認同，冀望提昇整體族群的競爭力。那麼毫無疑問地，紮實的教育基礎、健全的教育制度以及受過良好教育的人才，將會是原住民族走向競爭力社會的絕佳利器。赴國外留學的生活中，除了專業職能的學習與國

際事務的參與外，跟在地文化的互動交流，也是重要而寶貴的一種經驗，更是國民外交、學術外交的最佳體現。

　　弱勢扶助，使其獲得公平且均等的教育，一直是國家不可忽視的責任。原住民族在我國屬於社會結構底層的群體之一，近年來如升學優待、就學優待、增進學習措施及相關獎勵政策的庇蔭下，尤其在高等教育方面始見成效，在量的成長上是有目共睹。然而，高等教育原住民人才培育的內涵究竟該為何？如何能更符合族群的發展脈絡性、特殊性及其關聯性，實有待吾人進一步檢視與省思。政府施政上若能夠進一步透過規範，如外加名額、保障名額等方式，適度引導原住民族進入相關適性學習之科系，以及族群所需人才之相關學科領域。如同現行針對原住民語言文化政策的方式，透過採取學生必須通過文化及語言能力證明，方可獲得升學加分優待的鼓勵方式，引導原住民族群在享有政策優待的情況下，也能肩負族群發展、發揚之義務，建立族群文化脈絡之連結。另一方面，相信也可以擺脫過去加分、優待的汙名化標籤。希冀原住民族在教育政策上的發展及成效，能夠從「量的變化」進一步轉換為「質的變化」。

　　在我國原住民族國外留學現況，根據教育部統計，自94年起開辦我國原住民公費留學業務，主要以赴美、英兩國為主。近5年依研究類別觀察，選修之學門則較為廣泛分散，其中以「藝術學門」及「社會及行為科學學門」較多，其他學門如教育、商管及法律學門皆有原住民公費留學生。多樣化的選讀種類，說明我國原住民族其實不乏有各式各樣的人才，但是否反映了原住民族社會或是學住民族學生當前的需求，則有待商權。過去，政府設置的公費留學制度，其核心目標是因應時下人才需求及考量中、長程人才規劃而設。例如：為了我國原住民族之衛生保健及紓解原鄉醫療人才緊縮，而實施的公費醫師養成計畫；以及為了提高原住民族整體教育程度及充實原住民族師資能量，而有的師範生的長期培育計畫。待這些受惠的優秀學子畢業、學成歸國後，將回到原鄉持續服務，為族人貢獻一己之力，以其豐富的經歷及所見、所學造福鄉里。然而，如今的公費留學制度已經沒有類似的配套措施。

　　回顧我國原住民族赴國外留學政策，茲謹提下列拙見以供我國在原

住民族高等教育政策方向之省思：

一、原住民族公費留學政策應廣開名額並配合當前政策、人才需求，彈
　　性調整各領域之名額，讓各領域人才均衡發展且眞正能夠貫徹以原
　　住民族爲主體的政策導向基礎。

二、公費留學考試原住民錄取增設備取，以應未來正取生若因故無法出
　　國時遞補，避免浪費資源。

三、政府應建立原住民族留學生人才資料庫，協助學成歸國後的輔導就
　　業，俾一展長才，蔚爲國用。

參考文獻

(一) 中文部分

內政部統計處（2016）。**內政國際指標**。取自http://sowf.moi.gov.tw/stat/national/list.
　　htm

行政院公報資訊網（2015年4月20日）。**教育部輔導私立大專校院改善及停辦實
　　施原則修正規定**。取自http://gazette.nat.gov.tw/EG_FileManager/eguploadpub/
　　eg021069/ch05/type2/gov40/num11/Eg.htm

周祝瑛、吳榕騵（2011）。亞洲鄰近國家公費留學制度之比較研究研究。行政院國家
　　科學委員會專題研究計畫成果報告（編號：NSC100-2410-H-004-151-），未出
　　版。

林倖妃（2014）。大學倒閉潮提前兩年爆發。天下雜誌，542。取自http://www.
　　cw.com.tw/article/article.action?id=5056337

洪雯柔（2009）。**批判俗民誌：比較教育方法論**。臺北市：五南。

孫治本（譯）（1999）。**全球化危機-全球化的形成、風險與機會**（原作者：Ulrich
　　Beck）。臺北市：臺灣商務。（原著出版年：1998）

徐瑛（2016）。臺灣原住民教育政策分析—以「原住民族教育法」爲例。**教育行政
　　論壇**，8(1)，81-93。

教育部國際文教處（2008）。87年至96年我國學生主要留學國家簽證人數統計表。取

自http://www.edu.tw/files/site_content/B0003/1998_2007visa.pdf。

教育部統計處（2014）。原住民學生概況表（87-105學年度）。取自http://depart.
　　moe.edu.tw/ed4500/cp.aspx?n=1B58E0B736635285&s=D04C74553DB60CAD

教育部統計處（2016）。近年公費留考錄取人數概況分析。**教育簡訊**，76，取自
　　http://stats.moe.gov.tw/files/brief/%E8%BF%91%E5%B9%B4%E5%85%AC%E8%
　　B2%BB%E7%95%99%E8%80%83%E9%8C%84%E5%8F%96%E4%BA%BA%E6
　　%95%B8%E6%A6%82%E6%B3%81%E5%88%86%E6%9E%90.pdf

許雅玲（2016）。**104學年原住民學生概況分析**。取自http://stats.moe.gov.tw/files/
　　analysis/104native.pdf

陳至中、許秩維（2016年1月3日）。轉型或退場少子化大學殊死戰。**中央通訊社**。
　　取自http://www.cna.com.tw/news/firstnews/201601030101-1.aspx

陳舜芬（1993）。高等教育研究論文集。臺北市：師大書苑。

維基百科（2014年3月12日）。**臺灣大專院校退場**。取自https://zh.wikipedia.org/wiki/
　　%E8%87%BA%E7%81%A3%E5%A4%A7%E5%B0%88%E9%99%A2%E6%A0%
　　A1%E9%80%80%E5%A0%B4

臺中教育大學教師教育電子報（2013年6月21日）。關懷偏鄉教育系列(三)──原鄉
　　原住民師資短缺與師資培育文化課程問題。**臺中教育大學教師教育電子報**，取
　　自http://home.ntcu.edu.tw/~TEC/e_paper/e_paper_c.php?SID=84

蓋浙生（2000）。人才外流。載於國立編譯館（主編），教育大辭書。取自http://
　　terms.naer.edu.tw/detail/1301570/

劉玉蘭（2008）。**我國公費留學政策執行成效之研究**（未出版之碩士論文）。國立
　　臺灣大學：臺北市。

蔡英文教育政策發表記者會致詞全文（2015年12月4日）。取自http://iing.tw/
　　posts/357

(二) 英文部分

Altbach, P. G. (1981). The university as center and periphery. *Teachers College Record*,
　　82(4), 601-621.

Altbach, Philip G. (1998). '*The university as center and periphery*'. In P. G. Altbach, comparative higher education: knowledge, the university and development. Hong Kong: University of H.K. .

Auriol, L. (2010). Careers of doctorate holders: employment and mobility patterns. Paris: OECD, *Science, technology and industry working paper series*, no. 2010/4.

Barrington, J. M. (1976). Cultural adaptation and maori educational policy: The African connection. Comparative *Education Review, 20*(1), pp.1-10.

Becker, G. S. (1964). *Human capital*. New York: National Bureau of Economic Research.

Berman, E. H. (1980). The foundations' role in American foreign policy: the case of Africa, post 1945, in Arnove, R. F. (ed.) *Philanthropy and Cultural Imperialism: The Foundations at Home and Abroad*. Boston: G.K.Hall.

Blaug, M. (1976). The empirical status of human capital theory: A slighty jaundiced survey. *Journal of Economic Literature, 143*, 827-855.

David L. (1998). *The wealth and poverty of nations* (pp. 200-205; 512-524). London: Abacus.

Docquier, F., Lowell, L., & Marfouk, A. (2008). *A gendered assessment of the brain drain*. Policy research working paper 4613. World Bank.

Fernand B. (1984). *Civilisation and capitalism 15th-18th century*. (Vol. III, The Perspective of the World) (Translated Edition by Siân Reynolds). London: Collins.

Green, Andy (1997). *Education, globalization, and the nation state*. New York: St. Martin's Press.

Haupt, A., Krieger, T., & Lange, T. (2014). Education policy, student migration, and brain gain. In M. Gerard & S. Uebelmesser (Eds.). *The mobility of students and the highly skilled* (pp. 287-320). London: MIT Press.

Immanuel Wallerstein (1974).*The modern world-system (*pp. 347-57). New York: Academic Press.

International Institute for Management Development. (2016). *IMD world talent report 2016*. Retrieved from http://www.imd.org/uupload/IMD.WebSite/Wcc/NewTalentReport/Talent_2016_web.pdf

Irizarry, R. L. (1980). Overeducation and unemployment in the third world: The Paradoxes of Dependent Industrialization. *Comparative Education Review*, *24*(3), 338-352.

John S. G. (2015). Globalization: An age old process. *International Journal of Art & Humanity Science*, *2*(2), 1-7.

Kelly, G. P. (1982). Teachers and the transmission of state knowledge: A case study of colonial vietnam: in Altbach, P. et al. (eds). *Comparative Education*, New York: Macmillan.

Legatum Institute. (2015). *Legatum prosperity index report 2014*. Retrieved from http://www.li.com/docs/default-source/publications/2014-legatum-rosperity- index.pdf

Masemann, V. (1990a). Ways of knowing: Implication for comparative education. *Comparative Education Review*, *34*(4), 465-473.

Mazrui A. A. (1975).The African university as a multinational corporation: problems of penetration and dependency. *Harvard Educational Review*, *45*, 191-210.

Meyer, John W., & Ramirez, Francisco O. (2000). The world institutionalization of education. In Jurgen Schriewer (ed.), *Discourse Formation in Comparative Education* (pp. 111-132). Frankfurt am Main: Peter Lang.

OECD (2007). *Cross-border tertiary education: A way towards capacity development*. Retrieved from http://siteresources.worldbank.org/EDUCATION/Resources/cross_border_tertiary_education_Eng.pdf

Rust, V. (1991). Postmodernism and its comparative education implications. *Comparative Education Review*, *35*(4), 610-626.

Schultz, T. W. (1971). *Investment in human capita: The role of education and of research*. New York: The Free Press.

Smith, L. T. (1999). *Decolonizing methodologies: Research and indigenous peoples*. New York: Zed Books Ltd.

Towers Watson (2013). *Global talent 2021*. Retrieved fromhttps://www.towerswatson.com/en/Insights/IC-Types/Survey-Research-Results/2012/07/Global-Talent-2021

Ulrich Beck (1998). *Was ist globalisierung? : Irrtümer des globalismus, antworten auf globalisierung*. Frankfurt am Main: Suhrkamp.

Wallerstein, I. (1974). *The modern world-system: Capitalist agriculture and the origins of the european world-economy in the sixteenth century.* New York: Academic Press.

Wallerstein, I. (2003). World system versus world-systems. In *The world system: five hun-dred years or five thousand?* (pp. 292-296.) edited by Andre Gunder Frank and Barry K. Gills. London: Routledge.

問題與討論

一、請說明「知識經濟」對於現代教育的影響或衝擊為何？

二、試說明「全球化」、「少子化」對於臺灣原住民族教育，在現階段及
　　未來的可能影響。

三、從世界體系理論的角度來看國際間人才流動的現象時，其利弊為何？

四、臺灣原住民族學生在申請海外留學的過程中可能遇到的困境為何？試
　　從制度面進行說明。

五、請說明未來原住民族學生在海外留學政策上的可能發展方向。

第二篇
學校經營篇

第八章

教師領導的內涵與實踐

楊振昇

壹 前言

　　教師素質的良窳與教育品質息息相關。楊深坑（2000）曾指出，教師的專業知能必須不斷提升，才能確保優良的教育品質；換言之，教師教學品質的提升乃是重塑教師價值與職業尊嚴的關鍵前提（楊振昇，2014）。由此可見，教師素質提升的重要性不言可喻。

　　在日本方面，日本著名學者佐藤學曾剴切指出，現代教師應扮演「反思型實踐家」，兼具專業知識與實踐智慧。他進一步指出，師資培育改革不力或失敗的國家，不會有未來。佐藤學認為在日本，師資培育並沒有納入國家政策，也沒有引起學術界、政界、財經界、教師和一般市民的關心，以致日本教師的學歷水準已降為世界最低的程度，作為專家的教師自主性及地位也是世界最低；加上學校功能不彰，教師生活繁忙疲憊，師資培育如果沒有改革，將嚴重影響未來50年的日本（黃郁倫譯，2017）。就美國而言，美國國家教育與經濟中心（National Center on Education and the Economy）於2007年所提出的「艱難的選擇或艱難的時代」（Tough choices or tough times）報告書中，即針對美國教育發展現況提出警訊，並特別呼籲應徹底檢視教育制度，以謀求因應之道。該報告書指出，最核心的問題是美國的教育與訓練體系，因為就讀師資培育課程者，大多是來自於高中成績表現後三分之一者，在此情況下，唯有設法招募高中畢業生的前段三分之一入大學，始能提升日後教師素質，進而提升教育品質。就臺灣而言，主管教育行政機關也持續關注提升教師素質的問題，不僅在2010年8月28-29日所召開的第八次全國教育會議中，將「師資培育與專業發展」列為中心議題之一，也高度重視「師資培育白皮書」之研訂，另亦期盼藉由「中小學教師素質提升方案」之落實，有效提升師資素質。由此可見，如何提升教師素質實為不容忽視之重要課題。

　　尤其自1980年代以來，受到教育改革行動對於教師專業化的探討，以及為了改善學校效能而重視教師素質的提升等風潮，教師領導便逐漸受到重視（樊璠，2010；Little, 2000, 2003；Sherrill, 1999），亦即當教師的職能開始進入後專業期時，校園中強而有力的教師領導

攸關學校發展（Zepeda, Mayers, & Benson, 2003）。誠如Whitaker、Whitaker和Lumpa（2000）指出，教師領導乃是學校變革或改進過程最為重要的因素，然而它常常是最少被分析討論的教育領導者之一。張德銳（2016a）更語重心長地指出，教師本身便是改革的主體，而不是被改革的對象，教師領導的學術研究與實務推廣與運用，在我國中小學可說是仍有非常長遠的路要走，可以說是亟待喚醒的沈睡巨人。基於此，本文主要係聚焦於探討教師領導的內涵與實踐，全文主要分成三大部分，首先分析教師領導的意義與發展，其次探討教師領導的內涵，最後則研提教師領導的實踐策略。

貳　教師領導的意義與發展

為進一步說明教師領導的概念，以下分別從教師領導的意義與發展加以析述：

一、教師領導的意義

就教師領導的意義而言，各家的定義不盡相同（如吳百祿，2009；吳清山、林天祐，2008；林明地、陳玉玫，2014；張世璿、丁一顧，2016；張德銳，2016b；張慶勳，2014；楊振昇，2014；蔡進雄，2016；賴志峰，2009；Barth, 2001；York-Barr & Duke, 2004），很難有一致性的定義。

例如在國內學者方面，吳百祿（2009）認為教師領導緣起於美國1980年代的教育改革運動，乃是一種促進教師專業發展的歷程，藉由結合學校行政人員、教師同僚、學生、家長的力量，引導社區以及校園文化產生積極正向的變革，以達成學校改善的最終目的。蔡進雄（2016）則強調教師領導即教師對學生、學校行政人員、同僚、家長及社區等產生積極正面影響力的一種歷程。吳清山與林天祐（2008）指出教師領導是指教師在專業社群中從事領導者角色、參與學校行政決定、激勵同僚知識的創造和分享、幫助同僚能力的增進，以及提升家長親子教育能力等方面所發揮的影響力。

其次，李安明與呂晶晶（2014）指出教師領導係指於教室內、校

內或是超越學校外，依其正式職位或以非正式的方式，透過參與學習社群、同僚對話與合作，發展領導能量與影響力，藉以提升教學品質及學生學習成效的歷程。再者張慶勳（2014）指出，教師領導強調專業、分享及賦權與能，並在精進教學品質與提升學生學習成效的過程中，全校組織成員能共同發展學校願景。而林明地與陳玉玟（2014）則將教師領導界定為教師以正式職權或非正式方式，對學生、同僚、學校、家長及社區等產生積極正面的影響力以朝向教育改善與發展的歷程。

另外，張世璿與丁一顧（2016）主張教師領導乃是教師在正式職務或是非正式職務上，運用其影響力，而在班級、學校及社群等不同層級，行使領導能力，協助其他教師以改善課程教學、促進同僚學習、親師有效互動、強化社群合作以及提升校務參與等目標的歷程。張世璿與丁一顧進一步指出，根據國外學者們的研究（Katzenmeyer & Moller, 2001; Little, 2000; Muijs & Harris, 2007; Semra, 2013; Thacker & Schargel, 2011）教師領導有別於校長領導的概念，而是一種新學校領導的典範，強調集體協作及共同領導的學習社群以重塑校園文化的領導；就國內而言，對於教師領導的看法，在2006年以前仍停留在教師教室層級的教學領導，之後才逐漸將教師領導的意涵由教室擴展至學校層級，以及學校系統內外的全面領導。這種看法與張德銳（2016a）相似。張德銳主張教師領導係指教師依其正式職位或以非正式的方式，在教室內，特別是超越教室之外，貢獻於既是學習者也是領導者的社群，影響他人一同改進教育實務，進而提升教與學的歷程。要點如下：(一)教師領導是教師發揮正向影響力的歷程；(二)教師領導可以發生在教室內，但更被期待能走出教室發揮正向的影響力；(三)教師領導可以發生在正式職位上，更可以發生在非正式職位上，不一定要有正式職位才能發揮影響力；(四)教師領導的較佳管道係以同僚輔導和專業學習社群的方式，讓教師們得以集體合作的方式互相學習、分享、解決問題；(五)教師領導只是手段，它本身並不是目的，其目的在提升教師教學與學生學習。當然，教師領導任務的達成，有賴行政人員和家長社區的通力合作，並不是教師領導者所能獨力承擔的。

在國外的學者方面，Barth（2001）指出，所有的教師都能領導，

而且教師領導的行為，在學校及教室內都具有正向的影響力；學校如果要讓所有的學生都能學習，那麼，所有的教師都必須是領導者。

其次，Harris（2003）指出教師領導概念關注於所有組織成員都具有領導的能力，且領導是一種分布或分享的形式。而York-Barr和Duke（2004）強調教師領導主要目的在於改善學校，促進教師專業與提升學生學習成就。

另外，Patterson（2003）認為教師領導係教師同儕之合作，其目的在改善教與學，不論領導者是否具備正式或非正式職位。York-Barr和Duke（2004）指出教師領導係教師個別或集體影響其同事、校長、以及其他學校成員，致力於改善教和學，其目標則在提升學生學習表現及成就。

綜上所述，可知教師領導乃基於分權領導（distributed leadership）及（empowering leadership）的理念，強調教師在專業社群中從事領導者角色、參與學校行政決定、激勵同儕知識的創造和分享、幫助同儕能力的增進，以及提升家長親子教育能力等方面所發揮的影響力；也就是教師領導者結合學校內外等相關力量或資源，透過正式與非正式的過程，對同僚、學生、學校、家長及社區等產生積極正面的影響力，以朝向教育改善與發展的歷程，進而達成促進教師專業發展與成長的目標。具體來說，教師領導主要表現在以下幾方面：

(一) 促進同僚專業發展：指教師領導者能藉由提供課程發展知識、分享教學經驗、創新教材編製，以促進同僚專業發展。

(二) 提升學生學習成果：指教師領導者運用各種知識與技巧，用心進行班級經營，激勵學生學習動機，增進學習效果。

(三) 參與學校行政決定：指教師領導者有機會參與和學校有關的行政決策，所表達的意見能受到尊重，，進而協助校務發展與改進。

(四) 建立家長夥伴關係：指教師領導者能和家長一起參與學校事務，教師藉此能發揮對家長與社區的影響力，並結合家長對學校教育的正向建議。

(五) 參與社群合作活動：指教師領導者能進行跨校合作，建立與他

校之間的策略聯盟，並適時提供教育議題的專業諮詢與輔導。

二、教師領導的發展

就教師領導的發展而言，學者所論不盡相同。Little（2003）將教師領導的發展區分成三個階段：

第一階段：在1980年代，教師領導偏重教師生涯階梯的建立，受到稱職教師的認同和回應，並支援革新及專業發展；這時對教師的領導權力採取分化及下放至地方的方式，教師領導者實踐其個別角色。只是這時期對教師領導者的觀點與傳統管理者的看法並無區別。

第二階段：1980年代晚期至90年代中期，教師領導職位的發展成為攸關學校改革成敗的要素，焦點在於學校改革，教師領導為集體式領導，較不重視個人角色的實踐。這時期有關教師領導的界定，則是發現到教師擔任指導性領導者的重要性，並從此基本觀點來安排職務，包括小組領導者、課程領導者、同儕發展促進者、初任教師輔導者等。這一時期教師領導的內涵不再是傳統的管理者，而是轉變為教師的教育專業知識，教師擁有的專業知識和專業技能受到了極大的重視。

第三階段：90年代晚期受績效制度的影響，增加對於教師工作的管控與約束，所以，進入教師領導全面興起之時期。本階段教師被視為學校文化重建的關鍵，學者認識到教育的專業化必需在相互支援合作及終身學習的組織文化下才能發展，而把教師視為學校文化建設及重建的基本力量。

其次，依據York-Barr與Duke（2004）的主張，教師領導的發展分為三個階段：1.在本階段，擔任教師領導者係指具有正式職位的領導者，主要目標在增進學校運作效能。2.在本階段，擔任教師領導者聚焦於教師的教學專業，由教師發揮課程領導者的功能以協助教師同僚或指導新進教師。3.在本階段逐漸擴展教師領導的範圍，主張教師領導也應

包括領導班級與學校層面，諸如課程與教學領導者、學生學習的指導者、以及社群活動的指導者。

再者，我國學者陳佩英（2008）則主張教師領導的思潮有三波。首先在1970年代末期，美國興起第一波的教育改革，追求的是學校內在效能表現，強調學校內部組織管理及運作的改善，改革方案主要由政府主導，校長擔負教學領導、提高行政和教學效能，教師在此一階段屬於前專業期，其角色只是在教室內忠實執行校長及上級的指令。其次在1990年代產生了第二波的學校改革浪潮，追求對外效能，強調教育品質保證、家長滿意、市場競爭機制的教育選擇權，而面對複雜的教育環境，學校被迫需要厚植內部的能量，以至於學校變革、學校本位管理等運動興起，教師領導此一概念亦在此一階段逐漸浮起，而教師在此一階段係處於自主專業期和夥伴專業期，先開始擔任行政職務，繼而被要求擔任課程發展領導者以及新進教師的教學輔導者。第三波是在本世紀初期，世界各地開始浮現第三次教育改革浪潮，強調未來學校效能，學校教育的任務著重培養學生「如何學習」勝於「習得內容」，教師的職能開始進入後專業期，教師被期望是學校文化的主要創造者以及跨越教室的領導者。教師領導的概念至此已受到廣泛的重視。

綜觀上述，可知就教師領導的發展而言，可大致區分為三個階段：第一階段為1970年代末期，重在追求學校內在效能表現，改革方案主要由政府主導，校長擔負教學領導、提高行政和教學效能，教師則主要負責在教室內忠實執行校長及上級的指令。第二階段為1990年代末期，由於教育環境快速變遷與日趨複雜，產生了學校變革與學校本位管理運動，教師領導運動受到重視，教師先開始擔任行政職務，繼而擔任課程發展領導者以及新進教師的教學輔導者。第三階段為21世紀初期，教師領導思潮更加熱絡，學校教育的任務著重培養學生「如何學習」勝於「習得內容」，教師被期望是學校文化的主要創造者以及跨越教室的領導者，而這也充分顯示教師領導的重要性與必要性。

參　教師領導的內涵分析

佐藤學曾指出，加州大學柏克萊分校的教育社會學者Judith Little

曾調查多所在Benjamin Bloom提倡「精熟學習」（mastery learning）時進行改革的學校，證實了在學校教育成功的多項因素中，「同僚性」（collegiality）是決定性的因素（黃郁倫譯，2017），佐藤學將「同僚性」界定為在創造課堂與研習活動中，教師作為專家的連帶關係，充分符映了教師領導的意涵。其次，張世璿與丁一顧（2016）指出教師領導有別於校長領導的概念，而是一種新學校領導的典範，強調集體協作及共同領導的學習社群以重塑校園文化的領導。

蔡進雄（2004）可說是國內較早針對教師領導進行系統性論述者。他主張將教師領導區分成三大層面：1.學校層面：教師可以參與校務會議、教評會、課程發展委員會、校長遴選委員會等，教師都有表達意見及決定的權力；2.同僚層面：教師常扮演教學專業的促進者的角色；3.班級及學生層面：教師對班級經營擁有很大的自主性，而且在教學方面學校也會給教師很大的教學專業自主。他並進一步用「家長及社區層面」、「學校層面」、「同僚層面」以及「班級及學生層面」來討論教師領導的任務。其次，Rizvi和Elliot（2005）將教師領導區分為教室領導、學校領導以及分散領導三個層面。再者，Katzenmeyer與Moller（2011）則將教師領導區分成以下七大層面：1.發展方向：協助教師吸收新知識、技能、且鼓勵幫助其他教師學習，提供教師所需的幫助、指引及訓練；2.肯定認同：認同且表彰教師所擔任之角色及其貢獻，且教師彼此互相尊重和關懷；3.專業自主：鼓勵教師主動改善及創新，且移除障礙並尋找資源來支持教師的努力；4.同僚協作：教師在教學和學生相關的事務上互相合作，其行為範例包括教師討論教學策略、分享教材或教學觀摩；5.共同參與：教師主動參與決策制訂，和提供對重要事件之建議；6.開放溝通：教師經由開放真誠，提供和接受與學校有效運作之相關訊息；7.有利環境：提供教師滿意的工作環境，使其感受到在此環境得到同僚、學生、家長及行政主管的尊重，在知覺有效能的學校行政領導主導下，及被委託或非正式的團隊中，為了學生學習，會有效率的和其他成員合作。

另外，York-Barr與Duke（2004）將教師領導的工作面向區分為協調與管理相關事務、擔任學校或學區課程相關工作、協助同仁專業

發展、參與學校革新與改善、及增進家長與社區參與。Muijs與Harris（2006）則將師領導構面分為五個向度，分別是教室內教與學的工作、專業發展與進修的工作、同儕相互支援的工作、學校事務的工作、社區層級的工作。其次，范熾文（2008）也從現代教師應有教學專業上的覺醒來論述教師領導。他強調作為「轉型知識分子」（transformative intellectuals）的現代教師應承擔起三種角色：1.促發覺識醒悟者，扮演人性陶冶角色；2.跨越學科知識邊界者，扮演參與社群角色；3.發展批判意識者，扮演改革行動角色。

再者，Katzenmeyer和Moller（2011）則指出教師領導具有下列八個效益：

1. 提升專業效能感：當教師視自己為領導者時，他會相信自己有潛能運用自己的行動，影響學生的學習。
2. 留住卓越教師：若有機會藉由和同事的合作和互動，卓越的教師會較滿意教學環境，因而繼續留在專業的工作崗位。
3. 強化生涯發展：教師領導提供另一個有別於傳統上必經承擔行政工作才算晉升之生涯發展機會。
4. 改善自我表現：為了幫助同儕專業成長，教師領導者勢必要先強化自己的教學技巧，可以發揮「從教中學」（learning by teaching）的功能。
5. 影響其他教師：教師領導提供領導者絕佳的機會輔導新進教師、幫助教師同儕發展能力、以及協助提升教室實務等助人的專業工作。
6. 增強教師績效責任：經由更多的教師參與決定，會讓教師更願意負起績效責任。
7. 克服對革新的抵抗：經由教師領導者參與和領導變革，較能有效影響教師同仁亦能檢視和接受新的教學實務。
8. 維持變革的持續力：經由教師領導實務，一群居關鍵多數的領導者將會成為學校變革的中流砥柱，而不致於會發生校長離任後人亡政息的困境。

此外，依據張德銳（2010）的觀點，國內教師領導的內涵可以從

正式的教師領導（如學年主任或領域召集人）與非正式教師領導（如擔任解決教學問題的資深教師）之關係角度去劃分（陳玉桂，2006；Barth, 2001），亦可以從「教師是研究者」（teacher as researcher）、「教師是學者」（teacher as scholar）、「教師是教學輔導者」（teacher as mentor）之角色角度去劃分（Liberman & Miller, 2004）。其次，張德銳修正了蔡進雄（2004）之見解，將蔡進雄原有的分類，包括班級內、同事間以及學校共三個層次，另外增加校外層級這一個層面。首先就班級內而言，教師作為教室內領導者，除了扮演「教學者」、「輔導者」，國內近來愈來愈重視「研究者」的角色，亦即教師被期待能從事與自己專業工作有關的行動研究工作。其次就同事層面而言，重視同僚輔導功能的發揮，以促進專業發展。例如資深優良教師對同事提供諮詢，擔任帶領實習教師的實習輔導教師，帶領新進教師及教學困難教師的教學輔導教師，帶領學校各種成長團體、讀書會等專業學習社群的召集人等等。再就學校層面而言，強調教師參與校務發展的權利與責任，例如教師可參與校務會議、行政會報、導師會議、教師評審委員會、課程發展委員會、校長遴選委員會等。另外，在校外層面而言，例如教師參與教師的專業組織或者學術團體，以及各縣市國民教育輔導團及中央課程與教學輔導諮詢教師團隊等等。

就上述教師領導的內涵而言，可知教師角色的再定義已難避免，宜進一步從現代教師應有教學專業上的覺醒來論述教師領導；也就是必須強化教師作為「轉型知識分子」的角色，藉以建立自身反思、跨越學科知識邊界、發展批判意識、以及擴展公民意識。

肆　教師領導的實踐策略

就教師領導的實踐策略而言，以下幾方面值得參酌（孫淑偵、孫國華，2015；楊振昇，2014）：

一、校長運用權變領導，讓教師共同參與校務決策

就學校經營而言，傳統上學校往往被視為保守的組織，重視安逸缺乏創新，然在面對當前全球化的趨勢，與科技的日新月異，學校已無

法自外於社會的系統，而必須妥為因應急遽的變革。就教師領導的內涵
而言，其主要目標即在於提升教師的教學品質與學生的學習成效；此項
目標對身處在變革時代的校長而言，尤需重視本身變革領導者的角色責
任，藉由不斷反省、檢視本身的教育理念（educational platform），強
化前瞻性的思維，進而調整或接受本身的認知與作為，始能達到激勵個
人成長與促進組織發展的目標。

再者，因應時代的需求，現今校長面對教改的壓力是無法獨自完
成日益沉重的校務（蔡進雄，2005）。教師領導的倡導是校長與教師
雙贏的教育領導趨勢（蔡進雄，2011）。校長「權力下放」的管理方
式，權變善用領導，給予教師民主參與行政事務的權力與教學專業自主
權的尊重、鼓勵教師在職進修，讓教師有權力和能力共同承擔責任，將
使教師領導的空間不再僅限於教室內，這種支持教師領導、充分授權
並賦予責任的作為，將會使校務的發展與領導更加順暢。誠如張慶勳
（2014）指出，從學習領導的觀點來說，校長與教師都是學習者，而
校長領導與教師領導的共伴聯結能充分彰顯學校發展的特色與成果。

二、形塑同僚信任的氛圍

就教師領導而言，唯有教師之間存在相互信任的組織文化，建立樂
於分享的氣氛，學校本位的教師專業發展才有實現的可能；倘若教師彼
此之間十分冷漠，欠缺專業的對話，則對於提升教師領導成效而言，可
謂緣木求魚！

換言之，有越好的學校文化，教師領導者將越能結合其領導方向，
充分顯示教師領導與學校文化及學校進步具有密切的關聯性（Wang &
Zepeda, 2013）。而張慶勳（2014）也指出，教師領導者的角色逐漸轉
化，由原本的教室管理者走向課程與教學領導者，進而發展成為學校進
步的促進者；進一步來說，教師領導者與個人反思及學校文化的支持
關係十分密切。Katzenmeyer與Moller（2011）也強調學校氛圍相當重
要，而教師領導成功的關鍵就在於建立彼此信任的合作關係。進一步
說，教師領導必須學習傾聽、團隊合作以及溝通等技巧，才能提升其成
效。

三、鼓勵同儕協同合作

教師領導重視促進同儕協同合作，透過彼此平等對話、分享討論，使得成員互動密切，並有助於教學創新（賴志峰，2010）。透過支持與共享領導的做法，如全面推動學校專業學習社群、提供學習分享平臺，實施協同教學、合作教學、同儕視導、開放自己教室，均可激勵教師增能，進而形成學習型組織文化，促進教師專業成長，利於教師領導的發展。

誠如佐藤學曾就教師領導議題中有關教師的專業性指出，今後的教師必須具備高度的專業知識與能力，也就是必須結合「知識基礎」（knowledge base）與實踐的能力，唯有具備將「知識基礎」轉化為實踐的知識與見解，才能有效提升教師素質（黃郁倫譯，2017）。佐藤學也強調「反思型教師」（reflective teacher）專業形象的重要（黃郁倫譯，2017），也就是要由「技術的熟練者」提升為「教育理念的反思者」。佐藤學進一步指出：學校是最能使教師學習成長的場所，根據一項以教師為對象的調查結果顯示，作為教師的成長契機，最有效的是同校的同僚（同學年或同學科）的建議，其次是校長或副校長的建議，再其次是校內研習所得到的建議，接著是教育局處所舉辦的研習及教師組織地區教育研究社群，最後是大學舉辦的研習或大學教授的演講等（如圖1所示）。由圖1可看出，教師能夠學習成長的場域，是以教師所在的教室為中心，呈現同心圓的構造，在此構造中，中心的學習成長作用最強，越往周圍，學習成長的作用越弱。因此，除了鼓勵教師自我反思之外，也必須強化同儕間的協同合作。

四、建立教師領導的制度與機制

就教師領導的落實而言，制度與機制的建立十分重要。因此，若能建立法源基礎，不論是訂定新的法規或是修正現有法規，均是重要的途徑。

例如：相關單位可將教師領導納入師培與職前訓練課程，也可提供現職教師如領導與管理知能、人際溝通與互動技巧等課程訓練，並結

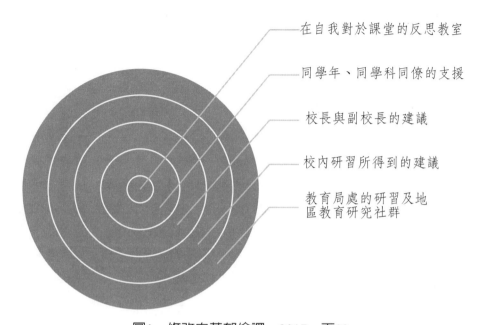

在自我對於課堂的反思教室

同學年、同學科同僚的支援

校長與副校長的建議

校內研習所得到的建議

教育局處的研習及地區教育研究社群

圖1　修改自黃郁倫譯，2017，頁90

合證照制度。另外，每年可編列經費、提供誘因也是可行的作法；包括：頒發獎狀、獎金；提供表現優良的教師領導者出國參訪的機會；或公開表揚優秀的教師領導者、減少其授課時數和實施教師生涯發展階梯等（蔡進雄，2011），均有助於使教師領導的理念與實施成效展現在新世紀的校園中。

　　以上所列可謂僅舉其犖犖大者，運用之妙存乎一心，值得關心教師領導者及實務工作者加以反思運用。

伍　結語

　　佐藤學曾指出，日本的教師曾因三大條件擁有世界最高水準的優越性而自豪，包括高教育水準、高薪與高競爭性、及以校內研習為基礎的專業文化傳統。然而，他認為近20年來這些優勢不復存在，都已落入發展中國家的程度（黃郁倫譯，2017）。由此可見，佐藤學對日本教師角色與責任的重視，以及對教師素質的持續低落表示憂心忡忡，在在

顯示他對提升教師素質重要性的迫切期待。張德銳（2010）也強調國內自從1990年代進行教育改革以來，就學校權力結構而言，漸由傳統上由上而下模式轉變為分布在教師間的模式，也提供教師領導的有利條件與發展契機。然在我國中小學的領導實務中，教師領導並未受到應有的重視，亟待大力加以倡導。

　　綜上所述，可知教師領導乃是一項值得探討的重要課題，尤其學校的經營與發展更有賴於校長與教師的共同努力；換言之，學校經營沒有永遠的贏家，也不會有永遠的輸家，其主要關鍵在於學校如何勾勒願景、形塑文化、研訂策略、自我超越、及因應變革。就校長而言，必須積極強化本身課程與教學領導的專業知能，以誠懇的態度、專業的對話，提供教師各項教學奧援，並運用圓融、適切的溝通技巧，凝聚向心、建立共識、彩繪願景、研擬策略，力求找尋兩大系統間的最大有利公約數，進而創造雙贏的結果。就教師而言，如何在信任與和諧的學校氛圍中，分享彼此在課程與教學上的心得，相互對話與激盪，發揮知識管理中分享的核心價值，進而促進教師的專業成長，則是亟待努力的重要課題。

參考文獻

(一) 中文部分

李安明、呂晶晶（2014）。**從學習共同體談教師領導之實踐與省思**。發表於
　　2014.9.27臺北市立大學主辦之「喚醒沉睡的巨人」──教師領導學術研討會。
吳百祿（2009）。教師領導：理念、實施、與啓示。**國民教育學報**，23，53-80。
吳清山、林天祐（2008）。教師領導。**教育研究月刊**，183，136-137。
林明地、陳玉玫（2014）。**國民小學教師領導現況分析：以學校為分析單位**。發
　　表於2014.9.27臺北市立大學主辦之「喚醒沉睡的巨人」──教師領導學術研討
　　會。
范熾文（2008）。**教育行政研究：批判取向**。臺北：五南。

孫淑偵、孫國華（2015）。國民小學教師領導困境初探。**臺灣教育評論月刊，**
　　4(7)，86-89。

陳玉桂（2006）。學校革新中不可忽視的面向：談教師領導。**學校行政雙月刊，**
　　45，26-46。

張世璿、丁一顧（2016）。國民小學教師領導核心能力指標建構之研究。**新竹教育**
　　大學教育學報，33(1)，1-38。

張德銳（2010）。喚醒沈睡的巨人：論教師領導在我國中小學的發展。**臺北市立教**
　　育大學學報，41(2)，81-110。

張德銳（2016a）。學校革新的巨大潛能——教師領導。**師友月刊，**587，33-38。

張德銳（2016b）。**教師專業：教師的生存發展之道。**臺北：五南。

張慶勳（2014）。**教師領導是校長領導力的轉化：專業、分享、學習、賦權。**發
　　表於2014,9,27臺北市立大學主辦之「喚醒沉睡的巨人」——教師領導學術研討
　　會。

陳佩英（2008）。教師領導之興起與發展。**教育研究月刊，**171，41-57。

黃郁倫譯（2017）。佐藤學著，**邁向專家之路：教師教育改革的藍圖。**臺北：高
　　教。

楊振昇（2014）。**教師領導的理念與策略。**發表於2014,9,27臺北市立大學主辦之
　　「喚醒沉睡的巨人」——教師領導學術研討會。

楊深坑（2000）。迎接廿一世紀新專業主義之建構。載於中國教育學會（主編）：**新**
　　世紀的教育願景（頁41-56）。臺北市：臺灣書店。

蔡進雄（2004）。論教師領導的趨勢與發展。**教育資料與研究，**59，92-98。

蔡進雄（2005）。中小學教師領導理論之探討。**教育研究月刊，**139，92-101。

蔡進雄（2011）。教師領導的理論、實踐與省思。**中等教育，**62(2)，8-19。

蔡進雄（2016）。教師領導三層次探析。**臺灣教育評論月刊，**5(10)，74-76。

賴志峰（2009）。教師領導的理論及實踐之探析。**教育研究與發展期刊，**5(3)，113-
　　144。

賴志峰（2010）。**學校領導新議題——理論與實踐。**臺北：高等教育。

樊璠（2010）。領導與合作：論美國教師領導的文化建構。**遼寧教育行政學院學**
　　報，27(7)，28-30。

(二) 英文部分

Barth, R. S. (2001). Teacher leader. *Phi Delta Kappan, 82*(6), 443-449.

Harris, A. (2003). Teacher leadership as distributed leadership: Heresy, fantasy, or possibility? *School Leadership & Management, 23*(3), 313-324.

Katzenmeyer, M.,& Moller, G. (2011). *Awakening the sleeping giant; Helping teachers develop as leaders*. Thousand Oaks, CA: Corwin Press.

Liberman, A. & Miller, L. (2004). *Teacher leadership.* San Francisco: Jossey-Bass.

Little, J. W. (2000). Assessing the prospects for teacher leadership. In M. Fullan (ed.), *Educational leadership (*pp. 390-419). San Francisco, CA:Jossey-Bass.

Little, J. W. (2003). Constructions of teacher leadership in three periods of policy and reform activism. *School Leadership and Management, 23*(4), 401-419.

Muijs, D., & Harris, A. (2006). Teacher led school improvement: Teacher leadership In the UK. *Teaching and Teacher Education, 22,* 961-972.

Muijs, D., & Harris, A. (2007). Teacher leadership in action: Three case studies of contrasting schools. *Educational Management Administration & Leadership, 35*(1), 111-134.

Patterson, D. J. (2003). *Teachers leading and changing: Case studies of teacher leadership in large-scale reform* (Unpublished doctoral dissertation). University of Toronto, Ontario, Canada.

Rizvi, M., & Elliot, B. (2005). Teachers' perceptions of their professionalism in government primary schools in Karachi, Pakistin. *Asia Pacific Journal of Teacher Education, 33*(1), 35-52.

Semra, K. (2013). Teachers' *and school administrato*rs' *perceptions and expectations on teacher leadership.* International Journal of Instruction, 6(1), 179-193.

Sherrill, J. A. (1999). Preparing teachers for leadership roles in the 21st century. *Theory into Practice, 38*(1), 56-61.

Thacker, T., & Schargel, F. P. (2011). *Schools where teachers lead: What successful leaders do.* Larchmont, NY: Eye on Education.

Wang, F., & Zepeda, S. (2013). A comparative study of two schools: How school cultures interplay the development of teacher leadership in Mainland China. *Creative Educa-*

tion, 4(9), 63-68.

Whitaker, T., Whitaker, B., & Lumpa, D. (2000). *Motivating and inspiring teachers: The educational leader's guide for building staff morale*. Larchmont, N.Y.: Eye on Education.

York-Barr, J., & Duke, K. (2004). What do we know about teacher leadership? Findings from two decades of scholarship. Review of Educational Research, 74(3), 255-316.

Zepeda, S. J., Mayers, R. S., & Benson, B. N. (2003). The call to teacher leadership. Larchmont, NY: Eye on Education, Inc.

問題與討論

一、教師領導的主要意義為何？

二、教師領導的發展可分為哪幾個階段？

三、教師領導的主要內涵為何？

四、針對落實教師領導而言，有哪些策略？

第九章

問題導向學習在促進教師專業成長之應用：兼述翻轉再翻轉學習

蔡進雄、劉君毅

　　問題導向學習（problem-based learning，簡稱PBL）是能連結理
論與實務且廣受肯定的一種有效教學方法。　　　　　　～本文

壹　前言

　　教育是一項專業的工作，是以教師需要具有專業知識與能力，才
能彰顯教學效果（吳清山，2010），且教師專業成長是永無終點的發
展、必須不斷更新、改進、深入與精緻（陳美玉，1996；歐用生，
1996）。進言之，教師專業成長主張教師是持續發展的個體，教師
透過持續學習與探究的歷程來提升其專業水準與專業表現（饒見維，
1998）。由此可知，中小學教師的工作已朝向專業化的方向發展，是故
教師必須不斷進修與學習，以提升自己的專業能力。基本上，教師是透
過知行思的多元學習方式與途徑來促進專業發展（蔡進雄，2009a），
其中問題導向學習（problem-based learning，簡稱PBL）是能連結理
論與實務且廣受肯定的一種有效教學方法。PBL建立在自主學習的心
態，不僅是一種教學方法，更是一個教育理念，更代表一種價值與精
神（李坤崇，2012；關超然，2009；Barrows & Tamblyn, 1980）。

　　最早使用PBL學習法的是加拿大McMaster大學醫學院，該醫院
在1965年創院時就決定不採用大班授課方式而使用PBL學習法，讓學
生自我學習及自主學習（沈戊忠，2005：40）。具體說來，問題導向
學習源於醫學教育，係以學生為重心，希望透過實際問題，協助學生
以小組合作方式解決難題（閻自安，2015），故除了醫學教育外，法
律教育、工程師教育及建築師教育等也都將問題解決學習視為專家教
育課程的改革核心（黃郁倫譯，2017）。質言之，由於問題導向學習
具有其教學效果，所以廣為教育人員培育及各學科教學所應用（王千
倖，1999；李世代，1997；林明地，2002；林惠敏，2010；林慧穎，
2011；陳敦源、吳祉芸和許耿銘，2010；鄒國英、黃玉珠和林玉華主
編，2008；Baysal, 2017; Hallinger & Bridges, 2017）。基於此，本
文首先探討問題及問題導向學習的意涵，其次說明問題導向學習的功
能，之後闡述問題導向學習的教學步驟並評析問題導向學習兼述翻轉再

翻轉學習（flipped flipped learning），以供吾人在運用問題導向學習以促進教師專業成長時之參考。

貳　問題及問題導向學習的意涵

目標與現狀的落差（gap），即是問題所在（戴國良，2004），亦即現況實然與目標應然之間的差距是問題的開端（屠益民，2011）。一般而言問題大致可分三種，分別是：1.結構明確的問題：指問題的目標與條件清楚；2.結構模糊的問題：指問題清楚但情況複雜；3.毫無結構的問題：問題特殊且複雜，沒有前例可供參考（高強，2008）。

Trilling與Fadel認為問題導向學習是一種專題式學習，這類的學習主題強調用案例討論的方式，讓學生嘗試解決現實世界中之複雜問題（劉曉樺譯，2011）。王千倖（1999）指出問題導向學習以真實的複雜性問題開啟學生的學習動機，強調學生從解決問題的過程中主動學習。林繼昌（1999）表示問題導向學習之教學法是透過小班教學以小組團體討論之方式來完成，每一小組並有一位個別指導者（tutor）負責。計惠卿和張杏妃（2001）認為問題導向學習是指由教師安排一個問題或是一個任務，給予學習者去達成或解決，此任務或者是問題解決的過程著重於在經由與他人合作工作時，而能同時迸發出學習者自己建構之知識或技能。陸希平和蘇惠珍（2002）表示問題導向學習，顧名思義，以問題為中心去進行學習，有別於傳統式課題導向學習（subject-based learning）。李登隆和王美芬（2004）將問題解決能力定義為「運用學生的舊有經驗和先備知識，去察覺問題、蒐集及思考相關資訊，經由探究與推理發展出新的方法，以獲得解答的能力。」

林麗娟（2004）認為問題導向學習是透過問題的引導與任務的指定，激勵學生主動探索，使學習更具有意義。洪榮昭（2004）指出問題導向學習在精神上是以情境學習為基礎，由學習者個人的努力與團隊合作學習來產生新想法與新觀念。沈戊忠（2005：40）認為問題導向學習就是擬定一個真實或虛構的故事情境，讓小組的學生自己去發掘裡面的問題，共同討論、查詢問題，由解決問題過程中，達到學習目標。林明地（2005：80）綜合各家之言陳述PBL係以專業工作實際的

問題爲學習的起點，設計與眞實類似的複雜或跨學科的問題，透過團隊或小組的學習方式，從問題解決過程中，提出解決問題的方法，實施解決方案，呈現解決成果，獲得該特定方案的知識、技巧及能力。關超然（2009）陳述問題導向學習代表一種建構主義的教育理念，強調以學生爲中心、以問題爲教材、以小組爲平臺、以討論爲模式的學習精神。張民杰（2017）表示問題教學法是以問題爲核心，透過教學之過程及問題的解決，以培養學生反省思考能力的教學方法。

綜觀上述，問題導向學習可定義爲：學習者在教學者之引導下，採取小組合作方式，設法運用各種資源以解決所提出之問題，進而從解決問題的過程中提升相關能力（蔡進雄，2009b）。申言之，問題導向學習是以問題爲出發，在教學者的引導及小組團體合作下，於問題解決過程中獲得及提升認知、態度與技能等專業知能。值得一提的是，近年來被受關注的設計思考（design thinking），也是強調問題解決的過程（梁桂嘉，2016；謝佩芯，2012），故問題導向學習也是具有設計思維的一種學習取向。

參 問題導向學習的功能

問題導向學習的基本假設是學習是於獨特情境脈絡下的主動及建構歷程（Schechter, 2011）。問題本位的學習模式大致有以下五項特色：1.學習的起點源自於問題；2.這些問題與學生未來面對的專業與工作息息相關；3.學生由問題所產生的一連串專業知識學習的過程中獲得知識；4.每一位參與學習的成員對教學與學習都負有責任；5.大部分的學習發生在團體互動的過程中，而不是發生在講授過程中（劉佩雲和簡馨瑩譯，2003：47-48）。大部分的認知科學家都認爲學習者必須要在情境脈絡下與問題互動才能對課題有清楚的理解（劉佩雲和簡馨瑩譯，2003），1990年美國Vanderbilt University的認知科技團隊（Cognition and Technology Group at Vanderbilt, CTGV）曾經提出了「錨式情境教學法」（Anchored Instruction）的理論，並針對小學高年級學生開發了名爲The Adventures of Jasper Woodbury的系列實驗課程，每一單元分別透過影碟影片提供學生一個故事情境，在故事情節中嵌入所要呈現

的學習內容，學生在課堂上經由合作探究，找到潛藏在影片中的訊息，藉以解決一連串待答的問題。為了幫助學生有效學習，故事情境的設計必須與所傳授的知識架構密切關聯，並能提供多元的探索管道，學生透過挑戰的方式來激勵探究動機並經歷學習。研究實證，這樣的課程可以幫助學生發展自信心，並經由問題解決的過程獲得知識。Blumberg（2000）指出參與PBL課程的學生能表現出自我導向學習（self-directed learning）的技能。

　　在實徵研究方面，劉為國（2003）研究結果指出問題導向學習教學法在學習成就之表現上具有較佳的學習成效，學生在學習動機、師生互動、班級氣氛表現上，問題導向學習教學法優於傳統講述教學法，張瓊文（2010）以國中一年級為研究對象研究發現PBL教學對學生學習歷史的態度有較正面的提升，並且可以培養學生多方面的能力，林慧穎（2011）研究發現使用問題導向學習的實驗組班級在數學學習態度、成就、學習保留量都較優於一般傳統講述式教學。

　　楊心怡與李啟嘉（2015）探討問題導向學習對大學生的問題解決能力與自我導向學習的影響，結果發現以問題為根基能激發學生的學習興趣並增進對問題了解之深度與廣度，在小組討論中能深入理解學習議題及整合新舊知識，且有助於培養自我導向學習能力。徐靜嫻與林偉人（2016）將改良式PBL應用到師資培育課程之教學原理課程，研究指出不論是問題解決、知識建構、人際溝通及團體合作，顯示這些能力均逐步地提升，特別是問題解決的能力。Baysal（2017）研究發現問題導向學習有助於培育國民小學職前教師之積極反思能力。

　　Bridges和Hallinger（1992）也表示以行政人員的培育而言，問題導向學習能縮短學生在課堂上所學與行政人員工作的差距。Trilling與Fadel陳述在運用知識解決問題、隨機應變及使用嚴謹思考的能力方面，問題導向教學優於傳統教學（劉曉樺譯，2011）。林繼昌（1999）認為問題導向學習教學之長期效果顯示，學生對課程評估的結果都比較正面良好。蔡進雄（2009a）歸納指出不論從認知科學或學習社群角度觀之，問題導向學習教學法是一種可以提升學習成效的教學法，而從動機層面來看，問題導向學習亦可提供學生主動參與的機會而

不是被動學習，因而激發學生學習的內在動機。綜合上述可知，整體說來，問題導向學習確實有助於學生的學習態度及促進學生的學習效果。

此外，本文試著將案例教學法、合作式概念構圖法與問題導向學習教學法三種教學法比較如表1，由表1可知此三種教學法有諸多相似之處，均重視教學者的角色是催化者而學習者的角色是主動建構者，且強調人際互動合作（李坤崇，2012；余民寧，1997），以及理論與實務的連結。值得提醒的是，問題導向學習的進行需要良好的團隊動力，所以在建立學習團隊方面，如成員間的夥伴關係、誠實、開放、尊重與信任等（Baptiste, 2003）都需要授課教師加以關注，再者PBL教學過程的主角是學習者，教師是催化者及引導者，而問題或案例的品質及適切性也會影響學習效果。

表1

案例教學法、合作式概念構圖法、問題導向學習教學法之比較

項目　　　　教學方法	案例教學法	合作式概念構圖法	問題導向學習教學法
教學者的角色是催化者	◎	◎	◎
學習者的角色是主動建構者	◎	◎	◎
強調人際及同儕間的互動	◎	◎	◎
形成議題後的課堂外資料蒐集			◎
理論與實務的結合	◎		◎
適合校長及教師專業發展	◎	◎	◎

肆　問題導向學習的教學步驟

問題導向學習的教學特色包括運用生活或真實情境的問題、強化自我導向學習、善用小組合作學習、提升跨領域與統整能力、學生扮演探索者、教師扮演促進者、運用多元的評量方式及營造支持性教學氛圍

等（李坤崇，2012），至於問題導向學習之教學步驟，Yeo（2005）認為問題導向學習的實施包括三個重要因素分別是人員（people）、過程（process）和目的（purpose）。朱文江（2003）以「任務引入→個人思考→小組討論→分享討論活動→概念引入（整理）」的教學流程作為問題導向學習教學的步驟進行其教學行動研究。張民杰（2003）將PBL的教學步驟分為五個階段分別是呈現問題、分析問題、探究問題、呈現問題解決方案、評估學習成果等。陳銘村（2005）描述問題導向學習活動計畫的程序為選擇問題、設計問題、相關知能的學習、選擇學習活動的順序、列出學習資源。計惠卿和張杏妃（2001）將PBL的實施要點歸納如表2，從表2得知問題導向學習的階段包括問題分析、發展規劃、資料蒐集、應用測試、綜合分析歸納、反省評鑑等，值得吾人參考。

表2

PBL實施工作要點

實施階段	學生	教師
問題分析	・學生進行小組學習。 ・依據舊經驗界定教師所提出的問題、釐清問題的根源、依學習者的先備知識判斷可能的解決方案、建立假設、討論可能必需進行學習的內容。	・在正式教學前提供學生一個真實世界的非結構化問題作為學習的依據。 ・教學進行中，閱讀、聆聽學生對於問題的敘述與判斷，適時提出建議與質疑。
發展規畫	・學生依據問題分析所得之結論，規劃一個具體的行動計劃，包括：時間與行程的規劃、小組的合作與分工等。	・閱讀、聆聽學生對於問題解決的規劃（plan）、適時提出建議、質疑與行動的方向。
資料蒐集	・學習者進行自我導向式的學習，各自負責找尋、記錄相關的學習資源與訊息。 ・可求助於相關的學科專家或官員、負責人，進行即時的學習。 ・小組成員必需不斷相互討論、互相教導。	・觀察學生的學習行動與進展。 ・研讀相關的學習內容。 ・摘要記錄學生表現及學習內容的相關要點。 ・提供學生相關的訊息與資源。 ・監督、管理學習進程。

實施階段	學生	教師
應用測試	・應用已獲得的新知重新檢視問題。 ・依據新知實際進行推論測試或實驗。 ・以文字、圖表、報告記錄實施過程。	・同上 ・並提供學習者適當的工具。
綜合分析	・依據上一階段獲得的資料與結果，分析問題是否獲得解決。 ・若問題未獲得解決，則重複進行資訊搜集及應用測試之階段。 ・成功解決問題後，對於相似的問題加以討論，形成通則。	・閱讀、分析學生的相關資料、圖表、報告等。
反省評鑑	・重新反省問題解決的過程。 ・進行同儕互評及自我評鑑。	・觀察及評量學生的表現。

資料來源：計惠卿和張杏妃，2001：69。

　　綜觀上述，如圖1所示，問題導向學習的步驟如果應用在教師專業成長之教學上，可以透過小組運作的方式，學習者在專業領域中找問題，或者是授課教師給予問題，接著在團隊中分析問題的形成原因，之後提出問題的多種解決方式，可以擇一或多元方案並進實施以解決問題，最後評估成效，藉此學習歷程促進教師之專業成長。

伍　問題導向學習的評析：兼述翻轉再翻轉學習

　　雖然相關研究及文獻大都支持問題導向學習能促進學生學習效果，但丁大成（2003）的研究卻發現問題導向學習應用在學生學習基礎知識的學習效果並不顯著，因而在研究中建議長時間進行PBL教學對學習成效比較顯著，且PBL適用於非結構性問題的學習，不適用於基礎知識的建構。紀宗志（2004）研究結果顯示問題導向學習與傳統主題式教學法兩者都能增進學生在滑翔機飛行原理概念的廣度與深度，不過問題導向學習法的進步幅度優於傳統式主題教學；而在自然科學的學習態

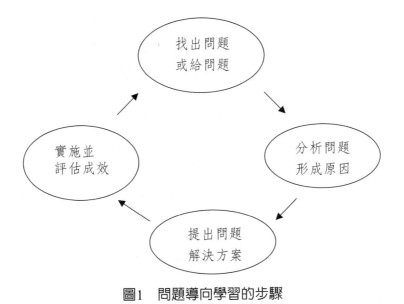

圖1　問題導向學習的步驟

度量表的前後測成績兩組進步並不顯著，且問題導向學習組的後測成績反而退步，與原先預期結果相反。張瓊文（2010）在研究中也指出師生於實施PBL歷程可能面臨的困難有二，其一是學生從被動接受轉變成自主學習的不適應，其二教師教學經驗、能力與技巧不足。徐靜嫻（2009）研究指出PBL融入師資培育之教學實習課程可以培養學生的教學關鍵核心能力，惟研究中也表示PBL是有效可行的，但是否保證其成效遠大於其他教學方法，還需要進一步確認。職此之故，我們可以了解PBL並不是提升教學效能的萬靈丹，仍有其侷限與困難，例如學生的主動性要高、較不適合基礎知識的教學、以及教師對於運用PBL要有足夠的能力與技巧。此外，問題導向學習是從問題出發，近年來亦有從正向及優勢為前提之賞析式探詢（appreciative inquiry）方式以進行組織發展，有別於傳統問題解決過程（蔡進雄，2011），賞析式探詢與問題導向學習各有其價值及侷限，值得吾人視不同需求嘗試採用。

　　值得一提的是，翻轉學習（flipped learning）邇來獲得教育界的關注，傳統的教學是先由教師在課堂講授，再由學生回家做作業，而翻

轉學習是翻轉傳統，也就是上課前教師將自錄的講授內容上傳到學習平臺，學生在平臺上自主學習這些內容並記錄學習上碰到的問題，在上課時教師回應學生自學時碰到的問題，並進行雙向討論（劉怡甫，2013）。簡單來說，翻轉學習是將傳統的「課堂上教師講課，回家寫作業」之方式顛倒，變成「回家看教師上課影片，上課寫學習單、作業或問題討論」（林佳蓉，2016），這種翻轉教學被認為是最佳的教學方式，但最近研究顯示，學生在實際接觸課程之前，先讓他們有自行探索或同儕互動交流探索的機會，則對理論性的知識了解會更加深入，因此翻轉再翻轉學習（flipped flipped learning）就是強調別急著先灌輸學生現成的知識，經過探索追究和解決問題的努力過程，之後得來的知識才是真正屬於他們自己的（教育部電子報，2013），事實上，體驗學習（experiential learning）的學習模式是開始於體驗，而後討論、分析與省思，是做中學（learning by doing）的概念，強調體驗對於學習者而言，具有挑戰與學習成長意義（吳兆田，2006；郭託有、廖淑惠、施惠怡，2009；謝智謀、王怡婷譯，2003）。

從以上論述可知，翻轉再翻轉式學習是先由個別或同儕共同操作、體驗或探究之後，再來進行知識及理論的討論學習，強調先體驗的重要性，基於此，問題導向學習與翻轉再翻轉學習兩者可發現具有共同之處，例如兩者均不強調剛開始要有系統地學習結構性知識，而是先給予學生一項任務或問題，且兩者均主張學習者主動探索對學習成效的重要性。質言之，在學習過程及方式上，問題導向學習與最新被提出的翻轉再翻轉學習概念確有異曲同工之妙。

總結說來，問題導向學習是以問題為核心，強調學生的主動學習，而不在於教師由上而下之理論傳授與知識教導。也就是說，教師引導學生自己解決問題，不立即給答案（胡心慈，2017）。爰此，學生學習態度與方式的轉變，以及教師教學方法的調整，均決定著問題導向學習之成效。再者，有別於翻轉學習之翻轉再翻轉學習模式也是主張學生應先探索與體驗，而不是急於教導知識理論，此一教學概念與問題導向學習之教學理念是不謀而合的。此外，問題導向學習是否有效亦須視學科性質及學習目標而定。

陸　結語

　　Datar、Garvin和Cullen表示MBA的課程設計應該包含事實、架構與理論的「知道」（knowing），技能、能力與技術的「實踐」（doing）、以及價值、態度與信念的「成為」（being），而多數的MBA課程只強調「知道」這個元素，而忽略「實踐」及「成為」的元素（黃貝玲和閻蕙群譯，2011：103）。許士軍（2009）也指出管理學院的教育幾乎都屬於知識層次或分析導向的科目。準此，如圖2所示，教師專業成長應該兼顧理論、實踐及省思，是故在促進教師專業發展的教育過程也應該融入理論信念、實務與反省，惟國內師資培育或教師在職進修的教學方式，傳統上都採取知識及理論之教導為主，較少注重行動及價值態度之養成，而問題導向學習注重應用已獲得之新知來檢視問題所在，正可以使理論與實踐彼此互為印證及修正的有效教學方式。

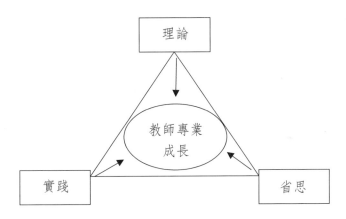

圖2　教師專業發展的理論、實踐與省思

　　有效的教師專業成長活動必須考量知行思，對於提升教師專業成長方面，不論是職前培育階段或是在職進修，問題導向學習是促進教師專業發展的有效方法。綜言之，「天下沒有最好的教學方式，只有最適當的教學方法」，倘若教學目標是要讓學習者獲得有系統性的學科知識或教學重點為知識傳授，則傳統的講述教學法仍有可取之處且經濟有效

率，但若針對教師之專業成長，且教學或培訓過程希望授課之師生及同儕間有更多的分享交流、合作對話、互動激盪、互為鷹架，以及教學目標是期望理論與實務能密切結合，並提升問題解決能力，則問題導向學習是值得推薦採用的教學方法。

參考文獻

(一) 中文部分

丁大成（2003）。**應用PBL教學法幫助國中生建立正確物理觀念**。國立交通大學網路學習學程碩士班碩士論文，未出版，新竹市。

王千倖（1999）。「合作學習」和「問題導向學習」——培養教師及學生的科學創造力。**教育資料與研究**，28，31-39。

朱江文（2003）。**問題導向學習教學策略改善學童數學態度與教師成長之行動研究**。國立臺中師範學院數學教育學系在職進修教學碩士學位班碩士論文，未出版，臺中市。

吳兆田編著（2006）。**探索學習的第一本書：企業培訓實務**。臺北市：五南。

吳清山（2010）。**師資培育研究**。臺北市：高等教育。

李世代（1997）。教師對問題導向學習之態度與意見。**醫學教育**，1(1)，86-88。

李坤崇（2012）。問題導向學習的特色與模式。**教育研究月刊**，220，104-114。

李登隆、王美芬（2004）。資訊融入專題導向學習對國小學生自然科學習態度與問題解決能力之影響。**科學教育研究與發展季刊**，2004專刊，69-94。

余民寧（1997）。**有意義的學習：概念構圖之研究**。臺北市：商鼎文化。

沈戊忠（2005）。簡介PBL以及在臺灣實施的情形。**教育研究月刊**，129，40-47。

林佳蓉（2016）。翻轉學習的迷思與成功關鍵探討。**教育研究月刊**，261，32-45。

林明地（2002）。**學校領導：理念與校長專業生涯**。臺北市：高等教育。

林明地（2005）。適用於校長專業發展的PBL教案設計。**教育研究月刊**，129，79-91。

林慧穎（2011）。不同學習成就的高職學生在「問題導向學習」教學下之研究。國

立中興大學應用數學系所碩士論文，未出版，臺中市。

林麗娟（2004）。由線上歷程分析PBL專題研究學習。圖書館學刊，32，1-13。

林繼昌（1999）。問題導向學習教學之小班老師的角色和責任。醫學教育，3(1)，88-91。

胡心慈（2017）。～坐而聽不如起而行～以問題導向學習為取向的自閉症兒童家長成長團體之發展歷程。應用心理研究，66，47-96。

紀宗志（2004）。以「問題導向學習法（PBL）」與「傳統主題學習法（SBL）」增進學生在學習科學概念深度與廣度的比較研究。國立交通大學理學院網路學習碩士在職專班碩士論文，未出版，新竹市。

計惠卿、張杏妃（2001）。全方位的學習策略─問題導向學習的教學設計模式。教育科技與媒體，55，58-71。

高強（2008）。贏在問題解決力。臺北市：天下。

徐靜嫻（2009）。問題導向學習（PBL）理論與實踐的反思：以輔大師資培育為例。臺北：高等教育。

徐靜嫻、林偉人（2006）。應用改良式PBL建立師資生教學設計知能與一般性能力之研究。教育科學期刊，15(1)，1-30。

屠益民（2011）。動態決策─系統分析迎戰多變年代。載於黃丙喜等著，領導未來的CEO（頁217-243）。臺北市：商周。

張民杰（2003）。超學科統整模式之一──問題導向學習在國中九年一貫課程的設計與實施。新竹師院學報，17，389-424。

張民杰（2017）。案例法與班級經營之教師專業成長。臺北市：高等教育。

張瓊文（2010）。問題本位學習（PBL）在國中社會領域歷史教學的應用。國立臺灣師範大學歷史學系在職進修碩士班碩士論文，未出版，臺北市。

許士軍（2009）。轉型中的我國大學和管理教育。臺北市：社團法人臺灣評鑑協會。

教育部電子報（2013）。先實驗後學習的反轉式教學效果更佳。578期。取自http://epaper.edu.tw/print.aspx?print_type=windows&print_sn=13465&print_num=578

陳美玉（1996）。教師專業實踐與應用。臺北市：師大書苑。

郭託有、廖淑惠、施惠怡（2009）。體驗教育理論與實務。臺北市：華都文化。

陳敦源、吳岱芸、許耿銘（2010）。「問題導向學習法」對公部門訓練之成效評估：
以2010年地方行政研習中心地方機關科（課）長班為例。載於行政院人事行政
局地方行政研習中心編，**地方政府公共管理個案選輯第二輯**（頁191-222）。
南投：行政院人事行政局地方行政研習中心。

陳銘村（2005）。問題導向學習（Problem-Based Learning, P.B.L.）。**教育學苑**，9，
115-116。

陸希平、蘇惠珍（2002）。小組問題導向討論教學在醫事技職教育的重要性。**醫學
教育**，6(3)，348-352。

梁桂嘉（2016）。推薦序1——知識經濟時代的設計。載於陳宜秀譯，**設計的心理學**
（頁6-7）。Dnnald A. Norman原著。臺北市：遠流。

黃貝玲、閻蕙群（譯）（2011）。**誰還需要MBA**。S. M. Datar, D. A. Garvin和P. G.
Cullen原著。臺北市：時報文化。

黃郁倫（譯）（2017）。**邁向專家之路：教師教育改革的藍圖**。佐藤學原著。臺北
市：高等教育。

鄒國英、黃玉珠、林玉華主編（2008）。**PBL教學實務：在臺灣醫學院實施問題為
基礎課程的經驗與反思**。新北市：輔大出版社。

楊心怡、李啓嘉（2015）。問題導向學習對法律系大學生問題解決能力及自我導向學
習之研究。**教育科學研究期刊**，60(1)，131-155。

劉佩雲、簡馨瑩（譯）（2003）。**問題解決的教與學**。B. F. Jones, C. M. Rasmussen,
& M. C. Moffitt原著。臺北市：高等教育文化。

劉怡甫（2013）。翻轉課堂——落實學生為中心與提升就業力的教改良方。**評鑑雙
月刊**，41。

劉為國（2003）。**問題導向學習（PBL）在高工單晶片微電腦控制設計課程之教學
實驗研究**。國立彰化師範大學工業教育學系在職進修專班碩士論文，未出版，
彰化市。

劉曉樺（譯）（2011）。**教育大未來——我們需要的關鍵能力**。Bernie Trilling &
Charles Fadel原著。臺北市：如果。

歐用生（1996）。**教師專業成長**。臺北市：師大書苑。

蔡進雄（2009a）。教育行政人員專業發展的教學理念與實踐。新北市：輔大出版

社。

蔡進雄（2009b）。提升校長專業發展的有效教學及其成效評鑑。**教育研究月刊**，178，71-83。

蔡進雄（2011）。從正向出發：論賞析式探詢在學校領導與組織發展的應用。**教育研究月刊**，208，69-76。

闔自安（2015）。問題導向式行動學習的整合應用：以高等教育為例。**課程研究**，10(1)，51-69。

戴國良（2004）。**問題解決‧完全攻略：如何提升您的決策能力**。臺北市：中國生產力中心。

謝佩芯（2012）。設計思考力與團隊創造力之關係。**設計與環境**，13，29-46。

謝智謀、王怡婷（譯）（2003）。**體驗教育：帶領內省指導手冊**。Clifford E.Knapp原著。臺北市：幼獅。

關超然（2009）。問題導向學習的精神：它的震撼、魅力與教訓。載於關超然、李孟智主編，**問題導向學習之理念、方法、實務與經驗**（頁3-15）。臺北市：臺灣愛思唯爾。

饒見維（1998）。**教師專業發展──理論與實務**。臺北市：五南。

(二) 英文部分

Baptiste, S. E. (2003). *Problem-based learning: A self-directed journey*. Thorofare, NJ : SLACK.

Barrows, H. S., & Tamblyn, R. M. (1980). *Problem-based learning: An approach to medical education*. New York, NY: Springer.

Baysal, Z. N. (2017). The problem-based learning process: Reflections of pre-service elementary school teachers. *Educational Research and Review, 12*(4), 177-188.

Blumberg, P. (2000). Evaluating the evidence that problem-based learners are self-directed learners: A review of the literature. In D. H. Evensen & C. E. Hmelo (eds.), *Problem-based learning: A research perspective on learning interactions* (pp.199-226). Mahwah, N.J.: L. Erlbaum Associates.

Bridge, E. M., & Hallinger, P. (1992). *Problem-based learning for administrators*. Eugene,

OR:ERIC Clearinghouse on Educational Management, University of Oregon.

Cognition and Technology Group at Vanderbilt (1990). Anchored instruction and its relationship to situated cognition. *Educational Researcher, 19* (5), 2-10.

Hallinger, P., & Bridges, E. M. (2017). A systematic review of research on the use of problem-based learning in the preparation and development of school leaders. *Educational Administration Quarterly, 53*(2), 255-288.

Schechter, C. (2011). Switching cognitive gears:Problem-based learning and success-based learning as instructional frameworks in leadership education. *Journal of Educational Administration, 49*(2), 143-165.

Yeo, R. (2005). Problem-based learning: Lessons for administrators, educators and learners. *International Journal of Educational Management, 19*(7), 541-551.

問題與討論

一、請說明問題導向學習（PBL）的意涵及其教學的功能？

二、請闡述問題導向學習的主要教學步驟，並分析說明教師及學生在問題
　　導向學習的角色與任務為何？

三、請闡明問題導向學習在教師專業成長的應用策略，並論述可能面對的
　　困難及其解決方式為何？

四、翻轉學習及翻轉再翻轉學習的意涵為何？並請比較分析翻轉學習、翻
　　轉再翻轉學習與問題導向學習三者的差異為何？

第十章

校長科技領導新思維
——後數位科技時代
觀點

謝念慈、劉葳薙

「我們來到世界上本來就不是來做無聊的、重複性的事情，人工智慧時代來臨，人類未來就不要再做這些了。」「AI將改變世界，你們準備好了嗎。」

～李開復‧《人工智慧來了》

在數位全球化、氣候變遷及摩爾定律三股勢力的拉扯下，你的工作價值、你的孩子教育方針、你該如何投資，你如何解讀新聞、你該面對的地緣政治和國家政策，都將走向你從沒想到的地方。

～Thomas L. Friedman

《An Optimist's Guide to Thriving in the Age of Accelerations》

人類面臨的三大新議題：

第一、當「死亡」將逐步走向末日，長生不老之夢可能實現，人們該如何面對？

第二、當幸福快樂成為天賦人權，個人主義凌駕國族主義，社會將如何變遷？

第三、當生物醫學工程、半機械人工程、無機生命工程持續進展，人類將從「智人」的位階躍升成為「神人」（Homo Deus），形同握有上帝的權力，那麼人類的終極命運將會如何？

～Yuval Noah Harari

《Homo Deus-The Brief History of Tomorrow》

 前言

　　隨著時代的快速變遷與資訊科技的日新月異，學校校長領導的角色，已從傳統的學校管理者、課程與教學領導者，進一步到需轉型成科技領導者的角色了。在數位科技的資訊時代教育環境中，校長需具備有效能與效率的科技領導，帶領校內教師善用資訊科技，培育學生

們成為未來數位科技職場需要的人才（黃玉貞，2016）。國外學者，針對現今科技時代的學校校長，提出除了過去行政或教學等傳統校長角色外，還需負起學校科技領導的角色與責任（Flanagan & Jacobsen, 2003），科技對學校教育與行政變革有著重大影響，校長應扮演科技領導者的角色（Reeves, 2004）。面對變化萬千的數位科技時代，實施科技領導能讓校長在無所不在的數位世界中，展望與促進科技的使用（張奕華，2010）。

　　這幾年來，新一波數位科技浪潮的浪濤又已經形成並衝擊職場，人工智慧（Artificial Intelligence, AI）亦稱機器智慧；大數據（Big data）亦稱巨量資料；擴增實境（Augmented Reality, AR），就是將真實面擴大了，在真實場景中加入虛擬資訊，大家最熟悉的成功案例，就是精靈寶可夢「Pokemon Go」遊戲；虛擬實境（Virtual Reality, VR），就是讓使用者戴上特製頭盔進入虛擬的世界玩遊戲等，但是不如手機便捷；混合／融合實境（Mixed Reality, MR）的相繼初探或問世，英特爾公司（Intel Corporation）融合AR與VR兩種優點研發出MR，如：使用者只需戴上3R功能的頭盔，即可至虛擬世界中互動，做許多遊戲，當然可以動手抓神奇寶貝。全球手機晶片龍頭高通（Qualcomm）看好整合虛擬實境（VR）、擴增實境（AR）、混合／融合實境（MR）優點的擴展實境／延展實境（Extended Reality, XR），讓使用者戴上無現行如眼鏡般輕巧的頭戴式裝置（謝佳雯，2017），至此可稱之為「後數位科技時代」。如同約6億年前，在地質學上被稱作「寒武紀」的時代，大量無脊椎動物在短時間內迅速出現，被稱作「寒武紀生命大爆發」，日本軟銀集團的創辦人孫正義社長隱喻此波新科技為「科技之新寒武紀」，相映著學校也處於科技的新寒武紀氛圍。無形及有形的正改變學校教育的生態、課程、教學及思考方式等，並帶來嶄新教育運作模式，是衝擊也是生機。對整體社會、經濟與建設等發展，也產生相當程度的正、反作用，如：少子化，AI可提供解決方案，將在大量簡單、重複性，不需複雜思考就能完成決策工作中，彌補人力不足缺口，將寶貴人力投注在重要研發上。雖然由此可能會產生失業的問題，但AI也可能創造更多的新工作，更多人可以轉換

到新職缺，或是與智慧型機器協作（鄭榮新，2017）：在教育資源不均衡下，AI的好處是，同樣的教師可服務更多的學校，讓絕大多數學生得到更好的教育學習資源。

臺灣地區有扎實的數位資訊科技基礎與實力，學校教育應教導學生不斷提升自己，並借助數位科技的能力，開闢美好未來。因此，學校校長應具有科技領導新思維與素養，迎接與因應後數位科技時代的人才孕育。

貳　後數位科技時代對校長科技領導新思維的啓示

後數位科技時代對校長科技領導，究竟有何震撼、衝擊進而產生新的思維？筆者以改編自2017年劉芳榮所撰擬的一則有關AI帶動的未來想像（劉芳榮，2017），提供讀者感受，引發起校長科技領導新思維的動機：

「想像一下這幅即將在學校發生的場景……

某日「校務評鑑委員」來學校評鑑輔導訪視，代表教育部／局到校做校務評鑑，但校長與同仁在校門迎接的不是傳統的學者、專家評鑑委員的實體人，而是AI（人工智能）機器人，這些機器人評鑑委員進入評鑑會場後，馬上連線網路到學校各單位的每部電腦、每位教、職、員工與學生的手機等，凡是能連上網的裝置，機器人評鑑委員一個都不放過，然後用AI也好，用大數據也罷，交叉比對後找出和學校自評表不符與矛盾的陳述與舉證，不用幾分鐘，機器人評鑑委員就會質問學校……

爲什麼課程設計如此多元，又安排教師教學，學生的學習效益卻如此低效能？

爲什麼資訊設備採購如此鉅額，卻未見師生教學與學習使用？

爲什麼專科教室師生使用率如此低頻率？甚至實驗室都沒有做實驗用？

爲什麼……

別懷疑，這絕對是一個即將發生的事實。未來，機器的人工智慧在

較高層次的工作將取代傳統人力。」

　　從上述的一則場景，雖然尚未發生，但是以後現代的科技發展速率，勢必指日可待。因此，筆者試著從產、學業界專家學者提出的後現代科技資訊前瞻願景，提供讀者後數位科技時代新思維活水，特別是學校校長在科技領導方面的專業思維提升，茲分述如后：

一、回顧近兩年東京電玩展（TOKYO GAME SHOW, TGS）主題，2016年的主題為「娛樂正在改變、未來也在改變（エンターテインメントが變わる、未來が變わる）」，動漫女孩主角就戴著ＶＲ頭戴裝置，預測VR將成為遊戲的新顯學；2017年將2016年的VR區改為VR/AR區，包含VR（虛擬實境）、AR（擴增實境）與MR（混合實境）主題為「超越現實的體驗（Reality Unlocked）／（さあ、現實を超えた体 へ）」，凸顯遊戲不只是遊戲，更是逼真與真實的體驗活動。AI來了，機遇就在你我面前！人工智慧興起是擁抱生活、開創人類未來的最好時代（李開復、王詠剛，2017），而發展AI的第一步就是要完善大數據，大數據的基本條件首重資料完備。

二、耶路撒冷希伯來大學歷史系哈拉瑞教授（Yuval Noah Harari）的《人類大命運——從智人到神人》（Homo Deus-The Brief History of Tomorrow）書中提到人類面臨的是三大新議題的第三大議題：當生物醫學工程、半機械人工程、無機生命工程持續進展，人類將從「智人」的位階躍升成為「神人」（Homo Deus），如同握有上帝的權杖，那麼人類的終極命運將會如何（林俊宏譯，2017）？《快思慢想》作者康納曼（Daniel Kahneman）直言此書會讓你以未曾思慮過的觀點，深思細想。湯馬斯‧佛里曼（Thomas L. Friedman）寫的《謝謝你遲到了——一個樂觀主義者在加速時代的繁榮指引》（An Optimist's Guide to Thriving in the Age of Accelerations）書中提及現在人人手上都有一部微電腦，可用低成本參與全球流動，並從雲端汲取力量，無論個人、機器、企業或國家，都獲得前所未有的能力（廖月娟、李芳齡譯，2017）。這兩本鉅

作的共同焦點都是「未來」。如：哈拉瑞與佛里曼的都提到機器人時代對人類世界的衝擊，共同預言AI將取代現有大多數的工作，唯一的差別是，佛里曼樂觀地認為被取代的是「現在的工作」，而人類會在新的工作型態中發揮所長；而哈拉瑞沒有講明人類會不會在「新工作」中找到「新定位」與「新角色」，但卻意指人類現有的價值體系，可能會被完全顛覆，而從「智人」時代走向「神人」時代（羅智強，2017）。兩位作者叮嚀著我們須努力加速學習跟上加速的未來。因此，校園的領導思維心態中，需存有「未來」這兩個字，這才是我們最該努力的事。

三、「Google I/O 2017開發者大會」執行長皮伽（Sundar Pichai）提出，未來Google發展將以「人工智慧優先」（AI First）。讓機器自主學習，擴展AI普及應用、改善人類生活。開發者大會中以人工智慧與機器學習的發展最受矚目，機器學習貫穿所有產品，說與看和鍵盤與觸控螢幕一樣重要，這項機器學習服務，已被應用於教育方面（彭慧明，2017）。機器取代人力將成為大勢所趨，特斯拉（Tesla）創辦人穆斯克（Elon Musk）認為，未來機器人將取代多數工作，應該培養以下四種領域的能力（黃智勤，2017）：(一)數據分析能力；(二)科學、工程與經濟學能力；(三)程式語言能力；(四)人文學科能力。

四、2016年AlphaGo再擊敗棋王，人工智慧（AI）成為顯學，也已存在於日常生活中，未來學校辦理大型活動，機器人將可立足門口迎接貴賓並指揮交通。AlphaGo更是機器學習發展以來的一大里程碑，AlphaGo透過大量職業比賽的棋譜來「訓練」其演算法，讓AlphaGo在短短兩年內就站上職業圍棋的頂端，幾乎可說是打敗了人類（詹惠珠，2017）。與人工智慧「對弈」勝算不大，但可以選擇與人工智慧合作，善用其強大運算能力優勢，同時結合人類的人性化服務特色，用積極擁抱的態度來面對人工智慧，合作開創新機會（劉宗聖，2017）。一則對話發人深省：人問機器人，「你能不能擁有像我一樣的智能？」機器人反問，「你能不能擁有像我一樣的智能？」人說，「你可以考考我。」於是機器人面不改色

地問道，「你在投票所，會不會議題弄不清楚就亂投？」人想了想，點頭說，「有這個可能性。」機器人說，「你輸了，我絕對不會。」（周天瑋，2017）。AI的優勢顯出深度學習已經是電腦裡重要的部分。人工智慧（AI）最威脅人類的是取代人類傳統的的人力及其工作方式，瑞士國家競爭力論壇也預測未來有一半的工作都會消失，但是《郭臺銘霸業》一書指出在機器人時代，重要的是不忘初心（保持工作熱忱），終身學習。AI無法取代的是人味，人可以有同理心、有愛，做起同樣的工作，意涵不同，給人的感覺也就大不同（楊艾俐，2017）。蘋果公司（Apple Inc.）執行長庫克（Tim Cook）2017年在麻省理工學院對畢業生演講提出，當人類思想愈來愈像電腦，沒有價值、同情心，也不考慮後果時，在工作中更應該結合科技與人性價值觀，致力改變和造福人類（唐嘉麗，2017）。如：科技將協助解決教育不平等的挑戰。

五、臺灣IBM總經理黃慧珠：「隨著人工智慧、認知科技等許多新技術快速推進，人類的生活將獲得新的解放。未來這些『非典』可能變成『經典』，黑天鵝可能變成新常態，大家必須趕快習慣這樣的改變」（曾仁凱，2017）。有句話說「科技始終來自於人性」，「查詢、展示、解讀」是科技應用基本能力，「運用、引導價格」為科技應用的進階能力。此外，還要讓自己變得有溫度、有美學、有感性，試著去提供超越客戶期待的感動服務，才能贏得客戶的信賴，有溫度的感動服務，將是決戰的最後一哩路（馬先右，2017）。

六、隨著網路寬頻、互聯網及全球數位化等之普及化，數據量遽增，業界運用統整、分析後的這些巨量數據資料，將可提供客戶優質服務，產生新的商機、市場規模，「大數據」的概念於是興焉。但是大數據仍有吾人需面對的議題：(一)有些數據並非可以量化，(二)大數據分析無法清楚的解釋為何產生動機與行為間的關聯，(三)如何確認受測者在報告數據時的真與假？綜上所述，大數據或許幫助你的品牌做決策，但卻不一定能讓消費者喜歡你的品牌（謝閔瑜，2017）。阿里巴巴創辦人馬雲：「IT時代把人變成了機器，而資

料技術（Data technology, DT）時代把機器變成了智能化的人，我們正在進入一個新型的時代。」也就是大數據的資料技術時代來了。百度（Baidu）創辦人李彥宏：「數據有點像新時代的能源，像燃料，而推動時代進步的還是技術、是創新，而不是這些資源。就像工業革命時的蒸汽機與煤。」演算法則是資料技術的核心。目前最多人在談的機器學習演算法突破，就是深度學習，做到人類專業級的判斷。深度學習甚至改變了我們思考的方式。人工智慧目前的應用包括虛擬實境、擴增實境、機器人、區塊鏈、無人機、3D列印等。連金融科技（FinTech）、共享經濟的發展也都離不開人工智慧與資料技術。（林建甫，2017）。

七、2010年諾貝爾經濟學獎得主克里斯多福‧皮薩里德斯（Christopher Pissarides）表示現在主要的820種職業中，估計未來會有超過1/3的人類工作被機器取代，但將產生新的工作機會，但這些新機會所需要的知識和技能，和被取代的工作大不相同。百度的首席科學家吳恩達和矽谷奇點大學傑科斯坦（Neil Jacobstein）教授都認爲人工智慧造成另一場工業革命成眞，再來改變教育系統就來不及了（朱雲鵬，2017）。我們應當洞燭機先、未雨綢繆，現在就開始做出改變與調整。特別是大學各科系及中小學均需加聘同時具備資訊專長與學科系領域知識的教師，才可以讓畢業生適應未來的社會，才可能造就未來工作所需要的人才。

八、2016年10月美國白宮先後發布《The National Artificial Intelligence Research and Development Strategic Plan》及《PREPARING FOR THE FUTURE OF ARTIFICIAL INTELLIGENCE；準備迎接人工智慧未來》戰略報告，指出人工智慧驅動的自動化，預計未來10到20年將有9%至47%的工作受到人工智慧威脅，尤以低技能、低教育的勞工首當其衝。2017年Amazon（亞馬遜）開設實體無人超市"Amazon Go"，顧客從入店到購物完成，全都由人工智慧代勞；"Adidas"（愛迪達）在德國設立全靠智慧機器人生產運動鞋的工廠（王釗洪，2017）。在北歐、西歐的養老院，有「慰藉機器人」（commitment robot）的設計爲老人按摩搥背、抒解情緒，日本更

進一步研發「心理慰藉機器人（mental commitment robot）」。另一方面，著名物理學家史蒂芬·霍金（Stephen Hawking），對人工智慧（AI）提出警告：(一)進化太快，人工智慧恐失控，(二)監控資料，人類隱私全都露，(三)智慧自主武器，牽扯核危機。人工智慧的全方位發展可能招致人類的滅亡（郭玫君，2017）。藉由人工智慧獲利者，僅會是少數人，貧富不均將急速惡化。這是人類自己製造的危機，可能也是本世紀需要面對的最重要議題之一。此時，政府應多花時間發掘並因應這些新科技下的潛在危機，少一點作秀行為，多一點具有遠見的規畫（趙文衡，2017）。

九、面對新興科技爆炸性的成長，以及網路全球化的急速蔓延，無論是典章制度的修改，整體產業與生活步調的調整，還是客戶需求快速演變的衝擊，人類普遍面臨文明與適應追不上技術發展的考驗（杜英宗，2017）。如何面對科技潮流的衝擊，是大家都需要認真思考的問題，特別是教育工作者。麻省理工學院教授，雪莉·特克（Sherry Turkle）《在一起孤獨：科技拉近了彼此距離，卻讓我們害怕親密交流？》，書中描述著，我們每個人天天透過各種方式聯絡感情，但很少真正在一起，在一起時卻各自滑著手機相對無語（洪世民譯，2017）。數位資訊科技帶來溝通便利，也造成人際關係弱化。在這個社群網路重新定義了人際關係、人工智慧就將取代人類的時代。而這種情況已經不是發生在一個人、一些人，而是整個社會，整個世界（趙政岷，2017）。

綜論之，VR時代的到來，也預言了科技將朝著發展AR、MR與XR的方向前進，為人們樹立了明確的前景與目標。在科技的演進下，科幻小說中所描述的未來正逐漸成為現實。人類朝未來邁進的腳步正在持續加速（林佑純、劉亭言譯，2017）。而大數據與機器人不是取代人類，是幫助人類，能讓人類將有限的時間投入有用的地方，是創造新的價值（尹慧中整理、林秀明口述，2017）。

參　後數位科技時代校長科技領導新思維

學校是培育未來人才的重要基地，而未來卻受科技快速發展影響，

學校教育不能閉門造車，需打開天窗，伸出觸角，瞻望外面世界的變動與趨勢，才能正確培育下一代學生生存競爭的能力。2000年電腦資訊科技，引發了學校教育導入資訊教育的浪潮，「未來學校」、「雲端學校」接連誕生，未來的學校是電腦資訊的學校，正如比爾蓋茲（Bill Gates）所言，未來學校是在教學環境中，導入資訊化、數位化、無線化，打破教室的固有疆界，從中激發更高的學習熱忱（楊方儒，2009）。10年過去，電腦資訊延續的進展，導出新一波數位科技——人工智慧（AI）；大數據（Big data）；擴增實境（AR）、虛擬實境（VR）、混合／融合實境（MI）與擴展實境／延展實境（XR）的「後數位科技時代」或「科技之新寒武紀」，學校教育當走在前頭，將這波後數位科技時代／科技之新寒武紀學習的基礎與內涵，做好準備與教育，怎麼樣的校長就有怎麼樣的學校。因此，校長是關鍵角色者，茲提出後數位科技時代校長科技領導新思維，如圖1，供學校校長參考。

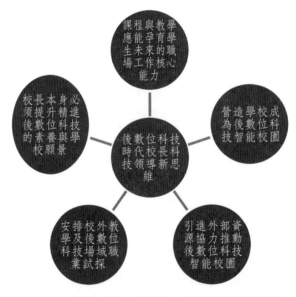

圖1　後數位科技時代校長科技領導新思維

資料來源：研究者自行整理。

一、課程與教學應能孕育學生未來的職場工作核心能力

　　學校規劃的課程及教師的教學，受制於諸多主、客觀及內、外在條件因素，形成長久以來的分科與教學，「學科界線明顯分野；教師本位壁壘分明；學生學習未能統整」，如：現場教師在設計課程時常出現的語言是「我是M科教師，我不知道R科在教什麼」。但是知識是沒有學科界線的，是跨領域的，當教師們執著於本身的學科專業，做課程設計與教學的本位思維，如此學生的知識學習，會影響學生未來核心能力的培育。人工智慧（AI）引發第四次工業革命，愈來愈多工作即將被取代，教育要引導孩子學什麼、怎麼學，才能夠迎向充滿不確定的未來世界？就是「讓孩子的天賦自由」，也就是「做最好的自己」（黃啟菱、王惠英，2017）。在核心能力方面，經濟合作暨發展組織（OECD）指出，2030年所需的核心能力涵蓋知識（knowledge）、技能（skills）、特質（character）與態度（attitude）、後設學習（meta-learning）等四大面向，有效的學習就是將這四個面向的元素進行豐富的混合（未來Family，2017）進而孕育學生未來職場能力。

二、營造學校成為後數位科技智能校園

　　人工智慧（AI）改變教育、學校學習型態與生活方式，我們未來的生活與AI、VR、AR、MR及XR等緊密結合，學校的角色是建構學生對未來生活的想像與能力。添購後數位科技的教學設備及實際體驗，讓師、生從體驗中學習、反思，進而在生活中能實踐後現代科技的能力與運作。再則，鑑於「程式語言」為重要關鍵基礎能力（曹婷婷，2017），學校應針對師、生開授基礎的「程式語言」課程，讓師、生具備「數位邏輯」能力，融入每一位教師的教學與所有學生的學習，迎接後數位科技時代。另一方面，後數位科技的發展超乎人類想像，「越快理解才能面對它」，如：憂心AI取代人類聲音湧現等，學校應儘快做好妥適周延的「預防教育」，制定前瞻的相關規範，建立學校面對後數位科技的新興議題，應具備哪些倫理素養與守則，降低或避免後數位科技帶來的負面影響。

三、引進外部資源協力推動後數位科技智能校園

總的來說，學校的資源是非常有限的，而後現代數位科技的硬體與軟體非現有學校資源所能承擔，校長當有能力扮演「水管的角色」，引進外部資源協力後現代科技校園的推動，如：邀請相關產、學、研專家及學者，駐校指導、教學或講演新知；讓業界硬體資源能捐贈校園，或捐助經費供學校採購，供師生教與學。

四、安排校外教學及後數位科技場域職業試探

有關後數位科技廠商及實體場域體驗在業界非常的多，學校應接洽適切廠商安排校外教學，讓師生在做中體驗進而學習。因為數位科技產品更新汰換數度快，借助師生親臨現場參與體驗，除了增加師生的動機與興趣外，能將學校教育與未來職場能力的間隙縮短拉近，更能補足學校資源的不足，如此相輔相成、裡外相應，當能達乘數效能。

五、校長本身必須提升精進後數位科技的素養與學校願景

校長是學校的領導者，領導是影響眾人的一種能力，當學校師生需具有後數位科技的素養，校長必須走在前頭，而且要永遠走在最前面，做好後數位科技素養的言教、身教、制教與境教，如此上下交相學，勾勒出學校後數位科技素養的願景圖及其策略，這將是推動成敗與否的關鍵。

肆 結語

學校教育應該以終身學習教導學生適應未來的生態，企業需要創新，學校也應該改變教育的方式。面對此新一波的科技趨勢，學校必須整合後現代數位科技軟、硬體資源，建立智能學校，孕育未來人才。面對後現代數位科技的降臨，學校教育將受其AI人工智慧與機器人等挑戰，在英國響應全球孩童創意行動挑戰（Design for Change, DFC）的精神挑戰的英國薩里郡愛旭麗小學（Ashley C of E Primary School）理查‧鄧恩（Richard Dunne）校長的思維觀點，或許可以提供一絲絲的

啓示（程遠茜、張益勤，2017）：

「鄧恩校長希望孩子了解自己是世界的一分子，所以透過自己
的行動可以改變世界！因此他讓愛旭麗小學的學生們以探索
式、跨學科的學習爲主，擁有足夠的好奇心、渴望學習！不只
如此，更帶入……情境教學融入到學習環境中，讓孩子從小就
可以……教育思維。鄧恩校長期望以公立學校的資源，創造比
私立學校還大的效益，讓公立小學也能讓孩子學得彈性、學得
多元、學得深遠。」

<h2>參考文獻</h2>

(一) 中文部分

王釗洪（2017年02月21日）。機器人搶飯碗年改30年不倒？**聯合新聞網**。取自https://
　　udn.com/news/story/7339/2296999

朱雲鵬（2017年05月29日）。棋王被失業，然後呢。**中時電子報**。取自http://www.
　　chinatimes.com/newspapers/20170529001096-260109

李開復、王詠剛（2017）。**人工智慧來了**。臺北：遠見天下文化。

杜英宗（2017年07月13日）。網路世界統治者啓示錄。**中時電子報**。取自http://www.
　　chinatimes.com/newspapers/20170713000579-260109

林建甫（2017年06月12日）。拚數位經濟要發展資料技術。**中時電子報**。取自http://
　　www.chinatimes.com/newspapers/20170612000408-260109

林俊宏（譯）（2017）。**人類大命運：從智人到神人**（原作者：Yuval Noah Ha-
　　rari）。臺北：天下文化。

林秀明口述、尹慧中整理（2017）。不僅迎賓開拓機器人新價值。**聯合新聞網**。取
　　自https://udn.com/news/story/7240/2589171

林佑純、劉亭言（譯）（2017）。**VR大衝擊**（原作者：新清士）。臺北：商業周
　　刊。

周天瑋（2017年06月18日）。人工智慧挑戰自由主義。**中時電子報**。取自http://www.chinatimes.com/newspapers/20170618000459-260109

洪世民（譯）（2017）。**在一起孤獨：科技拉近了彼此距離，卻讓我們害怕親密交流？**（原作者：Sherry Turkle）。臺北：時報文化。

唐嘉麗（2017年06月11日）。影響力不是被按了幾個讚。**聯合新聞網**。取自https://udn.com/news/story/6813/2516768

馬先右（2017年06月10日）。有溫度的服務房仲難被完全取代。**聯合新聞網**。取自https://udn.com/news/story/7241/2516652

黃智勤（2017年07月04日）。有這些本領不怕機器人搶飯碗。**聯合新聞網**。取自https://udn.com/news/story/6811/2561776

郭玫君（2017年04月28日）。霍金：人工智慧恐終結人類文明。**聯合財經網**。取自https://money.udn.com/money/story/11037/2430530

張奕華（2010）。**校長科技領導——模式、指標與應用**。臺北：洪葉文化。

黃玉貞（2016）。校長科技領導理論探究與學習經驗實例分享。**教師天地**，2016，1。臺北市：臺北教師研習中心。

黃啓菱、王惠英（2017）。看見未來教育21種教室新樣貌。**未來Family**，24。

曹婷婷（2017年08月12日）。成大宣示投入AI教育。**中時電子報**。取自：http://www.chinatimes.com/newspapers/20170812000368-260114

曾仁凱（2017年05月23日）。智慧科技不跨進來將被洗牌。**聯合新聞網**。取自https://udn.com/news/story/7238/2481038

彭慧明（2017年05月19日）。Google轉向人工智慧優先。**聯合財經網**。取自：https://money.udn.com/money/story/5612/2471821

楊方儒（2009）。蓋茲的未來學校教育改革中培育新商機。**遠見雜誌**，272。

詹惠珠（2017年06月22日）。從藍領到白領AI就在你身邊。**聯合新聞網**。取自https://udn.com/news/story/7238/2538750

楊艾俐（2017a）。**郭臺銘霸業**。臺北：天下文化。

楊艾俐（2017b年05月12日）。AI有什麼可怕。**中時電子報**。取自http://www.chinatimes.com/newspapers/20170512000566-260109

劉宗聖（2017年06月18日）。AI無役不勝理財員如何創造價值。**聯合新聞網**。取自

https://udn.com/news/plus/9397/2532231

趙政岷（2017年03月19日）。一起孤獨的新世界。**中時電子報**。取自http://www.chi-natimes.com/newspapers/20170319000413-260109

趙文衡（2017年03月10日）。發展人工智慧宜具遠見規畫。**聯合新聞網**。取自https://udn.com/news/story/7339/2333137

廖月娟、李芳齡譯（2017）。**謝謝你遲到了**（原作者：Thomas L. Friedman）。臺北：天下文化。

鄭榮新（2017年07月17日）。AI威脅人類？補人力缺口。**聯合新聞網**。取自https://udn.com/news/story/7339/2587240

劉芳榮（2017年05月04日）。上海現場111-AI。**中時電子報**。取自：http://www.chi-natimes.com/newspapers/20170504000387-260108

謝閔瑜（2017年05月20日）。大數據未必抓住消費者的心。**聯合新聞網**。取自https://udn.com/news/story/7238/2473723

謝佳雯（2017年08月20日）。融合VR、AR、MR高通看好擴展實境。**聯合新聞網**。取自：https://udn.com/news/story/6811/2652515?from=udn-ch1_breaknews-1-cate6645-news

程遠茜、張益勤（2017年08月02日）。英國校長理查鄧恩：改變世界，讓孩子自己想「我能做些什麼」。**親子天下**。取自：https://flipedu.parenting.com.tw/article/3727

羅智強（2017年4月9日）。臺灣，還有人關心未來嗎。**中時電子報**。取自：http://opinion.chinatimes.com/20170409002701-262104

(二) 英文部分

Flanagan, L., & Jacobsen, M. (2003). Technology leadership for the twenty-first century principal. *Journal of Educational Administration, 41*(2), 124-142.

Reeves, D. B. (2004). Evaluating administrators. *Educational Leadership, 61*(7), 52-58.

問題與討論

一、後數位科技時代，校長該如何規劃學校課程與教學，孕育學生面對未來的能力。

二、校長在既有科技領導素養的基礎下，如何精進與善用後數位科技領導，建構後數位科技智能校園。

第十一章

從學校經營計畫探究
校長領導實踐力

謝念慈、陳政翊

　　「企業和國家的領導者分成「遇事則強的領導者」和「平常的領導者」兩種。

　　若是平日就將危機管理放在大腦裡的領導者，「妙傳」（fine play）就不會是偶然。就算發生了什麼意外，「遇事則強的領導者」也會在一周內回復原本該有的樣子，因此他們必須有著清楚的構想能力。」

～摘自：《新領導力：克服危機時代的領導者條件リーダーの条件が変わった》～劉錦秀（譯）（原作者：大前研一）

壹　前言

　　「領導」是領導者對於被領導者所施予的影響力。以學校而言，領導者就是校長，而且是學校唯一的領導者，被領導者或稱組織成員或稱部屬在學校裡就是學校的教職員工及學生，也可以包括學生家長及社區人士（吳清基，2001）。

　　企業競爭愈來愈烈，競爭勝負關鍵主因，就是看領導者的領導力。領導者需「向外看」，為企業尋找新的契機的方向與機會。領導者要面對變革、因應變化。面對不確定的年代，隨著變化的腳步不斷加快，為了因應多變的市場與競爭，領導力對於企業組織的興衰存亡，已經愈來愈重要（顏擇雅，2012）。近年來，學校受教育改革的浪潮與大環境的衝擊，學校被要求績效已成顯學，學校間的競爭與學校顧客對學校教育績效的期許，愈來愈強烈。而校長是學校的領導者，扮演者絕對關鍵與前瞻的角色地位。因此，校長經營學校須具備擬撰前瞻、效能的學校經營計畫書以展現領導實踐力。

　　本文擬就以參加申請臺北市立中等學校104學年度至106學年度，國中及高中、職校長連任、轉任與新任的學校，申請人（校長或校長候選人）擬撰後報臺北市政府教育局的學校經營計畫書，從中探究校長的領導實踐力。

貳　臺北市立學校校長遴選學校經營計畫書

　　學校經營是一門哲學、也是藝術，更是一門科學。有效的學校經營，不僅能引領全體教職員的意向，創造正向的校園文化，更能利用團隊合作（范熾文、張文權，2016），發展組織領導層，組織領導層提供理論和實踐的平衡（Gary Yukl, 2012）。當前學校組織正處在內、外在大環境變革的氛圍中，後數位科技時代來臨、後現代價值觀於焉形成，學校行政、課程與教學等已不能用過去的領導與經營模式面對。處在多元複雜的教育環境中，校長要有深厚的哲學素養與堅強的教育實踐力，才能提升整體組織效能。新教育時代，新校長的校務經營與校長的領導實踐力相扣，校長的領導實踐力須在學校經營計畫書中展現。因此，校長撰寫一份卓越的學校經營計畫書，實為重要的校長學專業與能力。

　　2004年臺北市在時任教育局的吳清基局長任內，邀集熟稔中、小學教育的專家、學者與資優校長們精心研討編製《精緻教育——臺北市優質學校經營手冊》，作為優質學校經營的聖經。該手冊提及臺北市優質學校指標與經營策略的9項基本信念（臺北市教育局，2004）：

　　「一、確立好學校的具體指標。二、明訂好校長的領導典型。三、期許好教師的專業表現。四、規範好學生的應然學習。五、提供學生適性發展的教育環境及公平正義的教育機會。六、創造豐富多元的教育活動，穩實潛移默化的教育過程。七、強調教育過程的績效。八、注重全方位的學校經營管理，而非選擇性的偏向發展。九、發展具有國際競爭力的典型學校。」

　　再則，臺北市校長連任、轉任或新任學校，依《臺北市高級中等學校／國民中學校長遴選聘任及辦學績效考評補充規定》，參加遴選的現職校長及校長候選人，都需依據上述規定的第12條：申請延任、連任及轉任之校長考評項目，包含「政策執行」、「經營管理」、「專業領導」及「辦學績效」等領域，及第17條：校長候選人應針對參與遴選學校之經營理念與方案，擬具四年中程校務發展計畫書（臺北市教育局，2015）。現職校長及校長候選人撰寫「學校經營計畫書」內容依

據當學年度教育局公告的簡章為準則，基本上撰寫內容的構面相同。如，2017年《臺北市106學年度市立高級中等學校校長連任及現職校長參加出缺學校遴選作業簡章》中第11條的審查文件之(二)學校經營計畫書（臺北市教育局，2017），內容應包含：

1. 過去辦學績效：過去於服務學校所解決的問題及創新之作法。
2. 四年中程校務發展規劃書：學校辦學理念、經營策略及行動方案。
3. 針對學校教師、家長所提出發展需求、待解決問題之回應。
4. 另報名特殊教育學校者，請提供特殊教育專業知能之相關佐證。

綜上所述，學校經營計劃書可視為校長經營學校的方法論，沒方法無以成規矩，而優質的一份學校經營計畫書，也顯示出校長經營學校的願景、使命與策略。亦即，校長領導力的實踐。

參　校長領導實踐力

彼得・杜拉克（Peter Drucker）：「領導者唯一的定義，是擁有追隨者（齊若蘭譯，2004）。」領導者的職責不是為自己增加光環，而是為部屬加分增值，帶領團隊創造績效鼓勵接受真相，然後用事實來變革自己和世界（Pfeffer & Jeffrey, 2015）。事情沒有百分之百正面或反面地照著思考方向在走，領導者必須從一些典範來學習，必須與現實狀況妥協，來得到最佳的預想結果（韓文正譯，2002）。領導者要能縝密地思考，並具體明確地表達組織的目標，引領成員跳脫細瑣零碎的小框架，共同為組織願景盡最大的努力。面臨組織遭遇困境時，領導者要能在資訊不完備的條件下，乾淨俐落地做出決定，重新凝聚成員信心；面臨組織發展春風順遂時，領導者也不能驕傲，更須謙卑、謙卑再謙卑地帶領團隊更上一層樓。面對挫折失敗，更要帶領團隊浴火鳳凰，1997年提出「逆境商數」（Adversity Quotient，簡稱AQ）的明尼蘇達大學史多茲（Paul Stoltz）博士以「逆境商數」用爬山為隱喻，將領導者分為三類：低AQ的放棄者（the Quitter），中AQ的露營者（the Camper）和高AQ的登頂者（the Climber），其中前兩類就佔了7成，

只要持續增強AQ，終究有登頂的一天（單小懿，2017）。

　　領導力究竟是什麼？領導力就是讓下屬自願服從的能力，關鍵核心是「自願」（姜汝祥，2008），是擔任領導者所需具備的能力。2010年4月號《經理人月刊》中〈領導力的修練〉乙文「選擇領導，讓自己成為領導人」指出：歸納彼得‧杜拉克（Peter F. Drucker）《杜拉克談領導未來》、領導學經典《模範領導》，以及《領導，不需要頭銜》等著作後發現，好的領導者通常具有下列特質：塑造願景、勝任專業、膽識擔當、用人與授權、溝通協調、鼓舞人心、誠信正直，其中「誠信正直」是前六項特質的基石，換句話說，領導實踐力關鍵特質是「誠信正直」（吳升皓，2010）。領導力是可以靠領導者不斷練習、反思而成的。華倫‧班尼斯（Warren G. Bennis）與羅伯‧湯瑪斯（Robert J.Thomas）在〈領導力大考驗〉乙文中歸納出「領導力真正最可靠的指標和預測變數之一，是一個人在負面事件中尋找意義、從最嚴峻試煉中學習的能力。」（白裕承、吳佩玲、侯秀琴與胡瑋珊譯，2015）。卓越的領導者，應該走動式管理，授權付能（empowerment），建立模範領導及願景領導，激勵部屬成長，有效帶領團隊提升績效與power，挑戰無限新未來（林家泰，2003）。領導人明白領導統御就是人際關係，願意開始去貫徹以身作則、喚起共同願景、向舊習挑戰、促使他人展開行動、鼓舞人心。（高子梅譯，2010）。《Learning Leadership: The Five Fundamentals of Becoming an Exemplary Leader》提出5個基礎原則：相信你能（Believe you can）、渴望卓越（Aspire to excellent）、挑戰自我（Challenge yourself）、投入支持（Engage support）、有意行動（Practice deliberately）（Kouzes, James M./ Posner, Barry Z., 2016），提供領導者增進自我領導力的思維。領導者除了終身學習外，也需透過某些行為、動作，傳達力量，刺激分泌帶來領導力的賀爾蒙，使領導者在高壓狀態下，穩定表現，展現信心十足的最佳狀態（何玉美譯，2016）。

　　領導者不是靠辦公室政治和操弄人際關係，而是在鍛鍊領導能力的過程中，別忘了還有其他事也會影響他人對你的看法（Jeffrey Pfeffer，2015）。

　　領導（Leadership）也稱為領導力，即領導者的素質核心，是個人或是組織帶領其他個人、團隊或是整個組織的能力（維基百科，2017）。領導力係指「影響」社會的一種過程，領導者透過領導力得到成員的協助以及同儕的支援，充分地利用資源和主、客觀條件，在成本效益下完成領導的校能與效率的能力，是領導一系列行為的組合，會激勵人們跟隨領導去要去的地方，不是簡單的服從，是我們做好每一件事的核心（智庫百科，2017）。

　　領導力的提升方法，一般法則為理解與運用領導的藝術、尊重組織的每一位成員及創新的覺醒與膽識。柯維（Stephen R. Covey）的領導力的聖條：即知即行、獲知有效信息、妥善準備擁有明天、切忌方向錯誤、承受壓力、察看實現程度、自信者勝、領導之途永無止境、做出正確決定（顧淑馨譯，2017），實為領導者提升領導實踐力的好法則。面對組織的績效與競爭，組織需要具備領導力的領導者。然而，以學校校長為例，多半缺乏完整的領導人才培訓機制，多數校長在專業領域表現良好而被拔擢，可能很會做事，卻不懂得如何做人，領導力的實踐幾趨近於零。「人的互動是藝術，不是科學，每個人有不同的角度，不同的行為，你必須學會去欣賞，不是要求唯一的標準想法或做法。」成功的領導力要素：洞察、整合與文化（吳凱琳，2011）。全球最大的顧問公司麥肯錫（McKinsey & Company）的實證研究發現：高品質領導團隊中的領袖，大多擁有其中4項特質：尋求不同的觀點、有效率地解決問題、重視成果、支持他人，且能解釋89%組織領導力的強弱差異（黃維德，2015）。金偉燦（W. Chan Kim）與芮妮・莫伯尼（Renee Mauborgne）在《藍海領導力》（Blue Ocean Leadership）書中提出，如何實踐藍海領導力的四個步驟——步驟1：認清你的領導力現況；步驟2：發展替代領導力圖像；步驟3：挑選待施行領導力圖像；步驟4：制度化新領導力實務（劉純佑譯，2014）。領導力除了需要具備對內的專注、對他人的專注外，還要有對外部的專注。領導者需具備此三面向的覺察力，在對的時機，使用正確的覺察力（陳佳伶譯，2015）。領導力應讓部屬獲得更多權力，而非主導一切；運用嶄新領導技巧，提升部屬工作士氣，打造高績效的團隊，並能解決問題（程健蓉譯，2013）。

　　面臨危機隨機發生，處處發生的年代，日本趨勢、管理大師大前研一在其新書——《新領導力：克服危機時代的領導者條件》，提出兩種領導者的新角色及定義「新領導力」。關於領導者新角色分為：「以前方光源為指標型」及「從災難中脫困型」，前者係指在組織中唯命是從，不敢提出自己想法的人，領導者說東就不敢去西的，然而當組織發生危機或本身碰到危機時卻反而不知如何因應；後者係指不會墨守成規，具彈性思維與創新思維。所謂新領導力，就是領導者能帶領組織從災難危機中脫困的能力，需具備「願景」和「溝通能力」的資質（劉錦秀譯，2012）。

　　學校是社會大環境下的小組織，社會的任何風吹草動都會影響著學校的安全與危機。校長身為學校的領導者，如何能乘風破浪，帶領學校衝出難關，迎向朝陽，實考驗著校長的領導著角色與其新領導能力。因此，在後現代、後數位科技時代的氛圍中，校長應對領導角色與新領導力重新理解與更新。

肆　學校校長領導實踐力分析

　　本文以臺北市政府教育局104學年度至106學年度「臺北市立高級中等學校校長遴選作業簡章」及「臺北市立國民中學校長遴選作業簡章」中申請連任、轉任與新任高級中等學校或國中的校長候選人，撰文提交臺北市政府教育局的「學校經營計畫書／學校經營報告書」，從中選取高級中等學校63份；國民中學33份，如表1，作為從學校校長領導實踐力的分析。

表1
104學年度至106學年度高級中等學校／國民中學學校經營計畫書

學年度	高級中等學校（計畫書份數）	國民中學（計畫書份數）
104	11	未取樣
105	28	17
106	24	16
合計	63	33

資料來源：研究者自行整理。

分析96份「學校經營計畫書」的內容都能依據臺北市立高級中等學校／國民中學校長遴選作業簡章中的規定，陳現候選人所服務過的學校之辦學績效（包含解決的問題及創新的作法）、未來四學年度年的中程校務發展規劃書（包含學校辦學的理念、經營的策略及具體行動方案）以及針對學校教師、家長所提出的「臺北市高級中等學校／國民中學校長遴選校長出缺學校之學校發展需求、發展特色、待解決問題及對新任校長之期許彙整表」的具體回應等三大主體構面與內涵。

研究者探究分析96份學校經營計畫書，大體而言都很完備，但是能否從學校經營計畫展現校長未來領導實踐力，卻有著見真章的深淺度。茲將各家優點整理如後，供校長撰寫學校經營計畫書並落實在未來領導實踐力的參考。

一、依據臺北市政府教育局規定撰寫學校經營計畫書

「學校經營計畫書」是臺北市政府教育局針對校長未來是否有專業能力治校的一份重要書面資料，其內涵架構及內容是經教育局長官、專家與學者共同討論所擬定的。因此，校長須深入了解其精神與意涵，並遵循規定的計畫書格式及其內容架構下，重點式、邏輯式的鋪陳與創新撰寫，方能陳現出一份未來領學校領導實踐力的學校經營計畫書。

二、撰寫格式／形式具體明確及圖文並茂

學校經營計畫書的敘寫除了依據臺北市政府教育局的構面內容規定外，宜針對構面做細部的項目分門別類敘寫，不以作文的方式寫故事，宜兼採科學條列式的具體描述未來藍圖，能以表、圖陳現（如：學校願景圖像可彩色立體展現等）提綱契領，更能凸顯校長領導實踐力的展現。

三、計畫經費宜具體或概估編列

一般計畫書的經費編列，多採文字敘述簡約敘寫。執行經費就是在執行預算，若校長在經費編列時能費心思量，儘可能的具體或概估編列，則相對的透露出校長對計畫的深入了解的程度，將更易顯現計畫的

真實性、理想性與可行性，利害關係人也能從中理解，並且也展現出校長領導實踐力的踏實性、可行程度。

四、計畫預期目標與效益兼具質性描述與量化呈現

計畫預期目標與效益能說明未來計畫實施的圖像與成本效益，將預期目標與效益分成質性面向與量化面向分別敘寫，就能讓利害關係人更能便解計畫方案的成果與成效為何，這也是彰顯校長領導實踐力的能量水平。

五、SWOT分析宜針對學校未來4年中程校務發展計畫描述

SWOT分析作為再計畫撰寫時的分析工具，對學校教育計畫的前置分析，非常重要與普及，已經成為顯學，幾乎每位校長都能信手捻來做分析使用，需要特別叮嚀與提醒的是SWOT分析宜針對學校經營計畫書做真實、適性的分析，無關或無助該計畫的分析，不應表列於SWOT分析表格中剖析陳現，從校長校務計畫的SWOT分析素質，可見校長領導實踐力的端倪。

六、發展策略及行動方案／學校經營行動方案宜針對SWOT分析提出

經過費盡思考後的SWOT分析出爐後，更重要的是策略（Strategy）要能具體提出，分析的目的是為了讓校長能夠知道此計畫的學校內部優勢為何？劣勢為何？及外部對我們學校給予的機會為何？威脅又為何？知己知彼，百戰百勝，提出的每一個發展策略及行動方案／學校經營行動方案，才能接得上地氣，如此的SWOTS分析才有其意義與價值。

七、「待解決問題」的提出宜確認屬性的適切與否

只要有人的地方就有問題，哲學觀點：人的存在就是一種問題！學校是教育的場域，教育的主體是學生、是人，學校的問題一定有，領導者是為解決問題而存在的，校長不是上帝，不可能萬萬皆能，遇到的問題在所難免，校長須具有智慧區辨哪些是自身應該可以解決或化解

的；哪些是自身不可以解決或化解的。前者是「問題」；後者才稱得上是「待解決問題（研究者稱爲「困難」）」。能區分兩著的差異，才能提出適切的「待解決問題」。校長是局長的分身，要能成爲協助局長分憂解勞的領導實踐力者，否則爲何需要「您」來擔任校長呢？。

綜上所述，校長領導實踐力在學校經營計畫書應確實掌握「目標導向」、「系統連結」、「確實可行」、「績效可達」原則，具體要點做法如後：

一、學校發展目標與現況分析

(一) 簡述學校整體發展願景與目標。

(二) 現況分析與診斷（近4年辦學成效）：運用SWOTS策略分析工具，提出簡要診斷說明及因應策略／行動方案。

(三) 學校經營發展目標：基於現況分析與診斷結果和因應策略／行動方案，以4年爲期程，敘明學校經營發展目標、和各年度預定完成之具體目標與預期效益。

二、學校4年中程校務發展計畫

(一) 教育部及教育局的政策及重點發展項目

1. 應包括十二年國民基本教育課程綱要與素養教師教學、學生學習、教師專業發展、課程發展、依據學校評鑑內涵和校本特色發展需求，擇項納入重點發展及其他項目包含行政管理、校長領導、校園經營、學校文化、家長與社區參與、社區宣導等。

2. 學校依序撰寫重點發展項目之具體作爲，內容至少包含行動方案目標、實施方式、受益對象、和預期效益。

3. 學校創新與創意的特色。

三、學校自主管理與績效檢核

(一) 學校應依本位管理精神，訂定自主管理機制，包括推動小組、實施方式與時程、行動方案參與人員和自我檢核表等。

(二) 各行動方案應訂定質化與量化績效檢核指標，作爲執行效益之

檢核。

四、經費補助與資源配置

(一) 學校應考量學校優質化發展目標、行動方案執行需求、和學校整體資源之配置，編列4年經費。

(二) 學校依據學年度行動方案經費需求，明列年度行動方案「經費編列檢核表」。

(三) 依據會計年度分上、下學期編列行動方案「經費概算表」。

五、待解決問題須適時適切具體完整提出

發現問題是很重要的能力，發現問題和設定課題，需有好的分析能力及說故事強化此分析能力。首先先確認學校的具體現況或形象。其次，敘述學校過去的經驗、目前穩定的狀態和學校的願景、目標與特色，以及未來的學校發展。第三，思索目前正顛覆學校穩定狀態的事件。第四，試著自問自答的方式來假設各種疑問課題。最後，思考疑問課題假設性的解答方案及評價替代方案。

伍　結語

近年來掛冠求去的校長有增加的趨勢，相對的學校新任的校長就相對的增加。究其原因，實難歸依於單一因素，本文以領導實踐力觀點剖析，主要是校長撰擬的「學校經營計畫書」轉換成領導實踐力時，難以施展，或領導實踐力強度不足所致。

希臘哲學家普羅克洛（Πρόκλος，Próklos）：「眞正的發現之旅不是在尋找新世界，而是用新視野看世界。」「有什麼樣的校長，就有什麼樣的學校。」（It is normally said that whatever Principal will have whatever school.）「校長是一校之魂。」（Principal is the sprit of school.）。學校教育處在多元複雜的時代，校長的領導需苟日新、日日新、又日新的不斷精進，同時校長領導實踐力的施展也相當具挑戰。校長如何充實領導新知與落實領導實踐力，唯有不斷源頭活水引注，並精煉學校經營計畫書的撰寫能力外，更重要的是將此學校經營計

畫書轉換落實在校長領導實踐力上，方能營造出優質的學校，以增進教師教學與學生學習，提升學校整體效能。

參考文獻

(一) 中文部分

白裕承、吳佩玲、侯秀琴、胡瑋珊（譯）（2015）。哈佛教你領導學（原作者：Peter F. Drucker & Warren G. Bennis）。臺北：哈佛商業。

臺北市教育局（2004）。精緻教育——臺北市優質學校經營手冊。臺北：臺北市政府教育局。

臺北市教育局（2015）。臺北市高級中等學校校長遴選聘任及辦學績效考評補充規定。取自：http://www.gov.taipei/ct.asp?xItem=97241781&ctNode=5156&mp=100001

臺北市教育局（2017）。臺北市106學年度市立高級中等學校校長連任及現職校長參加出缺學校遴選作業簡章。取自：http://www.doe.gov.taipei/ct.asp?xItem=270094720&ctNode=66145&mp=104001

百度（Baidu）百科（2017）。領導力。取自：https://baike.baidu.com/item/%E9%A2%86%E5%AF%BC%E5%8A%9B/11999983

吳清基（2001）。學校行政新論。臺北：師大書苑。

吳凱琳（2011年8月）。為什麼領導力是未來的能力？領導力。Cheers雜誌，68。

吳升皓（2010）。選擇領導，讓自己成為領導人。經理人月刊，4月號。取自：http://belongnews.pixnet.net/blog/post/30895611-%E2%98%85%E9%81%B8%E6%93%87%E9%A0%98%E5%B0%8E%EF%BC%8C%E8%AE%93%E8%87%AA%E5%B7%B1%E6%88%90%E7%82%BA%E9%A0%98%E5%B0%8E%E4%BA%BA%E3%80%90%E6%92%B0%E6%96%87%E2%97%8E%E5%90%B3%E5%8D%87

何玉美（譯）（2016）。姿勢決定你是誰：哈佛心理學家教你用身體語言把自卑變自信（原作者：Amy Cuddy）。臺北：三采。

周素如（譯）（2016）。翻轉領導力：創造更多領導者，不是訓練更多聽從者。

（原作者：L.David Marquet）。臺北：久石。

林家泰（2003）。向CEO學習領導力。臺北：智富館。

姜汝祥（2008年4月17日）。領導力兩大原則。取自：http://blog.sina.com.cn/s/
blog_60f5e57c0100e0bv.html

范熾文、張文權（2016）。當代學校經營與管理：個人、團體與組織的連結。臺
北：高等教育出版社。

黃維德（2015年4月）。高領導力，就看這4項核心特質。天下雜誌，68。

取自：http://www.cw.com.tw/article/article.action?id=5066714

高子梅（譯）（2010）。模範領導：領導，就是讓員工願意主動成就非常之事（原
作者：James M. Kouzes & Barry Z. Posner）。臺北：臉譜。

智庫百科（2017）。領導力。取自：http://wiki.mbalib.com/zh-
tw/%E9%A2%86%E5%AF%BC%E5%8A%9B

陳佳伶（譯）（2015）。高EQ領導力（原作者：Daniel Goleman）。臺北：天下文
化。

單小懿（2017）。你是哪一種攀登者？哈佛生也在學的逆境領導力。商業周刊，
1535。

程健蓉（譯）（2013）。錄用標準：這世界需要的是這種人才（原作者：伊賀泰
代）。臺北：究竟出版社。

齊若蘭（譯）（2004）。彼得・杜拉克的管理聖經（原作者：Peter F. Drucker）。臺
北：遠流。

維基百科（2017）。領導力。取自：https://zh.wikipedia.org/zh-
tw/%e9%a0%98%e5%b0%8e%e5%8a%9b

劉純佑（譯）（2014）。藍海領導力。哈佛商業評論，5月號。

劉錦秀（譯）（2012）。新領導力：克服危機時代的領導者條件（原作者：大前研
一）。臺北：商周。

顏擇雅（2012年7月）。如何培養領導人。天下雜誌，257。取自：http://www.
cw.com.tw/article/article.action?id=5040707

韓文正（譯）（2002）。決策時刻（原作者： Rudolph W. Giuliani）。臺北：大塊文
化。

顧淑馨（譯）（2017）。與成功有約：高效能人士的七個習慣。（原作者：Stephen R. Covey）。臺北：天下文化。

(二) 英文部分

Gary Yukl (2012). *Leadership in Organizations, 8/e.* Pearson.

Kouzes, James M. & Posner, Barry Z. (2016). *Learning Leadership: The Five Fundamentals of Becoming an Exemplary Leader.* John Wiley & Sons

Pfeffer, Jeffrey (2015). *Leadership BS: Fixing Workplaces and Careers One Truth at a Time.* Harperbusiness. Inc.

問題與討論

一、請以校長的觀點，撰寫一份為期4個學年度的「學校經營計畫書」。

二、校長如何在「學校經營計畫書」中展現校長經營學校的領導實踐力。

第十二章

中小學教師行政與教學分軌及其專業發展之探究

徐柏蓉

一個計畫的一般秩序，必須植基於一個更高格的秩序之上……
因為沒有了這個做基礎，我就不能適切地處理教學和一般的行
政問題。 ～裴斯塔洛奇

壹 前言

教育是國家發展的根本，是社會創新與前進的動力；教育是百年大計。中小學[1]教育是教育的基礎，而教師的素質則是影響教育品質的關鍵；中小學教師的素質對教育品質具有關鍵性的影響力（吳清山，2010）。然而中小學教師在教學本業之外，長期須同時負擔各種行政業務之處理，故期待行政與教學分軌、讓教師能以專心於教學之呼聲四起。教育部於2013年公布《中華民國師資培育白皮書》，其「行動方案十六——規劃推動教師專業發展激勵方案」之第一項為「結合教師專業發展，提供教師行政與教學分軌進階途徑」，目標是「建立學校行政、教學輔導／課程研發的雙軌進階途徑，各軌有其對應的專業標準與表現指標、相關專業培訓課程與認證流程，以及各自擔負的職責」（教育部，2013：91）；教學三年以上之教師可依其專長與興趣，選擇進入教學軌或行政軌持續專業發展，兩軌之間保留轉換彈性，可隨時依教師選擇進行轉換與進深。

實務上，中小學教育現場行政與教學看似獨立、卻又彼此交融共生的運作存在已久，無論是否兼任行政職務，教師在其職務上的專業發展，最終都將影響學生的受教品質及學習成效。本文即以教師專業發展為核心，分就教學軌與行政軌進行探究，期以整全的視角了解我國教師專業發展現況，並針對現有問題提出未來發展的建議。

貳 教師專業在教學軌的發展

一、教師專業發展議題備受重視

在變遷快速的世界中，社會對優質教師的期待與日俱增。我國回

---

[1] 考量場域殊異性，本文所論中小學以國民中小學為範圍，不包括後期中等學校。

應時勢的變遷與社會的期待，在2010年召開第八次全國教育會議，並將「師資培育與專業發展」納入十大中心議題之一，會議並提出發展策略，作爲未來政府施政之參考（教育部，2010）。爾後，教育部於2011年公布《中華民國教育報告書——黃金十年、百年樹人》，針對我國社會變遷與教育面臨的挑戰提出發展策略，其中一項即爲「精緻師資培育與專業發展」，項下並包括「精緻師資培育素質方案」與「優質教師專業發展方案」等兩個行動方案（教育部，2011）。而教育部於2013年頒布的《中華民國師資培育白皮書》則針對師資培育與專業發展進行了整全的規劃，內容包括九項發展策略與28個行動方案，是爲我國師資培育與專業發展的方向與導引（教育部，2013）。2016年，教育部正式公布《中華民國教師專業標準指引》，不僅回應了我國1996年即公布之《師資培育素質提升方案》對教師專業標準本位訴求的政策方向，亦藉由教師專業化之歷程，形塑了我國理想的教師圖像（教育部，2016b）。回顧我國近年對師資培育與教師專業發展議題的聚焦與政策方案的提出，都顯示出教師專業發展在我國已獲得相當程度的重視。

二、教師專業發展政策積極推展

近年來，教師專業發展的推動是蓬勃發展。我國自1996年《教育改革總諮議報告書》提出五大教改方向之後，教師專業發展一直備受關注，自此進入對教師專業自主提倡時期；此時期的教師專業角色具有視教師爲主動的研究者（歐用生，1994）、反思的實踐者（孫志麟，2011）等兩項特色（范振倫，2013），在教師專業發展的訴求上，強調教師須尋求適合市場管理趨勢的教師專業形象（顧瑜君，2002），主張以學校及教師爲中心、由下而上的教師專業成長模式（范振倫，2013），並以「爲興趣而進修、爲成長而進修、爲學生而進修」的觀點爲核心進行專業成長（吳清山，2010）。而隨著教育市場化西風東漸，教師專業也被賦予企業色彩與管理模式的價值，期能符合市場需求與顧客的期望（黃嘉莉，2002；Hoyle, 1995）；在透過績效的強化以追求教育品質保證（吳清基、黃嘉莉、張明文，2011）、提升教師競

爭力（張德銳、郭淑芳，2011），及建立教師專業標準以作為教師素質的指標（吳清基、黃嘉莉、張明文，2011；孫志麟，2011）的趨勢下，此時期的教師專業角色，則具有教師即社群的參與者（孫志麟，2004；張德銳、郭淑芳，2011）與教師即評鑑者（顏國樑，2003；范振倫，2013）兩項特色，強調教師專業發展能達到「優質適量、保優汰劣」的政策目標及「標準本位、專業指引」的作用（孫志麟，2011），並視評鑑朝專業化方向發展及評鑑作為專業的判斷，為提升教師專業發展的重要方法與途徑（吳俊憲，2010）。

在教師專業發展趨勢與對教師專業角色論述的轉向之中，我國教師專業發展政策也不斷因勢推進。范振倫（2013）整理自2004年教育部九年一貫課程與教學深耕計畫推行以來，我國陸續推動了教育部補助試辦教師專業發展評鑑實施計畫（2006年）、師資培育素質提升方案（2006年）、建構中央與地方教學輔導網絡實施方案（2007年）、教育部補助辦理精進教學要點（2008年）、中小學教師素質提升方案（2009年）、中小學教師辦理專業學習社群計畫（2009年），並於2011年頒布《中華民國教育報告書》、2013年頒布《中華民國師資培育白皮書》；教育部後於2016年頒布《中華民國教師專業標準指引》，作為規劃師資培育與在職教師專業發展之參考，回應教師專業標準化的論述發展。在上述教師專業發展政策中，教師專業發展評鑑、教師專業發展評鑑輔導支持網絡與教師專業學習社群等計畫，提供教師以更強調教學實務與專業成長持續對話、挖掘與建構實踐智慧的方式，讓現場教師以不同於一日式研習的傳統，在教育現場不斷增權賦能、提升專業。其中，教師專業學習社群正符合Masters（2003）研究指出「以教學實務為核心、並與任教的班級及學校的教學脈絡連結、進行長期持續性學習」的特徵，是能促進教師專業高品質內涵的成長計畫，而這也正是我國推行教師專業發展的主要重點之一。

三、教師專業發展推行的現況、困境與轉型

十年來，我國以教師專業發展評鑑為主軸，推行教師專業發展成長活動，並以培育評鑑、輔導、領導三領域人才規劃課程，期望經由各項

教學資源的整合與運用，同時提升教師專業發展與學生學習成效。教師專業發展評鑑計畫的理念是以學生學習爲中心、有效教學爲歷程、專業發展爲導向，透過研討評鑑規準，實施觀察前會談（備課）、入班觀察（觀課）、回饋會談（議課）的教學觀察三部曲，及教學檔案、行動研究、教師專業學習社群等專業發展歷程，提升教師自我覺察與省思教學的專業能力，最終目標是提升學生學習成效（教育部，2016a）。自95學年度至105學年度爲止，每年參與計畫的縣市數與校數皆不斷提升（表1），而至105學年度，參與教師專業發展評鑑之國小校數占全國國小比例55.89%，國中占71.02%，平均占全國校數59.20%，亦即全國約六成之國中小皆參與在教師專業發展評鑑的計畫之中，顯示計畫參與的涵蓋範圍愈形擴大。

表1

各縣市國中小學參與教師專業發展評鑑計畫年度統計

學年度	參與縣市數	參與國小校數	參與國中校數	參與校數總計	全國國小校數	全國國中校數	全國校數總計	占全國國小比例	占全國國中比例	占全國校數比例
95	19	125	22	147	2651	736	3387	4.72%	2.99%	4.34%
96	19	165	49	214	2651	740	3391	6.22%	6.62%	6.31%
97	20	177	68	245	2654	740	3394	6.67%	9.19%	7.22%
98	20	350	115	465	2658	740	3398	13.17%	15.54%	13.68%
99	20	454	126	580	2661	740	3401	17.06%	17.03%	17.05%
100	21	570	164	734	2659	742	3401	21.44%	22.10%	21.58%
101	22	632	209	841	2657	740	3397	23.79%	28.24%	24.76%
102	21	828	314	1142	2650	738	3388	31.25%	42.55%	33.71%
103	22	1117	399	1516	2644	738	3382	42.25%	54.07%	44.83%
104	24	1441	499	1940	2633	733	3366	54.73%	68.08%	57.64%
105	24	1470	522	1992	2630	735	3365	55.89%	71.02%	59.20%

註：參與縣市數與校數整理自精緻教師專業發展評鑑網，全國校數資料來源爲教育部統計處。

　　然而，我國10年來以教師專業發展評鑑作爲推展教師專業發展之主軸，亦面臨困境。教育部（2016c）分析教師專業發展評鑑呈現之缺失，主要有：1.申辦作業繁瑣、申辦表件複雜；2.認證表件複雜、認證審查標準不一；3.認證制度流於個人主義、同儕團體省思文化尚待建立；4.評鑑工具流於形式化、評鑑無效或不同學科（領域）教師無法互評；5.師培單位與學者專家中具教學實務之教學觀察、班級經營之專長者較爲欠缺；6.部分逐年期學校未能深化教學觀察知能、感到彈性疲乏等六項發展困境，而這亦與相關研究提出之改善建議相呼應（馮莉雅，2010；潘慧玲、王麗雲、張素貞、吳俊憲、鄭淑惠，2010；秦夢群、陳清溪、吳政達、郭昭佑，2011；吳錦惠、張育銓、吳俊憲，2013；張媛甯，2016；陳盛賢、高瑄，2017）。

　　爲回應我國以教師專業發展評鑑作爲教師專業發展主軸所面臨的困境，教育部於2016年宣布，自106學年度起中小學教師專業發展評鑑將轉型爲「教師專業發展支持系統」，除將修訂「教育部補助辦理教師專業發展評鑑實施要點」等相關規範外，將以系統思考、盤點統整的概念，給予教師專業支持、情感支持與共同面對問題的支持，透過建構系統化之教學領導教師機制，開放多元人才成爲教學領導教師，針對實習學生、初任教師、新進教師或有意願專業成長之教師，規劃系統化之教學領導教師機制，支持教師增進教學技巧，並針對年資達3年以上之教師，開放提出多元專業發展模式（包括揪團進修、學習共同體、分組合作學習、差異化教學、學思達、教師學習社群、學校策略聯盟及教學基地學校等），期能提高由下而上的教師多元專業發展模式比例（教育部，2016c）。轉型之後的教師專業發展支持系統，服務對象將從在職教師與校長，擴大至包含師資職前教育階段的師資生及教育實習生，將教師職涯區分爲職前教育階段、初任教師階段以及中堅教師、資深教師階段，從師資職前培育階段積極規劃培育社群領導人才及教學領導人才，並針對校長辦理中小學校長課程教學與領導知能培訓，以落實校長課程與教學領導，支持系統的服務對象將更具完整性與全面性（陳盛賢、高瑄，2017）。

參　教師專業在行政軌的發展

我國將行政軌教師分為校長、主任、組長三層級，雖有組長、主任、校長進階的發展軌道，但實際上仍未規劃提出相對應的教育行政人員專業標準與表現指標，而文獻上也以探討校長專業發展為多。以下分就校長、主任、組長三層級的專業發展現況進行探究。

一、校長專業發展現況

(一) 校長任用的歷史變遷

我國國中小學校長儲訓大致分為欽點派用期（1945至1965年）、甄試儲訓派任期（1965至1999年）與甄選儲訓、培育模式並行期（1999年迄今）（陳宏彰，2005）。而我國中小學校長培育政策最大的變革，是1999年《國民教育法》的修訂，使原本以省政府、直轄市政府為主導的模式，轉變為以縣（市）地方政府為主軸進行（詹盛如，2009），中小學校長也從地方教育行政單位直接派任改為遴選制，由各縣市政府組成校長遴選委員會，從具備校長任用資格的儲備人才中遴選（宋秋儀，2011）。

(二) 校長專業能力論述的發展

校長的專業發展，與對其角色、工作職責及專業能力之論述密切相關。黃振球（1996）將校長之職責綜分為教育領導與行政管理兩大類。林明地（2002）指出，校長對外代表學校，必須具備優異的行政管理能力，而其主要包括九項任務：1.做好行政決定；2.塑造安全、有秩序的環境；3.建立與運用多元溝通管道；4.妥適的分工、協調與合作；5.公平的衝突解決；6.做好評鑑工作；7.建立良好的學校與社區關係；8.做好資源管理；9.妥善處理法律、行政命令等議題。毛連塭、張德銳與王保進（2004）提出校長專業能力發展應包括校務發展與評鑑、行政管理、教學領導、學校公共管理、人格特質與態度、專業發展等六項。林煥民、鄭彩鳳（2011）則從校長專業發展之意涵、校長角色與工作職責，以及校長專業發展之階段，歸納出校長專業發展包括了組織資源、專業素養、經營知能、績效發展等四大領域。楊振昇

（2012）復指出國民中小學校長的角色，主要分為「行政領導者」與「課程與教學領導者」兩大項。

　　對於校長角色與專業能力之論述，觀點十分多元。如Ubben與Hughes（1992）認為校長的工作職責主要分為領導與管理兩層面。Candoli, I. C.（1995）認為校長的角色主要包括七項，分別是：1.領導者；2.為學校發展策略性計畫；3.以合作式計畫歷程來領導；4.領導教師發展多樣化的課程；5.領導以學生學習成果為導向的評鑑；6.評估教職員需求以發展專業成長；7.權力的分享者。而Hale與Rollins（2006）認為校長的三項重要工作，是發展對支持教師的深刻理解並實際行動、提升學生學習、為學生轉化學校以促進有力的教學與學習。Hallinger與Heck（2010）則認為校長有促進教師領導、提升教師教學品質、發展組織學習文化、有效改善學生學習的責任。Hallinger（2011）復認為校長須能帶動課程與教學的創新。而整理以上中外對校長角色與專業能力之看法，大致將校長的角色與專業能力分為行政管理、領導經營、課程教學、學生學習等面向，且有朝向以學生學習為核心、提升學生學習成效方向發展的趨勢。

(三) 校長的培育、儲訓與在職專業發展

　　國中小校長的任用進入甄選、儲訓、培育等管道並行之後，在職前培育制度上仍缺乏全國性的標準，教育部對國中小校長的職前培育制度僅有原則性的規定（宋秋儀，2011），由各地方政府自行訂定職前培育規則，或委由大學進行辦理（詹盛如，2009）。其中，臺北市教育局自2001年起委託臺北市立教育大學與國立臺北教育大學辦理為期一年的中小學校長職前培育班，開啟國內中小學校長職前培育專門化之先河，也使中小學校長職前培育正式進入先訓後選模式的時期（宋秋儀，2011）。而目前開設有校長職前培育班者，包括臺北市立大學教育行政與評鑑研究所校長培育班（臺北市政府教育局委託辦理），國立臺北教育大學學校領導培育班（對象為校長與主任，由桃園市政府委託辦理），朝陽科技大學中小學校長、主任專業成長班，銘傳大學校長培育班，國立清華大學中小學教育菁英專業培育班（對象為校長與主

任），大葉大學中小學校長、主任專業成長培訓班，國立臺中教育大學中小學校長主任甄試培訓班等。

　　通過各縣市候用校長甄選之後，則正式進入候用校長儲訓階段。過往（1999年後）候用校長儲訓工作爲各縣市政府自行辦理，而至106年度爲止，除臺北市、高雄市及桃園市仍自行辦理候用校長儲訓外，其餘縣市皆委託國家教育研究院進行儲訓。以國家教育研究院106年度國民中小學校長儲訓班爲例，是提供爲期八週的儲訓予各縣市政府推薦之候用校長，目標在培養具備理性務實、理解關懷、創新思維與前瞻作爲之優質校長，並以正向力、統合力、決策力、溝通力、執行力、知識力爲六大核心能力。課程安排則分爲三大核心基礎及十大面向課程（表2）。在實施策略上，則包括集中儲訓、合作學習、標竿學習、師徒教導等四項，期藉由主題演講、案例解析、活動體驗、小組研討與實務演練等方式，並視課程性質，採合堂、分堂及分班等型態，輔以團隊合作學習，統整知識，透過同儕互相觀摩、分享交流，建立校長專業學習社群（國家教育研究院，2017）。

表2

國家教育研究院106年度國民中小學校長儲訓班課程規劃

三大核心基礎	十大面向課程
專業培訓課程	校務發展、行政管理、教學領導、公共關係、專業責任
師傅教導課程	實務實習、教育參觀、師傅學習
現場實務課程	博雅通識、綜合活動

資料來源：整理自國家教育研究院106年度國民中小學校長儲訓班實施計畫。

　　在職校長亦可藉由相關專業研習課程資源，繼續其專業成長。以國家教育研究院爲例，106年度即爲在職校長開設有故事領導、教師正向管教、美感教育、課堂教學觀察、校園霸凌事件處理、十二年國教學校課程發展、科技領導、程式設計、不適任教師處理與預防、戶外教育、素養導向教學、偏鄉教育發展等在職專業研習班，另有儲訓班回流專業研習，面向十分豐富。

二、主任專業發展現況

　　主任層級的專業培育，是在通過甄選之後進行儲訓，各縣市訂有其甄選與儲訓辦法。至106年度為止，除臺北市、高雄市及桃園市仍自行辦理候用主任儲訓外，其餘縣市皆委託國家教育研究院進行儲訓。以國家教育研究院105年度國民中小學主任儲訓班課程為例，是提供為期六週的儲訓予各縣市政府之候用主任，目標在培養高專業素養、具備溝通協調能力、精進專業理念及專業自我建構，並能落實政策法律執行力的學校行政主管人才，且以專業力、溝通力、執行力、領導力為四大核心能力。課程安排則以行政管理、課程教學、溝通與協調、體驗課程、博雅課程、綜合活動為架構，另有線上學習數位課程（如教師專業學習社群、校園建築與規劃、校園科技學習的應用、教師專業發展評鑑、課程與教學領導系列等）。在實施策略上，則包括集中儲訓、合作學習、標竿學習、學習檔案評量等四項（國家教育研究院，2016）。

　　在職主任亦有相關專業研習課程資源，繼續其專業成長。以國家教育研究院為例，106年度為在職主任開設有國中小行政主管專業成長研習、儲訓班回流專業研習等課程，提供在職主任專業成長之資源與機會。

三、組長專業發展現況

　　兼任組長之教師，是學校現場處理行政業務的主力人員，也是第一線面對未兼任行政職教師的窗口，同時仍須進行授課教學。在實務上處理龐雜的行政業務並進行教學的同時，研究上探討的並非其專業指標或成長需求，而以探討為何教師兼任行政職意願低落（蔡進雄，2009；佘豐賜，2013；林瑞馳，2014；梁坤明，2014）、兼任行政職的困境與壓力（吳錦惠，2014；張昱騰，2016；周郡旂、陳嘉成，2016）、行政職務勞逸不均問題（劉世閔，2006；陳河開，2013；陳麗珠、陳世聰，2013）等相關文獻甚多，兼任組長之教師的專業發展議題較少受到關注（趙士瑩，2014）。究其原因，兼任組長之教師流動率高、職務更動頻繁的現況，除了反映學校現場的基層行政環境嚴苛，也使組

長層級的專業不易發展與規劃；而對組長層級專業發展關注的不足，忽視教師兼任組長後的專業發展需求，則又進一步促成流動率高與職務更動頻繁的負循環。

　　回歸《中華民國師資培育白皮書》來看，「行動方案二十六—教育行政與學校行政人員專業發展方案」有七個子項目，其中與選擇行政軌之中小學教師專業發展相關者，計有「檢討與整合現有法規與資源，規劃教育與學校行政人員專業發展與升遷制度」、「進行教育與學校行政人員專業發展需求評估，規劃多元專業發展課程」、「針對主要行政職位規劃核心能力，作為升遷考量的參考」、「開設培育課程及激勵教師擔任行政工作」等四項，然而前三項所定義之學校行政人員與學校內的主要行政職位，是校長與主任，並不包括組長；第四項論及之行政工作，則未明確定義其行政職位。由此看來，行動方案二十六提出之學校行政人員專業發展，是以校長及主任為主體，相關行政專業培訓課程亦以校長與主任為目標對象，組長並未被納入其中。對照「針對主要行政職位規劃核心能力，作為升遷考量的參考」一項所論「學校主要行政人員包括校長與主任，這些職務所需的核心專業能力與素養應先界定，供用人機關在人員晉用時參考。欲擔任這些職務者，也有所依循，透過專業發展，提早完成這些專業準備」（教育部，2013：118），明確提出須先界定校長與主任所需的核心專業能力與素養、在任用前即完成相關專業準備，組長層級的任用與行政專業培訓，明顯不足。

四、教師專業在行政軌發展的困境與因應

　　分析教師專業在行政軌發展之困境，主要有以下兩項：

(一) 教學專業不易維持

　　國中小教師兼任組長之後，仍將繼續進行教學，但授課時數將因減課而較專任教師或導師少。國中端採專科教師授課，兼任組長教師仍可依專長進行授課；國小端採導師包班制，兼任組長教師之授課領域則未必與專長相符，且可能因配課不同而產生授課領域年年更換的情形。而國中小兼任主任之教師則可能無須授課，或授課時數極少，授課領域則

更難與其專長相符。當教師兼任組長或主任之後，都將面臨教學專業維持的挑戰——若是無須授課，則課室教學的能力將大幅減退；若是授課領域與原專長不符，則須建立新領域教學專長，維持授課品質。在不排除回任教師的可能之下，維持教學專業是兼任組長或主任之教師的一大課題。

(二) 行政專業發展引導不足

教育部於2016年公布《中華民國教師專業標準指引》，列出十項教師專業標準及29項教師專業表現指標，作為規劃師資培育及在職專業發展之參考；相較之下，行政軌無論是校長、主任或是組長，都缺乏相對應的專業標準指引。缺乏專業發展的指標、進階認證制度等之建立，輔以校長、主任之甄選與儲訓辦法皆由各縣市政府自訂，組長之任用則由各校自行決定，使各地方學校兼任行政職務教師之行政專業發展參差不齊（蔡明貴，2010）。

另一方面，校長、主任、組長三層級之專業成長資源差異十分懸殊。相較於校長與主任仍有機會參加各項培育課程、儲訓課程、回流研習等，各縣市政府辦理之組長研習多以處理業務為目標，如經費申請與核銷、系統操作、測驗說明等，與校長及主任研習課程著眼於提升行政專業知能之目標迥異，此種差異也顯示組長層級行政專業知能的提升長期受到忽視。

針對教師專業在行政軌發展之困境，提出以下三點因應之道：

(一) 規劃兼任行政職務教師最低授課時數須以證據為本

教學是具有實踐特性的能力與藝術，必須經由持續的實踐與反思才能提升專業。目前僅以減課作為調整兼任行政職務教師工作條件的唯一方法，但卻未以相關研究證據為本進行最低授課時數之規劃，導致學校班級數愈多、其兼任行政職務教師授課時數愈低，且各縣市規定不一的情況；兼任行政職務教師之授課時數實際是與學校規模及城鄉資源分配相關，非從維持教師教學專業與確保學生受教品質之角度進行設計。建議相關單位應進行維持教師教學專業所需最低授課時數之研究，作為各縣市訂定兼任行政職務教師最低授課時數之依據，輔以增加行政

人力、給予超鐘點費等其他彈性措施，平衡學校規模與城鄉資源之差距，確保兼任行政職務教師之教學專業得以維持，進而提升學生受教品質。

(二) 建立行政專業標準指引

如同《中華民國教師專業標準指引》一般，行政專業標準指引之建立可應用於師資培育及在職專業發展課程規劃中。在教學現場中，新手教師兼任行政職務已屬常態，但師資培育歷程卻未提供相對應的課程與訓練，如此常使新手教師在預備不足的情況下上任行政職務，造成個人與學校整體的耗損。建立行政專業標準指引，不僅可在師資培育歷程中發揮引導作用，對於由地方學校任命兼任組長之教師，乃至在各地方政府辦理校長與主任甄試、職前儲訓、在職回流研習等歷程中，都可發揮引導與校調之功效，進而促進各地方學校行政專業知能的均質化與優質化。

(三) 建立全國性的校長、主任、組長專業證照制度

建立校長專業證照制度已非新議題，早在2000年國立教育資料館主辦之「現代教育論壇」即以「校長證照制度與校長專業發展」為主題，之後2001年教育部主辦之「第七次教育行政論壇」則以「中小學校長培育、證照、甄選、評鑑與專業發展」作為研討會的主題，尤其是教育部2001年召開的「二○○一年教育改革檢討與改進會議」，結論指出2003年底前將完成「建立校長及學校行政人員之培育體系及專業證照制度」之研究，可惜該制度始終停留在紙上談兵的階段，未見付出具體行動（楊振昇，2012）。我國雖在研究上為校長提供了專業發展的指標與資源，但對校長之甄選認證及專業發展上實則無行政約束力，且運作方式仍欠缺專業標準之確立與證照晉升制度（林煥民、鄭彩鳳，2011）。而主任與組長除了一般教師的專業證照外，主任及組長層級之專業證照制度將可促進其行政專業發展。

教師進入教育現場任職的首要條件，即是取得教師證；教師證是全國性的專業證照，持有教師證之教師可至各縣市地方學校應聘，亦可藉由介聘管道遷調他縣市服務。全國性的校長、主任專業證照制度，不

僅能促進專業發展，亦能改善校長與主任僅能在通過資格甄選之縣市擔任校長與主任之現況，開啟行政專業人員至他縣市或偏鄉任職的可能性，使專業行政人員能不爲地域所限，爲教育盡一份心力。

肆 結語

在回應教師專業論述轉向的歷程中，我國教師專業發展政策以兼顧方向性與彈性的作爲，不斷回饋修正施行之方案與計畫，核心即是以提升教師素質作爲促進學生學習成效及確保教育品質的關鍵。回應教師素質對教育品質所具有的關鍵性影響，中小學初任教師在進入教育現場前，須先完成師資培育課程、教育實習與師資檢定考試，並通過教師甄試，才能進入學校任教。初任教師進入教育現場前，在教學軌的專業預備上不僅已有相當基礎，且須通過一連串之專業檢核，才有機會於學校任教；相形之下，無論是否爲初任教師，在進入行政軌前後的專業預備與專業檢核等行政專業發展上，則尚有討論的空間。在中小學教師朝向行政與教學分軌專業發展的過程中，發展教師專業必須同時關注教學專業與行政專業，讓行政專業成爲現場教學的支持與後盾，促使教學專業得以實踐於教師與學生的教與學之間，最終才能達成教育品質優質化與精緻化的目標，有效提升學生學習成效。

參考文獻

(一) 中文部分

毛連塭、張德銳、王保進（2004）。**國民中小學校長專業能力發展標準及其資源檔建構之研究**。臺北市：國立教育資料館。

佘豐賜（2013）。教師辭行政、代理急上陣，國教如何走。**臺灣教育評論月刊**，2(10)，17-20。

吳俊憲（2010）。**教師專業發展評鑑：三化取向理念與實務**。臺北市：五南。

吳清山（2010，10月）。新世紀教師的變與不變。發表於國立臺灣師範大學主辦

「百年樹人：劉真校長百歲華誕慶祝活動──當代師範教育高峰論壇」（頁114-127），臺北市。

吳清基、黃嘉莉、張明文（2011）。我國師資培育政策回顧與展望。載於國家教育研究院（主編），**我國百年教育回顧與展望**（頁1-20）。新北市：國家教育研究院。

吳錦惠（2014）。當前學校行政組織運作的困境與改進。**臺灣教育評論月刊**，3(4)，4-5。

吳錦惠、張育銓、吳俊憲（2013）。影響教師參與教師專業發展評鑑意願的原因。**臺灣教育評論月刊**，2(4)，80-85。

宋秋儀（2011）。「萌芽」校長的培育：中小學校長職前培育臨床實習實施之研究。**學校行政雙月刊**，73，48-62。

周郡旂、陳嘉成（2016）。你累了嗎？影響國中兼任不同職務教師之角色壓力、社會支持與幸福感之實証分析。**臺中教育大學學報：數理科技類**，30(2)，21-43。

林明地（2002）。**校長學──工作分析與角色研究取向**。臺北市：五南。

林煥民、鄭彩鳳（2011）。校長專業發展之研究─指標建構。**教育研究集刊**，57(4)，81-120。

林瑞馳（2014）。教師從事學校行政意願為何低落。**臺灣教育評論月刊**，3(4)，35-36。

范振倫（2013）。**與政策對話：國民小學教師專業發展的峰與谷**（未出版之博士論文）。國立臺北教育大學教育經營與管理學系，臺北市。

孫志麟（2004）。開啟專業學習的新視窗：教師的知識管理。**教育研究月刊**，126，5-18。

孫志麟（2011）。未完成的任務：標準本位師資教育政策分析。**教育研究與發展期刊**，7(1)，1-34。

秦夢群、陳清溪、吳政達、郭昭佑（2011）。**「教師專業發展評鑑實施成效之研究」結案報告**。國家教育研究院計畫（NAER-100-10-I-2-01-00-2-01）。臺北市：政治大學教育行政與政策研究所。

國家教育研究院（2016）。105年度國民中小學主任儲訓班課程實施計畫。取自http://www.tsjh.ylc.edu.tw/modules/tadnews/index.php?nsn=1108。

國家教育研究院（2017）。106年度國民中小學校長儲訓班實施計畫。取自https://www.tc.edu.tw/news/show/id/100923。

張昱騰（2016）。國民中學生教組長的困境與發展。**臺灣教育評論月刊**，5(7)，61-65。

張媛甯（2016）。教師專業發展評鑑支持系統之實施、困境與建議。**臺灣教育**，697，35-41。

張德銳、郭淑芳（2011）。我國中小學教師專業發展實務與研究的問題與展望。**師資培育與教師專業發展期刊**，4(2)，21-44。

教育部（2010）。第八次全國教育會議實錄。取自https://www.edu.tw/News_Content.aspx?n=829446EED325AD02&sms=26FB481681F7B203&s=3901E2A15835CD65。

教育部（2011）。**中華民國教育報告書——黃金十年百年樹人**。臺北市：教育部。

教育部（2013）。**中華民國師資培育白皮書**。取自https://depart.moe.edu.tw/ED2600/cp.aspx?n=37734BA79B67A89A&s=AF04D533FC93AA8D。

教育部（2016a）。**中小學教師專業發展評鑑105年案例專輯：發展專業力 教出未來力：教師專業十年有成**。取自http://depart.moe.edu.tw/ED4500/cp.aspx?n=1B58E0B736635285&。

教育部（2016b）。**中華民國教師專業標準指引**。臺北市：教育部。

教育部（2016c）。**臺教師(三)字第1050143133號函**，中華民國105年10月13日。取自http://practice2.ncue.edu.tw/ezcatfiles/b007/img/img/392/194214585.pdf。

梁坤明（2014）。給予中小學行政人員動力。**臺灣教育評論月刊**，3(4)，43-44。

陳宏彰（2005）。**英國校長專業資格檢定制度（NPQH）在我國國中小學校長培育制度建構之研究**（未出版之碩士論文）。國立政治大學教育研究所，臺北市。

陳河開（2013）。缺很大！國民小學教師兼任行政職務勞逸之探討。**臺灣教育評論月刊**，2(10)，27-31。

陳盛賢、高瑄（2017）。教師專業發展評鑑的下一頁。**臺灣教育評論月刊**，6(6)，73-77。

陳麗珠、陳世聰（2013）。陷入勞逸爭議的國中小校園。**臺灣教育評論月刊**，2(10)，1-7。

馮莉雅（2010）。教師專業發展評鑑的實施與成效：以高雄市國小為例。**教育研究學報**，44(2)，1-25。

黃振球（1996）。**學校管理與績效**。臺北市：師大書苑。

黃嘉莉（2002）。**教師專業及其制度化之歷史發展**（未出版之博士論文）。國立臺灣師範大學教育學系，臺北市。

楊振昇（2012）。中小學校長專業發展之內涵與策略。**教育研究月刊**，224，18-28。

詹盛如（2009）。校長培育政策：論中央的失落與地方的興起。**教育研究月刊**，179，53-65。

趙士瑩（2014）。國民中學兼任行政教師行政專業成長之探討。**學校行政雙月刊**，92，45-64。

劉世閔（2006）。教師兼職行政之探討。**教育研究月刊**，150，139-141。

歐用生（1994）。教師即研究者。**研習資訊**，11(4)，1-6。

潘慧玲、王麗雲、張素貞、吳俊憲、鄭淑惠（2010）。**試辦中小學教師專業發展評鑑之方案評鑑**（II）。教育部委託之專案研究成果報告。臺北市：國立臺灣師範大學教育政策與行政研究所。

蔡明貴（2010）。學校行政人員專業發展需求及其影響因素之研究。**學校行政雙月刊**，69，83-106。

蔡進雄（2009）。國民中學學校行政文化之研究。**學校行政雙月刊**，60，10-23。

顏國樑（2003）。從教師專業發展導向論實施教師評鑑的策略。**教育資料集刊**，28，259-285。

顧瑜君（2002）。增能進修模式初探：以學校為中心的課程發展作為教師專業成長之可能性。載於中國教育學會、中華民國師範教育學會主編，**新時代師資培育的變革——知識本位的專業**（頁33-64）。高雄市：復文。

(二) 英文部分

Candoli, I. C. (1995). *Site-based management in education: How to make it work in your school*. Lancaster, PA: Technomic.

Hale, E., & Rollins, K. (2006). Leading the way to increased student learning. *Principal Leadership, 6* (l0), 6-9.

Hallinger, P. (2011). Leadership for learning: Lessons from 40 years of empirical research. *Journal of Educational Administration, 49*(2), 125-142.

Hallinger, P., & Heck, R. H. (2010). Collaborative leadership and school improvement: Understanding the impact on school capacity and student learning. *School Leadership & Management, 30*(2), 95-110.

Hoyle, E. (1995). Changing conceptions of a profession. In J. Busher & R. Saran (Eds.), *Managing teachers as professionals in schools* (pp.59-70). London, UK: Kogan Page.

Masters , G. N. (2003). *Using research to advance professional practice in Building teacher quality: What does the research tell us?* Research Conference Proceedings, Camberwell, Australian Council for Educational Research, pp.46-48.

Ubben, G. C., & Hughes, L. W. (1992). *The principal: Creative leadership for effective schools (2ⁿd ed.)*. Massachusetts: Allyn and Bacon.

問題與討論

一、教師專業發展評鑑計畫的理念、歷程與目標為何？實踐上遇到哪些困境？未來將如何轉型？

二、我國國中小校長的任用、培育與訓練有何特色？

三、教師專業在行政軌的發展有哪些困境？有何因應方法？試提出己見。

第十三章

校園安全與危機管理防護策略

盧延根、陳增娟

　　　　　　　　　繃緊安全的弦，彈出教育的調

了解：校園安全存我心，防範作爲確實行，處處關注危機在，
　　　才有安全護我行。

因爲：安全是最大的節約，事件是最大的浪費。麻痹是最大的
　　　隱患，失職是最大的禍根。

因此：投資校園安全是社會、家庭與師生最大的福利。

壹　前言

　　邁入21世紀的知識經濟時代，社會急遽變化。學校遭遇天然災害
與外來人爲因素，包括媒體、毒品、自殺與暴力等侵擾，造成校園事件
頻傳，而教育與學校人員的工作知能、應變能力與態度等尚未能與時俱
進，面對校園安全問題無法即時因應處理。

　　然而，學校是全民教育活動的特定場所，也是地方社區的一環（盧
延根，2002）。因爲學校是公共財，在不影響正常教學情況下，應
該開放民衆休閒、運（活）動，將校園充分運用；但學校開放社區使
用，卻也衍生校園管理的問題，尤其學校人員的安全觀念及危機意識
仍嫌不足的情況下，校園安全受到嚴峻挑戰。因此，Bakioğlu & Geyin
（2009）指出，校園安全備受家長、教師、學校當局及政府部門所關
注之議題。事實上，校園安全也是整體社會安全的重要組成部分，不
僅關係到千千萬萬個家庭的幸福，也關係整個社會的穩定（楊愛東，
2015），因爲學校攸關國家人才培育、未來發展與精進的希望。教育
部爲維護校園安全，2001年7月依據《災害防救法》成立「校園安全暨
災害防救通報處理中心（簡稱校安中心）」（教育部，2016），統籌
各級學校校園安全通報與處理，並採24小時值勤作爲緊急應變與即時
處理校園事件，顯見教育部至爲關注與重視；然而校園事件卻仍迭有
所聞，尤其當前的少子化現象，已被視爲國安問題的前提下，我國校
園安全卻仍出現重大紕漏，臺北市○○國小2015年5月29日發生隨機割
喉致死案，顯示校園存在的風險遠大於現有措施能防範者（立法院，
2015）；再則臺灣地震頻傳，首善之區－臺北市竟有125棟校舍未補強

（劉婉琳，2016），師生處於危險環境中；2014年9月30日新北市○○國中女生小蘭功課沒完成遭洪姓男師違法「巴」頭，侵害學生身體自主權與人格發展；新北市○○國中王姓男生2016年2月16日放學途中遭強押拘禁，並被鋁棒、電擊棒毆打；臺北市○○高中李姓女生2017年2月21日放學後校門口被黑色轎車載走失蹤8天；2017年2月21日○○國小食物中毒；2017年4月18日臺南市新營私立○○高中學長挖糞抹學弟嘴（王定傳，2017；王柔婷，2016；姚岳宏，2017；張議晨，2017a；楊金城，2017）。事實上，國外校園安全事件亦時有所聞（Ünal & Cukur, 2011），例如：加拿大2016年1月22日發生了26年來最嚴重校園槍擊案，造成4死7傷慘案（張伶銖，2016）；日本狠心母親和同居男友長期以綑綁、毆打臉部與菸燙舌、強逼吞死魚等措施虐待17歲女兒（林翠儀，2016）等。由前述案例，可見校園安全不論國內外都事件頻傳，未成年學生仍處於高風險環境，教育行政機關與學校應投入更多心力，並協同相關單位建立防範機制。

　　針對校園安全事件所涉及的層面，隨著社會型態變遷而更加複雜，且每個事件牽涉之變項，因為不同屬性及社會背景，呈現千變萬化盤根錯節之狀況，且都有其急迫性，應妥適迅即處理，否則可能擴大或造成二度傷害，尤其在傳統行政組織僵化運作模式氛圍下，似乎無法因應多元校園安全事件，做好妥適管理機制，更是刻不容緩之要務。因此，本文試圖先就校園安全與危機管理之意涵予以定位，其次了解國際安全學校認證與主要國家在校園安全的實施經驗，最後依據相關文獻研析建構校園安全防護具體策略供參。

貳　校園安全與危機管理之意涵

　　學校是學生學習的園地，只有在一個健康、安全的校園，學生才能發揮學習效果。因此，學校經營管理對於校園安全與危機管理的問題，益顯其重要，必須優先考量。

一、校園安全之意涵

　　目前學校在質與量方面都已經達到一定的規準，不過整體教育環

境與設施，仍然無法達到確切之安全（盧延根，2002），因為只要是有人的地方，不論是人際互動之間，稍有不愼就會有意外發生（吳清山，2011）。因此，校園安全是學校經營重要的一環。

「校園安全」一詞，就字義而言，包括二個重要概念：一是校園（campus）；二是安全（safety）；其中「校園」係指校園安全的環境，「安全」則為校園安全的狀態，整體而言是指教與學的環境裡沒有危險之顧慮。「校園」的範圍，就狹義而言，係指學校圍牆內師生從事教與學等相關活動的場域；然而，基於傳統對教育的使命感與教育愛，廣義而言，則應擴大校園安全的範圍，舉凡學校師生在教學、研究、服務或生活等所發生事故處，都應含括其中（許龍君，2002；教育部，2005）。就教育責任的觀點言之，校園安全確實應當適度延伸擴大，期許防制更為細緻，觸角更為深遠，讓校園安全獲得更為周延的保障。依據安全學科所謂的「安全」，國際標準組織（International Standards Organization, ISO）、牛津高階英語詞典（Oxford Advanced Learner's Dictionary, OALD）與美國安全工程師學會（American Society of Safety Engineers, ASSE）均指出，安全係表示相對於身體免受傷害（harm）或遭受傷害的機率較低，且是在可以接受之風險（risk）狀態（黃清賢，1995；Hornby, 2012）。生物的競爭在於「進化」，互動中了解合作才是減少傷害獲得生存之道；人類是萬物之靈，更能體悟「安全」乃是最基本的需求，馬斯洛（Abraham Harold Maslow, 1908年4月1日-1970年6月8日）的需求層次理論（Maslow's hierarchy of needs, 1943）也做如此表述，人類自嬰兒呱呱落地至耆老垂暮之年，皆有安全需求。隨著全人教育概念的發展，已跳脫客觀物質環境層面的安全，更超越含括主觀心理感受層面的安全，亦即「安全」不僅止於實體的「安全」（security），更涵蓋生理、心理、社交與心靈等需求（李宗勳，2005）。顯然，安全是個體與組織所共同追求的基本目標，雖然世界上沒有絕對安全的地方；但相較於其他公共場所，學校係屬於一個較為安全之場域（Brady, 2011），只是教育的主體是學生，學生階段大都為未成年之個體，又是國家社會未來希望之所繫，而教與學狀態下的教師是主角，教學設備、設施等也是教學活動的重要工

具，可見維護校園安全是學校行政運作中，應列為最優先且確實要做好的工作。

　　基上所述，「校園安全」是指教育行政機關與學校提供師生在生活與教學等活動的場域中不受內在問題影響、外力或天然因素之干擾，並能有效避免遭受可能之傷害，或降低傷害的機率與風險，以維護學校師生的安全與教學正常運作，但當不幸事件仍然發生時之傷害是在可接受程度的狀態。

二、危機管理之意涵

　　「危機管理」（crisis management）是複合詞，一是「危機」，另一為「管理」。「危機」意謂個體或組織面臨緊要危急或轉折點決定性的關鍵時機；「管理」則指組織在特定環境與既有資源，進行計畫、系統、領導與控制的動態連續性的流程，俾使組織發揮更具效能的達成目標。

　　「危機」（crisis）就字義而言，具有危險（danger）與機會（opportunity）的意涵。針對突如其來發生的事件，威脅組織即時應變的狀況與挑戰，無法以慣常模式因應，卻攸關組織存亡與利益轉移，但經妥善處理更有助於組織發展再提升的契機。朱愛群（2002）依據韋氏大字典（Merriam-Webster's Collegiate Dictionary）提出，危機是組織轉機與惡化間的轉捩點。由於危機具有突發性、嚴重威脅性等特徵，針對危機發生時，決策時間短促、急迫的特性，也有學者（吳宜蓁，2002；Deutsch, 1982）定義為：「危機是在無預警的情況下，突發的緊急事件造成人員與財產嚴重損失，迫使決策者必須在短時間內作成決策，採取行動將狀況降低與解除」，否則威脅組織生存與發展。因為，危機的成因多半為「組織僵化，處理遷延失機」（秦夢群，1997）。因此，當危機出現時必須迅即做成高度價值目標的政策選擇（Morse, 1972），根本之道是讓組織活化與建立危機意識。雖然，危機不易預測，但也並非毫無線索，聰明的組織都知道危機早晚會降臨，他們只是不知道什麼時候會來而已（林文益、鄭安鳳，2002）。顯然繃緊安全的弦，才能奏出教育的調，這是「危機管理」的具體展

現。

在日常生活中學校危機事件的形成因素與管理，歸納學者（唐璽惠，1998；陳芳雄，1996；鄭美華，2003）的論述，危機潛存於各場域裡，學校危機事件的形成因素，臚列如下所示：

(一) 學校內部

教育人員之工作態度與知能、相關人員互動、不當管教等，因為皆受社會高度重視與期許，會以高標準進行檢驗；而學生係心智尚屬未成熟之個體，情緒與行為較難控制，易衍生爭端，或有自傷行為；另外，行政措施包括，校舍與設備老舊未定期保養維修，工地與死角等安全措施仍嫌不足，也可能係地面濕滑問題，造成運動受傷，都是校園隱形殺手。

(二) 學校外部

學校外部：1.人員因素，如家長、社區人士或地方仕紳等與學校意見相左的不理性作為，另有精神異常或情緒不穩者的外力侵擾，影響學校安定性與正常運作；2.學生家庭背景差異，各行業與教育水平不一、單親、隔代教養與雙薪家庭增加，照顧學生時間減少與家庭功能不彰，衍生學生煩惱增加；3.媒體新聞單純事件過度報導或不當喧染等，都會造成危機事件惡化或擴大。

(三) 大自然因素

臺灣颱風、地震或淹水等大自然環境因素，都可能造成師生、校舍與設備災損，也可能造成道路不通危及學生上下學的不便與安全，不僅影響正常教學，更危及師生安全至鉅。

(四) 其他因素

教職員工學生的食物中毒、藥物濫用、公共衛生等事件與國家政經事件等，都會產生校園危機，例如2003年嚴重急性呼吸道症候群（Severe Acute Respiratory Syndrome, SARS）全國如兵臨城下在校園蔓延、2015年登革熱南臺灣疫情持續升溫，疫情流行的風險、2016年流感入侵校園疫情嚴峻擴大，都造成學校停課。

　　為維護師生安全與學校正常運作，學校會盡力避免遭遇危機事件，但是危機卻不請自來。對於危機管理的論述，學者分別提出不同看法，經綜整重要的部分，應該是危機前的預防與危機中的處理：因為聰明的組織在危機之前，了解危機無法預知，卻可以預防做好「凡事豫則立」的工作，亦即先期妥善的規劃管理與準備，就能化解危機為轉機。因此，學校危機作業規範是必要的，教育部校安中心於2001年成立後，歷年來持續變革精進作為，2003年訂定「各級學校校園災害管理要點」及「校園安全及災害事件通報作業要點」，並建構「校園事件通報管理系統」等。美國也於1994年就要求學校須擬定「安全學校計畫」（safe school plans），1995年制定學校危機應變程序，911事件後，各學校更知覺安全的重要性，採取多元防護措施或更細部的作業程序（McGiboney, 2003）。

　　危機管理是組織為避免危機情境所衍生的威脅，建立危機文化檢視內在、外力或天然等潛在因素之防範，進行計畫性的作為，並以滾動式連續性檢討精進調整之過程，將不可避免的事件傷害或風險降至可接受狀態，俾利於營造組織（學校）正常運作的安全環境。

參　國際安全學校認證與主要國家實施經驗

　　《孫子兵法》有云：「無恃敵之不來，恃吾有以待之。」因此，教育或學校行政機關除自行規劃校園安全防範之外，也可參酌國際安全學校認證與世界先進國家校園安全模式的經驗，研提作為他山之石的參考借鏡。

一、國際安全學校認證

　　安全學校的認證起源於1989年9月「世界衛生組織」（World Health Organization, WHO）在瑞典舉行第一屆意外及傷亡預防世界會議，其中安全社區的宣言，主張「安全學校」係屬「安全社區」認證項目之一。國際安全學校（臺灣社區安全推廣中心，無日期）在安全社區的架構下，需具備如下八項準則：

　　準則一：有一個基於夥伴與合作關係，由學校老師、學生、職工以

　　　　　　　及家長所組成的團體來負責推動該校的安全事務；而這一
　　　　　　　個團體是由校務委員會（含家長會）代表擔任主席，並由
　　　　　　　校長擔任共同主席。

準則二：由上述團體與社區代表（如：里長、民意代表）共同決定
　　　　安全學校的發展政策。

準則三：有長期、永續的執行計畫，涵蓋所有性別、所有年齡、所
　　　　有環境和所有情況。

準則四：有以高危險族群與高危險環境為目標對象的計畫，也要有
　　　　對易受傷的族群推廣安全的計畫。

準則五：所有的計畫必須基於能取得的實證資料。

準則六：必須有對傷害的原因及頻率加以記錄的計畫——包括非蓄
　　　　意傷害（意外事件）以及蓄意傷害（暴力與自殘）。

準則七：要有對學校政策、計畫、執行過程與成效的評估。

準則八：持續參與安全學校網絡，包括本地、國內及國際上的活
　　　　動。

　　具備前述國際安全學校八項準則之學校，申請認證之相關資料與作
業流程概述如下，提供各級學校參酌運用：

(一) 準備申請，依實際狀況，分別填註國家、地區等資料。

(二) 成立跨部門的團隊，此一團隊必須依據國際安全學校認證中心
　　　（International Safe Schools Committee, ISS）的申請指標，
　　　蒐整事件或傷害之相關資料。

(三) 學校申請作業流程

　1.草擬推動計畫，並持續提出解決行政與經費的問題。

　2.向ISS申請加入安全學校的推動名單。

　3.以申請函向ISS提出審核。

　4.資料經ISS審核通過後，給予正式認證函，並與學校簽署書面
　　認證，學校將被列名於等候（Pending）國際網頁名單。

　5.獲認證後的學校，每3年必須再作認證申請，並可以申請更高
　　一級的認證。

綜上所述，安全學校認證的建構，必須是學校學生、全體教職員

工、家長及社區居民的共識下，結合所有資源的運作，以減少意外或故意性之傷害、營造安全的環境，促進和諧的關係爲原則，增進與持續全體師生員工之全面性的安全。目前臺灣各級學校中，獲得國際安全學校認證中心公開認證爲「國際安全學校」者，已有83所學校（臺灣社區安全推廣中心，無日期）。經了解，申請「國際安全學校」的過程準備資料與書面作業繁瑣，且必須自行籌措評鑑委員（國外）交通等相關費用，讓很多學校聞之卻步，因此認證過的學校少有3年後提出高一級再認證的申請。但是經認證過的學校，更能了解安全學校規劃之精神，有效地依準則持續執行，更能降低校園事件的發生。

二、主要國家實施經驗

爲維護校園安全，世界各主要先進國家（美、日、韓等國）的執行經驗，頗值參考。茲將相關文獻（莊會寧，2010；黃德祥、李介至，2012）彙整如下所示，提出作爲借鏡：

(一) 美國

1986年4月5日美國一名19歲女大學生在校舍遭歹徒入侵姦殺，政府隨即於1987年訂定《校園安全保護法》；再則1999年科羅拉多州發生「科倫拜高中悲劇」（Columbine high school tragedy），2名青年持槍與炸彈在校園襲擊師生；另2007年維州理工大學（Virginia Polytechnic Institute and State University）發生槍擊事件，造成33人死亡，20餘人受傷，舉世震驚，故相關規範幾經修訂與補充，主要事項包含：

1. 學校必須公布年度報告，包括：校園安全政策實施業績和年度校園發生違法犯罪統計數據。
2. 學校必須及時警告全校教職員工和學生，不得以任何違法手段和暴力威脅他人安全。
3. 每所校院的警衛或安全部門，必須與美國各級政府的安全部門建立暢通溝通管道，並保持訊息即時傳達，便於跟蹤巡查學校內外部人員之相關犯罪訊息。
4. 美國教育部每年蒐整犯罪統計數據，並通報聯邦政府有關部

門。

5. 凡是不認真執行或發生事件應負的責任，將依法罰款，學校負責人也將依情節輕重承擔刑事責任。

6. 透過學校安全審查評估方案，預先了解影響學校氣氛、入學安全、人身安全及學校整體安全之各種因素。

7. 經由各類安全技術及科技輔助後，校園加裝金屬偵測門，管制攜帶物品及設立安全區域，監控校園活動，限制人員進出校園，致力保護師生安全之措施。

(二) 日本

日本自2001年以後，校園安全事件發生質的變化，人身安全成為重要的問題，因此校園安全以學校為中心，結合警察、家長與社區等作為安全防護網，考量的相關作為如下：

1. 修訂《校園安全法》，規定政府、學校、家長與學生等，對於校園安全應盡之義務（張晶，2010）。

2. 校園安全問題，不能僅由教育部門的重視與解決。

   (1) 責成轄區派出所警察定期到學校巡查、說明講座，通報近期治安動態，加強犯罪的威嚇，增加師生與家長安全感。

   (2) 校園門口配有警備員、保全，維護學生上下學安全。

   (3) 學校、警察、家長與社區等連結為校園安全網絡。

3. 家長與志願者組成市民安全守衛隊（政府財政拮据，無法雇用校園警衛）。

4. 政府將商家納入保護孩子的防範體系；凡參與之商店在醒目位置張貼特殊標幟，孩子上學或放學路上遇到危險狀況，可迅速到這些商家求助，商家拒絕或懈怠必須承擔法律責任。

5. 校園安裝監視器，特別注意安全死角。

6. 班級安裝緊急呼叫鈴，除嚇阻歹徒不法勾當，讓孩子可獲得及時協助。

7. 新推出GPS兒童定位功能手機，遇到緊急情況時，學生拉手機之掛繩，警鈴鳴響並傳達所在位置，能即時掌握孩子的行蹤。

(三) 韓國

韓國2009年發生數起女學生遭受惡性騷擾事件，經研擬相關措施如下：

1. 學校與家長投入更多人身安全防範與教育力度。
2. 增加學校保安人數與監視器。
3. 家長為子弟購買人身防護相關設備：噴霧劑、報警設備。
4. 特別重視幼兒園與小的安全管理。
5. 學校上下學時段，安排教師於校門口關心學生之安全。
6. 家長自願輪流擔任志工，協助校園與周邊（交通）安全。
7. 學校每年舉辦3-4次安全演練，讓孩子在危急的情況下，迅速有秩序地逃生。
8. 2007年頒布《學校安全及補償法律》，政府應優先支持學校安全之預算。另外韓國教育委員會與地區設立學校安全補償基金，俾利轄區內師生都能加入學校安全保險。

綜上所示，國際先進國家學校安全策略作為，包含：訂頒校園安全法律、建立安全審查評估方案，預先了解影響學校相關安全因素、統計事件數據傳送相關部門、學校與社區家長建立夥伴關係、保全警衛與家長積極巡查、商家納入防範體系、安全演練、增購防護設備與學校安全保險等。國際有關國家學校安全的策略作為，臺灣目前雖也大都在執行，惟仍有部分尚待努力與精進。

肆　校園安全防護具體策略

安全是組織的重要工作，尤其學校是培育國家未來主人翁，更不容小覷；為了增進校園安全與防範未然，針對前述校園危機形成因素、國際安全學校認證準則與美日韓等國家之校園安全處理模式，並參酌相關文獻（吳宗立，2009；洪福源、魏麗敏，2012；陳增娟、盧延根，2016、2017；盧延根，2002、2003、2004）資料，以強化校園安全處理模式，研提防護具體策略如下所示，期對校園安全與防範有所助益：

一、建立危機意識，防範意外發生

古訓：「生於憂患，死於安樂」，學校行政與有關人員必須時時存有危機感，預想或覺察（awareness）可能出現的問題及早因應，並提醒師生在家庭、學校或上下學的生活中做好防範。但危機意識不是渾然天成，必須經由習慣成為自然，隨時提高警覺，將危機狀況融入課程中，建立的危機感形成因應策略的構思，就會有效避免事件發生，或遭遇狀況時縮短反應時間，如此將因「凡事豫則立」，精進危機應變能力，自然不會太過於擔心突發的挑戰，也可以防範或降低事件發生。

二、制定校安法律，保障師生安全

「安全法規血寫成，違章害己害親人。」目前教育行政機關在校園安全防護的管理模式僅限於實施要點、注意事項或計畫等行政命令的層級，為了宣示及真正維護校園安全的決心，可綜整前述規定，並參酌各國相關法律之訂定（如美國「克雷莉法」The Clery Act），提升至法律位階層次，積極推動「校園安全法」，律定相關作業規範、通報機制、事件處理流程與罰則，以強化原有處理機制，讓相關計畫都能結合實證資料與問題，對傷害原因、頻率記錄（包含意外與蓄意），不得威脅他人安全，有效防護校園安全與管理。

三、規劃永續方案，統整週延執行

學校僅針對校園危機管理方案之推動，恐會增加行政人員與教師之工作，造成執行上的困難，但如融入學校校務發展計畫之實施目標、作法，配合處室年度工作計畫做連結整合，應能有效落實危機管理與運作，是而建構校園安全監控中心，確認專責單位與執行人員，含括不同性別、年齡、落實門禁管理、消弭安全死角、監視器與緊急通聯系統設置之妥適性、緊密連結當地警政系統——即時協處聯防等，再則釐清問題與法律諮詢，爭取經費妥善規劃運用等細項，並隨時檢視可能問題，再做動態循環修正，綜整形成永續方案執行。

四、結合社區資源，發揮統合效能

　　學校是社區的一環，關係密不可分，平日就應與社區做好睦鄰工作，建立良好的夥伴關係，尤其學校資源有限，與社區連結成為生活圈的概念共享資源。學校、社區與家長等組成校務委員會，共同決定與推動學校安全發展事務，諸如：學校生源來自社區、校園開放供社區民眾活動、社區也潛藏安全防護專業人士，可補學校人物力之不足、也可招募更多志工，以分時段與分區巡查校園，提高巡邏密度、另將學校鄰近商家納入求援體系，增加學校安全資源的取得與運用，發揮校園安全事半功倍最大之效益。

五、連結部會平臺，及時支援防護

　　學校安全應與政府相關部門（如：警政、社政、交通、法務…等機關與地方政府）連結，釐清工作職掌，確定主協辦關係，分工協調合作，並簽訂議定書，明定支援事項，暢通緊急通聯管道，定期或不定期巡查、召開會議或演習，落實追蹤管考，並確實完成中央、地方及學校三級安全防護工作，迅即有效協處校園安全問題。如此深層考量學校內部安全層面，含括：學校健康促進，硬體設施、危機反應、體育相關活動、安全文化、教育宣導等環境之執行；另外，學校檢視各方可用資源，結合作為共同檢核學校安全之用。

六、推廣國際認證，精進安全思維

　　運用「國際安全學校」的認證準則，教育行政機關應責成或鼓勵各級學校，作為改善校園安全管理工作檢核參考，並將此認證之準則，研議列入校務評鑑之具體指標項目。另學校應訂定校園危機管理與建立校園危機意識的學校文化，精進安全思維，增進國際與社區安全學校交流，強化縱向與橫向聯繫，由互動中分享認證或執行經驗，汲取資源與研討諮詢，對於高危險、易受傷族群等目標對象，預防與降低事件傷害機率之思維，並推廣安全計畫，互補長短使校園安全更臻完善。

七、加強校安講習，提升防護知能

學校應整合各處室可用資源，妥善積極規劃，結合校園發展計畫或領域課程，辦理學生安全座談與法治教育訓練，提升教師與學生自我安全防護之觀念與能力，增進教師與學生防災及意外事件預防知能，並定期舉辦急救、環保、衛生、校園防暴、消防安全、交通安全等以安全為主題之講習訓練，也可協調警察、消防相關單位派員蒞校協同安全狀況之演練或指導，讓學校的教職員生自然養成安全的概念，並熟悉緊急應變的能力。

八、創新校安作為，融入學校活動

學校的安全工作，是社會各界特別關注的焦點。世間的真理，唯一不變的就是變，隨著社會快速演變，學校考量的安全作為，也應與時俱進，以創意提升學校安全思維，推敲各種可能衍生之狀況預作防範。並能妥善將安全融入學校師生日常教學活動與生活運作中，每年舉辦2-3次安全演練，讓師生都能因受到妥善的教育，自然形成急中生智，在危急中能夠迅速有序的求生，養成在安全防護的習慣與技能，共同增進危機意識與防護知能，才能真正提升師生的安全。

九、大眾關注監督，作為精進參酌

校園安全是社會大眾所關心的焦點，也是教育人員應自我惕勵與精進的工作，都會盡心妥善注意維護師生安全，然而為避免潛存誤失或因一時的疏忽，而發生事件，尤其是處於民主社會民智大開的世代裡，不同於過往的愚民政策，「民可使由之、不可使知之」的時代已經過去了，學校有義務善盡告知社會之責任，諸如已做各項安全措施之情形，讓教師、家長與社會等共同關心校園安全的人士共同檢視與建言，以期集思廣益，減少或避免校園安全事件之發生。

十、編列保險預算，減少人員壓力

校園安全是社會大眾所關心的焦點，也是教育人員應自我惕勵與精

進的工作。雖然，教育與學校行政人員原則都會盡心關注維護師生安全，然而當該注意之處學校人員皆已盡心力，但潛存問題卻仍不幸發生造成校園意外事件，因此除了「學生團體保險」的保障外，似宜由教育行政機關編列校園「公共意外責任險」之預算，讓教師能專心教學工作，也避免校長等行政人員負擔歸責於學校的意外理賠事件，俾使學校行政人員無後顧之憂致力於教育工作，也讓不幸遭受傷害者獲得保險公司理賠。

　　綜上，校園安全與危機管理的首要工作在於防患未然；雖然Seeger、Sellnow與Ulmer（2003）認為，組織危機為特殊的、無預期的與非例行性的，引發高度的不確定性，威脅組織的重要目標。學校亦係組織系統的一環，校園確實存在危機狀況威脅校園安全，但「寧可千日不鬆無事，不可一日不防釀禍」，為了學校永續經營，必須將校園安全與危機管理列為學校經營重要工作。

伍　結論

　　安全是組織最基本的工作，攸關個體的身體健康與國家社會的發展存續。研究（Bakioğlu & Geyin, 2009；Janerette, 2005）顯示，學生在一個安全有序的情境中，會有較高的學習成就。尤其教育攸關個人自我提升與成長，也影響國家未來競爭力與發展走向（林俊彥、盧延根，2011）。因此，校園安全自然成為眾所矚目的重要議題，也自然成為政府嚴峻考驗的重點工作之一。

　　隨著時序進入E世代，經濟的繁榮成長，社會的演化變遷與科技的發達進步，在享受經濟發展的果實與生活品質提升的同時，卻也因為受到物慾的誘惑，價值觀改變與家庭功能式微等，在在影響校園安全的事件層出不窮，嚴重性更是與日俱增，發生時的不確定性也隨之提升。事實上，校園安全的問題舉世皆然，目前不只是我國政府十分重視，世界各主要國家也因事件時有所聞，都已列入重點關懷工作，而各級學校也苦思因應對策，希望能夠避免或減少事件發生。然而，就國內關心校園安全的程度而言，根據教育部校安中心2016年12月的統計，2015年校安通報事件有125,324件，其中死亡744人，受傷19,023人（教育部，

2016）。顯然，校園安全事件仍然發生頻繁，但似乎仍未能有效避免或預防。而且媒體（2017）報導，校園通報系統有漏洞？北市2014年校安通報死亡30人，但申請團保死亡理賠者卻有38人；2015年31人死亡，申請理賠者卻有39人，意外事件也有八成未完成通報（張議晨，2017b），當通報與實際件數出現落差，校安通報明顯存有粉飾太平之失靈現象，相關機關與學校未思省思精進，校園安全著實令人憂心。雖然，深究校園安全事件的狀況，都不會一樣，也不可能一樣，是以安全的防範措施，很難完全掌控或預先測知，就是類似的案件，也無法以相同的處理模式去處理。因此，Batsis（1994）認為，校園危機形成隨著影響因素的不同而有差異，在一所學校造成危機因素在另一所學校卻未必造成相同影響。是而各類危機事件，只能參考，不能一概而論，但是「凡事豫則立」做好規範工作，這也就是政府應即訂定法規，讓教育行政與學校有遵循路徑，給予適度壓力時存危機感，才能提升師生安全知覺，再結合各項資源與作為策略，做好防範工作，真正為學校提供一個安全優質的教育環境。雖然，「徒善不足以為政，徒法不足以自行」，但應可達到「執行」及「重要性」受重視的程度，因為有好的法令沒有落實，是無法發揮任何實質效力。

　　校園安全問題舉世皆然，目前不只是臺灣政府重視，世界各國家也因事件時有所聞，均列入重點工作而苦思因應對策。因此，落實前述校園安全具體策略，應可作為解決問題與拋磚引玉之參考。

參考文獻

(一) 中文部分

王定傳（2017年4月25日）。老師「巴」學生頭判賠三千。自由時報，A11版。

王柔婷（2016年2月18日）。押走國中生拷打九小時‧‧認錯人。聯合報，A10版。

立法院（2015）。立法院公報，第104(55)，總號：4254，pp.313-381。

臺灣社區安全推廣中心（無日期）。國際安全學校由來。2017年1月11

日，取自http://www.safecommunities.org.tw/safecommunity/default. asp?todowhat=showpage&no=84。

朱愛群（2002）。**危機管理-解讀災難謎咒**。臺北市：五南。

李宗勳（2005）。**員警與社區風險治理**。桃園：中央員警大學出版社。

林文益、鄭安鳳（合譯）（2002）。**危機管理與傳播**（原作者：W. Timothy Coombs）。臺北市：風雲論壇。

林翠儀（2016年2月18日）。日女學生長期受虐遭母強逼吞死魚。**自由時報**，A13版。

林俊彥、盧延根（2011）。國民中小學對外公共關係的特性與功能。**教育人力與專業發展雙月刊**，28(4)，125-130。

吳宗立（2009）。**學校危機管理**。臺北市：高陽。

吳宜蓁（2002）。**危機傳播——公共關係與語藝觀點的理論與實證**。臺北市：五南。

吳清山（2011）。**學校革新研究——校園危機管理的理念與策略**。臺北市：高等教育。

洪福源、魏麗敏（2012）。我們的校園安全嗎？國際安全學校認證的啓示。**教育研究月刊**，214期，34-40。

姚岳宏（2017年3月1日）。大哥捲入載走女高中生。**自由時報**，B1版。

唐璽惠（1998）。校園危機處理。**學生輔導通訊**，58，pp.44-57。

秦夢群（1997）。**教育行政：實務部分**。臺北市：五南。

陳芳雄（1996）。**校園危機處理**。臺北市，幼獅。

陳增娟、盧延根（2016）。國際安全學校認證與美國校園安全策略之啓示。**新北市教育（季刊）**，20，55-60。

陳增娟、盧延根（2017）。校園安全處理模式與具體策略。**教師天地**，203，18-26。

教育部（2005）。**校園安全暨災害教育研習手冊**。臺北市：教育部學生軍訓處。

教育部（2016）。**教育部104年各級學校校園安全及災害事件統計分析報告**。臺北市：教育部。2017年1月3日，取自https://csrc.edu.tw/Content/FileManageFiles/20161230054333-104%e5%b9%b4%e6%a0%a1%e5%9c%92%e4%ba%8b%e4%bb%b6%e7%b5%b1%e8%a8%88%e5%88%86%e6%9e%90%e5%a0%

b1%e5%91%8a.pdf

黃清賢（1995）。工業安全與管理。臺北市：三民。

黃德祥、李介至（2012）。美國中小學校園安全技術之使用及評估。**教育研究月刊**，214，110-120。

張伶銖（李信漢編譯）（2016年1月24日）。加拿大校園喋血4死7傷。**自由時報**，A13版。

張晶（2010年5月）。中國校園安全立法初論。**中國法律發展評論**，pp.24-27。

張議晨（2017a年3月14日）。敦化國小食物中毒仙人掌桿菌惹禍。**自由時報**，A14版。

張議晨（2017b年5月16日）。兩年16名死亡學生未通報教育局挨批。**自由時報**，A14版。

許龍君（2002）。**校園安全與危機處理**。臺北市：五南圖書。

莊會寧（2010）。日韓美的校園安保。人民公安People's Police, 11，P 9。

楊金城（2017）。學長整人整過頭挖糞抹學弟嘴還錄影。**自由時報**，A27版。

楊愛東（2015）。**校園安全糾紛法律適用指南**。臺北市：元華文創。

劉婉琳（2016年2月18日）。地震頻傳北市125棟校舍未補強。**聯合晚報**，A9版。

鄭美華（2003）。危機處理機制建立之研究。**通識研究集刊**，4，pp.193-224。

盧延根（2002）。校園開放與校園安全之探究。**北縣教育（雙月刊）**，44，48-51。

盧延根（2003）。教育政策行銷功能及策略之探究。**臺灣教育（雙月刊）**，620，19-27。

盧延根（2004）。國民教育階段學校創新經營的限制因素與解決策略之探究。人文及社會學科教學通訊，15(2)，76-87。

(二) 英文部分

Bakioğlu, A. & Geyin, C.(2009).What does school size do: Safety perceptions of educators and students. *US-China Education Review, 6*(10), 1-8.

Batsis, T. M. (1994). *Crisis management in catholic schools*. ERIC.

Deutsch, K. W. (1982). Crisis decision-making: The information approach. *Managing International Crises, Beverly Hills, Sage Publications*, 15-28.

Hornby, A. S. (2010). Oxford Advance Learner's Dictionary New York: Oxford University press.

Janerette, D. (2005).Using correlates of achievement to close achievement gaps. *Education policy Brief*, 18. Retrieved January 24, 2018 from http://dspace.udel.edu/bitstream/handle/19716/2364/Correlates%20PB.pdf?sequence=1

McGiboney, G. W. (2003). School safety after 9/11. *American School Board Journal, 190*(9), 63-64.

Morse, E. L. (1972). Crisis diplomacy, interdependence and the politics of international economic relation. *World Politics*, *24*, 123-150.

Seeger, M. W., Sellnow, T. L., & Ulmer, R. R.(2003). *Communication and organizational crisis*. Westport, Conn. : Praeger.

Ünal, H., & Çukur, C. S. (2011). The effects of school bonds, discipline techniques in school and victimization on delinquency of high school students. *Educational Sciences: Theory and Practice, 11*(2), 560-570.

問題與討論

一、請說明「校園安全」與「危機管理」的意涵。

二、請分析校園危機事件的形成因素。

三、請概述國際安全學校之準則內涵與學校申請作業流程。

四、請說明與比較世界主要國家（美、日、韓）在校園安全處理模式的執行經驗。

五、請說明校園安全防護的具體策略。

【本文係發表於下列專題研究報告與期刊酌修增補而成，特此致謝】

　　1. 立法院法制局《盧延根（2016年04月28日）。校園安全與危機
　　　 管理策略之研析專題研究報告》。

　　2. 新北市教育局《陳增娟、盧延根（2016）。國際安全學校認證
　　　 與美國校園安全策略之啓示。新北市教育（季刊），20，55-
　　　 60。》

　　3. 臺北市教師研習中心《陳增娟、盧延根（2017）。校園安全防
　　　 範處理模式與具體策略。教師天地，203，18-26。》

第十四章

從評鑑使用觀點探討
我國通識教育現況

陳盈宏

　　士人讀書，第一要有志，第二要有識，第三要有恆

～曾國藩

壹　前言

　　我國高等教育評鑑制度起始可追溯至1975年由教育部辦理的學門評鑑，經過40年的發展，依據《大學評鑑辦法》[1]，目前大學評鑑類別包括：「校務評鑑」、「院、系、所及學位學程評鑑」、「學門評鑑」及「專案評鑑」，且我國高等教育評鑑制度呈現諸多特色，例如：賦予高等教育評鑑明確法源依據、由政府主導到專業評鑑機構專責辦理、由等第制到認可制的評鑑運作精神、專業評鑑機構多元化、逐漸重視大學自我評鑑及自主評鑑[2]等（王如哲，2014；吳清山、王令宜，2012；池俊吉，2016；陳盈宏，2016；楊瑩，2016），但是，也產生諸多爭議，例如：專業評鑑機構定位不明、專業評鑑機構行政專業度不足、評鑑過程及成果資料透明性有待加強、專業評鑑機構績效缺乏相關評估（林松柏、陳庭逸，2016；周祝瑛，2012；陳盈宏，2016；湯堯，2011）。

　　以通識教育評鑑而言，教育部為深入了解各校通識教育發展狀況及讓大學能更加重視通識教育，於1999年及2001年委託中華民國通識教育學會分別辦理「大學校院通識教育訪評評鑑」及「技職校院通識教育訪視計畫」；而後，教育部「通識教育委員會」於2004年至2007年實施「第一期至第三期大學通識教育評鑑先導計畫」；另外，在2005年，教育部開始將通識教育納入大學校務評鑑指標；最後，我國教育部2012年委託財團法人高等教育評鑑中心基金會（以下簡稱高評中心）併同第二週期系所評鑑一起實施，正式將通識教育納為單獨評鑑學門，並比照系所評鑑的規模進行，顯示我國對大學通識教育發展的重

1　最新修正日期為2016年11月7日。

2　例如：在2017年，教育部宣布大學系所評鑑回歸由各大學自行規劃，以真正落實大學自主治理精神（教育部電子報，2017）。

視及用以評估各大學推動通識教育之成效（吳清山，2010；吳清山、王令宜，2012；許宗仁，2015；財團法人高等教育評鑑中心基金會，2015）。

然而，從「評鑑使用」觀點，若評鑑結果被束之高閣，未能有效改善教育實務，則將失去評鑑之正向功能（曾淑惠、阮淑萍，2013）；所以，從「評鑑使用」觀點，通識教育評鑑結果應該回饋至通識教育實務，並與通識教育制度產生連結，以發揮通識教育評鑑改善之正向作用；故本文基於「評鑑使用」觀點，以文件分析為研究方法，針對2012年至2016年所公布的通識教育評鑑實地訪評報告進行分析，據此探討目前我國通識教育現況，並提出相關省思，以供各大學後續推動通識教育實務之參考。

貳　我國大學通識教育評鑑制度運作現況

為評估各大學校推動通識教育之成效，教育部委託高評中心於2012年辦理第二週期系所評鑑時，亦同步至各校進行「通識教育評鑑」，並於2016年完成此一週期的通識教育評鑑（教育部，2011；財團法人高等教育評鑑中心基金會，2017a）；2012年起開始的通識教育評鑑，係將「通識教育」視為獨立的「通識教育學門」，讓通識教育評鑑位階提升至對大學整體人才培育工程的系統性檢視（林從一、吳明錡，2015；蔡雅文，2012）；另外，依據「大學校院通識教育暨第二週期系所評鑑實施計畫」，目前我國大學通識教育評鑑係以認可制為其評鑑理念，具有五個評鑑項目及其參考效標和認可要素（如表1），評鑑結果包括未通過、有條件通過及通過（財團法人高等教育評鑑中心基金會，2015）；最後，根據高評中心所公布的評鑑結果資料（整理如表2），此一週期（2012年至2016年）的受評鑑大學總共有45所（不含軍警院校），未通過共計5所（11.11%），有條件通過共計24所（53.33%），通過共計16所（35.56%）；整體而言，根據大學通識教育評鑑結果，尚有超過半數的受評鑑大學為有條件通過，另外，約一成的受評鑑大學為未通過，此象徵我國大學通識教育之推動仍有可改善之處。

表1

通識教育評鑑項目、參考效標及認可要素

項目	參考效標	認可要素
項目一：理念、目標與特色	1-1.辦理通識教育之理念及內涵為何？與現階段學校辦學之教育目標如何呼應？ 1-2.通識教育辦學特色之規劃與落實情形為何？ 1-3.通識教育與學院、系、所專業教育之融合情形為何？ 1-4.學校促使全校師生認識通識教育理念、目標（含校、院基本素養）與特色之方式為何？ 1-5.其他與本項目相關之效標。	1.學校能依據校教育目標，描繪明確之通識教育理念與內涵，並依學院、系專業教育內涵，設計學生修讀通識教育學分之實務。 2.學校能規劃具體之通識教育辦學特色，並擬定落實通識教育辦學特色之策略和行動。
項目二：課程規劃與設計	2-1.依據通識教育理念與目標、校（院）基本素養進行通識課程（含全校共同必修課程，體育與軍訓除外）規劃之機制運作情形為何？ 2-2.通識課程科目設計依據通識教育課程架構之情形為何？ 2-3.通識課程與校、院訂定之基本素養或社會關注倫理議題呼應程度為何？ 2-4.教師開設通識課程之審查機制與運作情形為何？ 2-5.通識教育授課教師與選課學生對通識教育目標之認同程度為何？ 2-6.其他與本項目相關之效標。	1.學校能依據通識教育之理念與內涵、校級基本素養，進行課程規劃與設計，且建立課程地圖。 2.學校設有通識課程規劃組織與開課審查之專責機制，並建立完整之相關會議紀錄。
項目三：教師素質與教學品質	3-1.授課教師之遴聘（含主動邀請授課）符合通識課程開設需求之情形為何？ 3-2.授課教師研究表現與授課科目之符合程度為何？ 3-3.授課教師依據科目所能培養之基本素養與教學目標進行教學準備及改進教學設計和教材教法之情形為何？	1.學校能遴聘或主動邀請校內外符合通識課程需求專長之教師開課，且開課數滿足學生修課需求。 2.通識課程授課教師能依據課程所要培養之通識教育目標或校級基本素養，設計教學內容，並應用適當教學與學習評量方法。

項目	參考效標	認可要素
	3-4.授課教師依據科目所能培養之基本素養與教學目標進行學習評量之情形為何？ 3-5.授課教師提升通識教學專業能力之機制與運作情形為何？ 3-6.通識教育依據規劃之通識教育理念內涵及校（院）基本素養，評估學生整體學習成效之機制為何？ 3-7.其他與本項目相關之效標。	3.學校能建立通識教育授課教師教學專業成長機制（含教學評鑑表現欠佳教師之篩選或輔導）並加以落實。 4.學校能建立一套學生學習成效評估機制，以有效評估學生達成通識教育目標或校級基本素養的程度。
項目四：學習資源與環境	4-1.學習資源（含空間、經費、設備、及教學助理等）符合通識教育課程與教學需求之情形為何？ 4-2.通識教育配合課程需求營造學習環境（如潛在課程）之情形為何？ 4-3.通識教育配合課程需求規劃多元學習活動（如藝文活動）之情形為何？ 4-4.通識教育對學生學習輔導之機制為何？ 4-5.其他與本項目相關之效標。	1.學校能提供足夠且穩定之學習資源，以滿足通識教育課程之教學與學生學習需求。 2.學校能依據通識教育之理念與內涵、校級基本素養，營造學習環境並規劃多元之學習活動。
項目五：組織、行政運作與自我改善機制	5-1.通識教育專責單位之組織定位為何？ 5-2.學校行政體系支持通識教育之運作情形為何？ 5-3.通識教育專責單位之組織架構與人力配置為何？ 5-4.通識教育專責單位之行政運作為何？ 5-5.通識教育配合學校自我評鑑機制進行品質改善之情形為何？ 5-6.通識教育專責單位平時行政運作進行課程規劃、教師教學、及學生學習之品質改善情形為何？ 5-7.通識教育蒐集畢業校友意見進行品質改善之情形為何？ 5-8.其他與本項目相關之效標。	1.學校能於學校組織法中明訂通識教育專責單位之定位，並依規定設置。 2.學校通識教育專責單位能有健全之組織架構，編制充足之行政人力，落實行政運作機制並建立完整紀錄。 3.學校通識教育專責單位能自行設計或結合學校建立之機制，定期蒐集內部互動關係人、畢業生、企業雇主等對學生學習成效之意見，作為持續品質改善之依據。

資料來源：本文整理自財團法人高等教育評鑑中心基金會（2015）。

表2

大學通識教育評鑑之評鑑結果

評鑑年度	受評鑑大學校數	未通過	有條件通過	通過
101上半年	9	1	5	3
101下半年	6	1	2	3
102上半年	9	1	5	3
102下半年	3	1	2	0
103上半年	4	0	2	2
103下半年	1	0	1	0
104上半年	4	0	2	2
104下半年	6	1	2	3
105上半年	1	0	1	0
105下半年	2	0	2	0
總計	45	5（11.11%）	24（53.33%）	16（35.56%）

資料來源：本文整理自財團法人高等教育評鑑中心基金會（2017b）。

參　從評鑑使用觀點分析我國通識教育發展現況

　　本研究基於「評鑑使用」觀點，採用文件分析法，從「理念、目標與特色」、「課程規劃與設計」、「教師素質與教學品質」、「學習資源與環境」及「組織、行政運作與自我改善機制」等向度，對照評鑑項目的認可要素，針對45間受評鑑大學的通識教育評鑑報告（編碼如表3）進行分析，以了解我國通識教育發展特色及問題。

表3

受評鑑大學之編碼

受評年度	受評鑑大學之編碼	受評結果
101上半年	101-1-1	有條件通過
	101-1-2	通過
	101-1-3	有條件通過
	101-1-4	有條件通過
	101-1-5	通過
	101-1-6	有條件通過
	101-1-7	通過
	101-1-8	有條件通過
	101-1-9	未通過
101下半年	101-2-1	通過
	101-2-2	通過
	101-2-3	未通過
	101-2-4	通過
	101-2-5	有條件通過
	101-2-6	有條件通過
102上半年	102-1-1	有條件通過
	102-1-2	通過
	102-1-3	有條件通過
	102-1-4	有條件通過
	102-1-5	通過
	102-1-6	有條件通過
	102-1-7	通過
	102-1-8	有條件通過
	102-1-9	未通過

受評年度	受評鑑大學之編碼	受評結果
102下半年	102-2-1	有條件通過
	102-2-2	未通過
	102-2-3	有條件通過
103上半年	103-1-1	通過
	103-1-2	通過
	103-1-3	有條件通過
	103-1-4	有條件通過
103下半年	103-2-1	有條件通過
104上半年	104-1-1	通過
	104-1-2	通過
	104-1-3	有條件通過
	104-1-4	有條件通過
104下半年	104-2-1	有條件通過
	104-2-2	通過
	104-2-3	未通過
	104-2-4	通過
	104-2-5	通過
	104-2-6	有條件通過
105上半年	105-1-1	有條件通過
105下半年	105-2-1	有條件通過
	105-2-2	有條件通過

(一)「理念、目標與特色」

根據文件分析結果,在「理念、目標與特色」,九成以上的受評鑑大學都能夠「依據學校教育目標,描繪明確的通識教育理念及內涵,並依據學校及系所的專業教育內涵,設計學生修讀通識教育學分的相關課程實務」,例如:

該校發展目標為「培育兼具人文關懷敬業樂群與創新精進之專業實務人才」，其通識教育理念與內涵能呼應現階段校教育目標，並依此進一步規劃通識教育之辦學特色（文104-2-1）。

另外，九成以上的受評鑑大學都能夠「規劃具體的通識教育辦學特色，並擬定落實通識教育辦學特色的策略和行動」，例如：

該校的行門課程、入學禪七校園文化、法鼓講座、生命園區、工型人才培育及四季五分鐘說書比賽等頗具特色（文-103-2-1）。

然而，從通識教育評鑑報告所揭櫫的待改進事項，可以歸納目前各大學推動通識教育時，在「理念、目標與特色」的可能問題，包括：通識教育課程缺乏通識教育核心理念，亦無法回應學校教育目標、通識教育課程缺乏具體有效的落實策略，導致全校師生可能不熟悉通識教育理念及目標等，例如：

目前該校所提出的通識教育理念無法呈現出通識教育核心思想與定位，較為籠統與片段，缺乏統整性與論述的過程（文-103-1-3）。

(二)「課程規劃與設計」

根據文件分析結果，在「課程規劃與設計」方面，有將近八成的受評鑑大學都能夠「依據通識教育的理念與內涵，以及校級基本素養，進行課程規劃與設計，且建立課程地圖」，例如：

建構「通識暨共同必修課程地圖」供學生選課查詢，此導引地圖顯示各領域課程與核心能力及基本素養間之關聯性，並提供課程資訊（文104-1-1）。

另外，有將近八成的受評鑑大學皆「設有通識課程規劃組織與開課審查之專責機制，並建立完整之相關會議紀錄」，例如：

該校依共同科目與通識課程委員會組織規程，設置共同科目與通識課程委員會，負責審查課程內容、教材及教學大綱，並安排通識課程授課教師，此一課程規劃及審查機制尚稱完整（文102-2-1）。

該專責單位針對通識課程之規劃與設計，曾召開多次會議檢討，並能徵詢校內外學者專家之建議而有所改革（文103-1-1）。

然而，從通識教育評鑑報告所揭櫫的待改進事項，可以歸納各大學推動通識教育時，在「課程規劃與設計」的可能問題，包括：通識課程規劃不符合通識教育理念（文104-1-1、文103-1-3）、學校並未建立課程地圖或課程地圖缺乏學習指引功能（文102-1-2）、通識課程開設數不足（文103-1-2）及通識課程審查機制不健全（文104-1-2）等，例如：

該校未能依據通識教育之理念與內涵，建立明確之通識課程地圖，僅說明核心通識與一般通識課程名稱，而較欠缺各類課程的設計與該校素養之連結（文104-1-3）。

(三)「教師素質與教學品質」

根據文件分析結果，在「教師素質與教學品質」方面，將近九成的受評鑑大學都能夠「遴聘或主動邀請校內外符合通識課程需求專長之教師開課，且開課數滿足學生修課需求」（文104-1-2、文103-1-4、文102-2-3），且「通識課程授課教師能依據課程所要培養之通識教育目標或校級基本素養，設計教學內容，並應用適性教學與學習評量方

法」，例如：

> 依課程的類型與性質，通識教師所採取之評量方式相當多元
> 化，包含期中與期末測驗、出席紀錄、課堂表現、作業、口頭
> 與書面報告及質性體驗等。（文102-2-1）。

另外，九成以上的受評鑑大學已經「建立通識教育授課教師教學專
業成長機制，包括對教學評鑑表現欠佳教師之篩選或輔導，並加以落
實」，例如：

> 該專責單位固定舉辦通識教師知能研習、各類學科與教學方法
> 研習活動，並邀請多位「全國傑出通識教育教師」與「績優」
> 教師，分享創新的教學方法（文-104-1-1）。

> 針對通識教育教學評鑑表現欠佳之專任教師，院系主管透過與
> 教師晤談，了解問題所在並做成紀錄，提供教師參考與改善。
> 對於不適任之兼任教師也有淘汰機制（文102-2-1）。

然而，根據文件分析結果，僅有五成的受評鑑大學有「建立一套學
生學習成效評估機制，以有效評估學生達成通識教育目標或校級基本素
養的程度」[3]（文102-2-1），例如：

> 在學生學習成效的評估機制方面，對於培養學生基本能力之課
> 程，該校訂有能力檢核考試作為畢業門檻。對於其它學門之課
> 程，學校建置教學評量系統，並實施「課程與教師教學滿意
> 度」的評量（文104-1-2）。

---

3 但有20間學校的通識教育評鑑報告並未說明是否有建立學生學習成效評估機制。

最後，從通識教育評鑑報告所揭櫫的待改進事項，可以歸納各大學推動通識教育課程時，在「教師素質與教學品質」的可能問題，包括：授課教師研究表現有待加強（文-103-1-3）、專任及兼任師資的上課比例不均（文-104-1-3）、教師專業成長機制待落實（文-102-2-2）、尚未建立完整的學生學習成效評估機制（文-102-1-2）。

(四)「學習資源與環境」

根據文件分析結果，在「學習資源與環境」方面，除了一間受評鑑大學的通識教育評鑑報告並未說明之外，其他受評鑑大學皆能夠「提供足夠且穩定之學習資源，以滿足通識教育課程之教學與學生學習需求」（文-103-2-1），例如：

為確保學生學習成效，該校有關學習資源與環境提供之具體措施包括：營造優質的學習環境、推動四肯書院的住宿學習、舉辦多元通識教育活動、提供完整學習獎勵機制等（文-104-1-1）。

另外，除了1間受評鑑大學的通識教育評鑑報告並未說明之外，其他有九成以上的受評鑑大學都能「依據通識教育之理念與內涵、校級基本素養，營造學習環境並規劃多元之學習活動」（文102-2-1），例如：

在配合課程需求上，該專單位能善用該校特有之「華岡博物館」內豐富的文物典藏及校內其他藝文場所，作為潛在課程的活動場地（文-102-2-1）。

然而，從通識教育評鑑報告所揭櫫的待改進事項，可以歸納各大學推動通識教育時，在「學習資源與環境」的可能問題，包括：學習活動規劃僅以教師為中心（文-103-1-1）、通識教育的經費資源不夠（文-103-1-3、文-103-1-4）及通識教育的軟硬體資源待擴充有待加強（104-

2-1）等，例如：

> 部分教室仍缺乏電腦、教學影音、麥克風等教學所需之器材，
> 且部分教室課桌椅似有老舊或損壞待修等問題（文-102-1-2）。

(五)「組織、行政運作與自我改善機制」

根據文件分析結果，在「組織、行政運作與自我改善機制」方面，有九成以上的受評鑑大學「能於學校組織法中明訂通識教育專責單位之定位，並依規定設置」（文102-1-1、文104-1-2），且「通識教育專責單位能有健全之組織架構，編制充足之行政人力，落實行政運作機制並建立完整紀錄」（103-1-4）例如：

> 該專責單位則設有「通識教育中心會議」、「課程規劃委員會」及「中心教評會」等組織。另由校長親自領導主持「通識課程諮詢委員會」，邀請校外學者專家擔任諮詢委員，提供意見（文-102-1-2）。

另外，除了9間受評鑑大學的通識教育評鑑報告並未說明之外，有六成以上的受評鑑大學，其通識教育專責單位「能自行設計或結合學校建立之機制，定期蒐集內部互動關係人、畢業生、企業雇主等對學生學習成效之意見，作為持續品質改善之依據」（文-103-1-4），例如：

> 該專責單位透過會議、問卷調查、教學評量、學習評量、校內座談會（與校長有約）及網路信箱等方式，了解師生對通識教育之意見及學生學習成效。另針對畢業生，進行畢業生就業滿意度調查與畢業校友對通識課程滿意度調查；針對畢業生家長，進行其對子 學習成果之知覺調查；針對雇主，進行畢業生雇主滿意度調查。調查結果有書面報告（文-102-2-2）。

　　然而，從通識教育評鑑報告所揭櫫的待改進事項，可以歸納各大學在推動通識教育時，在「組織、行政運作與自我改善機制」的可能問題，包括：通識教育專責單位的定位及架構不明確（文-104-1-2、文-103-1-1、文-103-1-1）、通識教育專責單位的行政人力不足（文-102-2-1、文-102-1-1）及通識教育品質持續改善機制不夠健全（文-104-1-3）等，例如：

　　該專責單位辦理畢業校友通識教育課程回饋調查，歷屆畢業校友中，僅發出62份問卷，採樣不足；亦未能辦理企業雇主對學生學習成效之意見訪問及調查，以作為持續品質改善之依據（文-102-2-3）。

肆　結論

　　根據上述分析結果，各大學在推動通識教育時，在「理念、目標與特色」、「課程規劃與設計」、「教師素質與教學品質」、「學習資源與環境」及「組織、行政運作與自我改善機制」等面向，大致符合通識教育評鑑計畫所揭櫫的「認可要素」，例如：「能依據學校教育目標，描繪明確的通識教育理念及內涵，並依據學校及系所的專業教育內涵，設計學生修讀通識教育學分的相關課程實務」、「能依據通識教育的理念與內涵，以及校級基本素養，進行課程規劃與設計，且建立課程地圖」、「能遴聘或主動邀請校內外符合通識課程需求專長之教師開課，且開課數滿足學生修課需求」、「能提供足夠且穩定之學習資源，以滿足通識教育課程之教學與學生學習需求」、「能於學校組織法中明訂通識教育專責單位之定位，並依規定設置」等。

　　然而，各大學在推動通識教育時，仍有諸多可改善之處，例如：通識教育課程缺乏具體有效的落實策略、未能建立通識教育課程地圖、教師專業成長機制待落實、尚未建立完整的學生學習成效評估機制、通識教育專責單位的行政人力不足、未能建立通識教育的永續品質保證機制等；此外，需要注意的是，部分受評鑑大學的通識教育報告常遭漏特定

評鑑項目的認可要素，例如：有20間學校的通識教育評鑑報告並未說明是否有建立學生學習成效評估機制，從評鑑使用觀點，將可能喪失透過通識教育評鑑機制回饋給受評鑑大學相關改進訊息的寶貴機會。

　　總之，從評鑑使用觀點，透過各大學的通識教育評鑑報告之比較分析，除了可以歸納出目前我國通識教育發展的主要特色，以作為引領各大學持續推動通識教育的可行方向之外，亦可透過歸納各大學在推動通識教育的可能缺失，以讓各大學在推動通識教育時引為警戒；未來，建議尚可以針對以下議題進行探究，例如：「藉由專家同儕的專業意見，是否可以代表當前通識教育發展情形」、「通識教育專責單位及其他利害關係人如何看待通識教育評鑑」、「通識教育專責單位及其他利害關係人如何使用通識教育評鑑結果」及「通識教育評鑑對於通識教育專責單位及其他利害關係人的實質影響」等，以更進一步發揮評鑑使用的正向效果。

參考文獻

王如哲（2014）。**我國高等教育評鑑制度的回顧與前瞻**。取自http://epaper.heeact.edu.tw/archive/2014/07/01/6185.aspx

池俊吉（2016）。臺灣高等教育評鑑發展與評析。**高等教育**，11(2)，129-162。

吳清山（2010）。**高等教育評鑑議題研究**。臺北市：高等。

吳清山、王令宜（2012）。高等教育評鑑沿革。載於財團法人高等教育評鑑中心基金會主編，**我國高等教育評鑑發展與實務**（頁2-15）。臺北市：高等。

周祝瑛（2012）。在大學法第五條約束下的大學評鑑，誰獲益。**臺灣教育評論月刊**，1(8)，7-10。

林松柏、陳庭逸（2016）。改善高等教育評鑑之道：基於評鑑利害關係人之觀點。**臺灣教育評論月刊**，5(3)，29-34。

林從一、吳明錡（2015）。**從大學通識教育評鑑看大學的自願性服從**。取自http://epaper.heeact.edu.tw/archive/2015/07/01/6373.aspx

財團法人高等教育評鑑中心基金會（2015）。105年度大學校院通識教育暨第二週期系所評鑑實施計畫。取自http://www.heeact.edu.tw/public/Attachment/572313253230.pdf

財團法人高等教育評鑑中心基金會（2017a）。105年度下半年大學校院通識教育暨第二週期系所評鑑結果公布。取自http://www.heeact.edu.tw/ct.asp?xItem=16251&ctNode=327&mp=2

財團法人高等教育評鑑中心基金會（2017b）。**通識教育評鑑結果**。取自http://er.heeact.edu.tw/EvaluationDefault.aspx

教育部（2011）。**高等教育評鑑制度與未來展望——第二週期系所評鑑規劃**。取自http://heea.hcu.edu.tw/ezcatfiles/b046/img/img/1676/161768808.pdf

教育部電子報（2017）。**教育部將於106年底前全面完成訪視評鑑簡化工作**。取自http://epaper.edu.tw/news.aspx?news_sn=52303

許宗仁（2015）。從通識教育評鑑結果析論大學專責單位可行之策略。**臺灣教育評論月刊**，4(11)，188-193。

陳盈宏（2016）。從「評鑑機構專業化」觀點析論大學評鑑品質之精進策略。**臺灣教育評論月刊**，5(3)，25-28。

曾淑惠、阮淑萍（2013）。評鑑使用及其對我國教育評鑑的啟示。**教育行政研究**，3(2)，93-112。

湯堯（2011）。評鑑制度對臺灣高等教育的影響。**教育資料與研究雙月刊**，103：27-40。

楊瑩（2010）。**兩岸四地高等教育評鑑制度**。臺北市：高等教育評鑑中心基金會。

楊瑩（2016）。我國高等教育品質保證制度。**教育研究月刊**，268，68-81。

蔡雅文（2012）。通識教育評鑑認可關鍵要素解析。**評鑑雙月刊**，36。取自http://epaper.heeact.edu.tw/archive/2012/03/01/5542.aspx

問題與討論

一、何謂「評鑑使用」？

二、「評鑑使用」對我國高等教育評鑑的啟示為何？

國家圖書館出版品預行編目資料

教育政策與學校經營／吳清基等合著. -- 初
版. -- 臺北市：五南，2018.03
　　面；　公分.

ISBN 978-957-11-9637-4（平裝）

1.教育政策 2.學校管理 3.文集

526.1107　　　　　　　　107003368

111S

教育政策與學校經營

主　　編 ― 吳清基(64)

作　　者 ― 吳清基　梁金盛　舒緒緯　顏國樑　楊慧琪

　　　　　　林錫恩　范熾文　林立生　吳孚佑　陳淑娟

　　　　　　楊振昇　蔡進雄　劉君毅　謝念慈　劉葳蕤

　　　　　　陳政翊　徐柏蓉　盧延根　陳增娟　陳盈宏

發 行 人 ― 楊榮川

總 經 理 ― 楊士清

副總編輯 ― 陳念祖

封面設計 ― 姚孝慈

出 版 者 ― 五南圖書出版股份有限公司

地　　址：106台北市大安區和平東路二段339號4樓

電　　話：(02)2705-5066　　傳　　真：(02)2706-6100

網　　址：http://www.wunan.com.tw

電子郵件：wunan@wunan.com.tw

劃撥帳號：01068953

戶　　名：五南圖書出版股份有限公司

法律顧問　林勝安律師事務所　林勝安律師

出版日期　2018年3月初版一刷

定　　價　新臺幣550元